企业精准扶贫言行
对债务融资影响研究

QIYE JINGZHUN FUPIN YANXING
DUI ZHAIWU RONGZI YINGXIANG YANJIU

杨汉明　唐淼宁　何相仪　著

中国财经出版传媒集团
经济科学出版社
Economic Science Press

图书在版编目（CIP）数据

企业精准扶贫言行对债务融资影响研究/杨汉明，
唐淼宁，何相仪著．－－北京：经济科学出版社，2023.2
ISBN 978 - 7 - 5218 - 4522 - 8

Ⅰ.①企…　Ⅱ.①杨…②唐…③何…　Ⅲ.①企业债
务 - 企业融资 - 研究 - 中国　Ⅳ.①F279.23

中国国家版本馆 CIP 数据核字（2023）第 027798 号

责任编辑：孙怡虹　魏　岚
责任校对：杨　海
责任印制：张佳裕

企业精准扶贫言行对债务融资影响研究
杨汉明　唐淼宁　何相仪　著
经济科学出版社出版、发行　新华书店经销
社址：北京市海淀区阜成路甲 28 号　邮编：100142
总编部电话：010 - 88191217　发行部电话：010 - 88191522
网址：www. esp. com. cn
电子邮箱：esp@ esp. com. cn
天猫网店：经济科学出版社旗舰店
网址：http：//jjkxcbs. tmall. com
北京季蜂印刷有限公司印装
710 × 1000　16 开　12.75 印张　240000 字
2023 年 2 月第 1 版　2023 年 2 月第 1 次印刷
ISBN 978 - 7 - 5218 - 4522 - 8　定价：62.00 元
（图书出现印装问题，本社负责调换。电话：010 - 88191545）
（版权所有　侵权必究　打击盗版　举报热线：010 - 88191661
QQ：2242791300　营销中心电话：010 - 88191537
电子邮箱：dbts@ esp. com. cn）

目 录

导　论

党的十八大以来，全国农村贫困人口累计减少超过 9000 万人。[①] 到 2020 年底，我国精准扶贫事业已经圆满收官，农村贫困人口已经实现完全脱贫。这一伟大壮举的实现标志着我国精准扶贫事业取得圆满成功，农村发展重心逐渐从精准扶贫向乡村振兴转移。2021 年出台的《中共中央　国务院关于实现巩固拓展脱贫攻坚成果同乡村振兴有效衔接的意见》提出，要实现巩固拓展脱贫攻坚成果同乡村振兴的有效衔接，设立衔接过渡期，在脱贫攻坚目标任务完成后，对摆脱贫困的县，自脱贫之日起，设立 5 年过渡期，持续巩固脱贫攻坚成果，健全防止返贫动态监测和帮扶机制，加强农村低收入人口常态化帮扶。自 2016 年以来，中国企业已经成为脱贫攻坚中一股强有力的力量，对脱贫攻坚的伟大事业做出了不可磨灭的贡献。因此，在未来巩固脱贫攻坚成果的大政方针下，企业积极承担社会责任将成为必然的发展趋势，企业仍会继续在乡村振兴中扮演重要角色。

一、选题背景与研究意义

（一）选题背景

2013 年，习近平总书记赴湖南省花垣县十八洞村考察时，首次提出"实事求是、因地制宜、分类指导、精准扶贫"的理念。[②] 中共中央办公厅、国务院办公厅于 2014 年 1 月印发《关于创新机制扎实推进农村扶贫开发工作的意见》，提出要建立精准扶贫工作机制，将扶贫工作推进到以"精准扶贫、精准脱贫"为中心的新的历史时期。2015 年 11 月出台的《中共中央　国务院关于打赢脱贫攻坚

---

① 陆娅楠，《全国农村贫困人口去年减少 1109 万人》，人民网，2020 年 1 月 25 日，http：// m. people. cn/n4/2020/0125/c1278－13625094. html。

② 中华人民共和国国务院新闻办公室，《人类减贫的中国实践》白皮书，载于《人民日报》2021 年 4 月 7 日。

战的决定》肯定了企业和市场在精准扶贫中的带动作用，提出"工商联系统组织民营企业开展'万企帮万村'精准扶贫行动""中央企业定点帮扶贫困革命老区'百县万村'活动"。在该决定的指导下，国务院国有资产监督管理委员会（以下简称"国资委"）和原国务院扶贫开发领导小组办公室（以下简称"扶贫办"）发布了《中央企业定点帮扶贫困革命老区百县万村活动的通知》，要求中央企业（以下简称"央企"）完成定点扶贫目标，采取了结对扶贫任务的方案；全国工商业联合会（以下简称"工商联"）、原国务院扶贫办和中国光彩事业基金会（以下简称"光彩会"）发布了《"万企帮万村"精准扶贫行动方案》，采取了引导民营企业参与扶贫活动的措施。2015 年，习近平总书记在贵州考察时进一步就扶贫工作提出"六个精准"的基本要求：扶持对象精准、项目安排精准、资金使用精准、措施到户精准、因村派人精准和脱贫成效精准。[①] 2017 年 10 月，党的十九大报告指出，要确保到 2020 年我国现行标准下农村贫困人口实现脱贫，贫困县全部摘帽，解决区域性整体贫困，做出了"让贫困人口和贫困地区同全国一道进入全面小康社会"的庄严承诺。

到 2020 年底，中国如期完成新时代脱贫攻坚目标任务，现行标准下 9899 万农村贫困人口全部脱贫，这不仅是中华民族发展史上具有里程碑意义的大事件，也是人类减贫乃至人类发展史上的大事件。[②] 这一伟大成就的诞生，离不开中国共产党的伟大领导，更离不开 14 亿中国人民的团结奋斗。中国企业，作为社会力量中占有举足轻重地位的组成部分，同样也为中国精准扶贫事业贡献了一份不可或缺的力量。自 2016 年中国证券监督管理委员会（以下简称"证监会"）要求上市公司披露参与精准扶贫相关信息以来，参与精准扶贫的上市公司从最初的 498 家，逐年增长至 2019 年的 1102 家，占 2019 年 A 股上市公司总数的 42.8%。[③]

关于企业社会责任的相关研究为上市公司参与精准扶贫的动机提供了解释。现有研究认为，企业进行社会责任行为，其目的在于获得政府联系（杨义东等，2020；施赟等，2020），提升企业声誉（张玉明等，2020），从而达到缓解融资约束（邓博夫等，2020；李姝和谢晓嫣，2014），获取政府补助（高勇强等，2012），提升企业销售业绩（Koschate et al.，2012）的目的。除主动性目的的驱使以外，资源依赖理论认为，企业在经营过程中会受到法律制度、文化期待、观

---

① 《这个惠及 1 亿人的经验　值得分享全世界》，光明网，2020 年 12 月 16 日，https：//m. gmw. cn/baijia/2020 – 12/16/34467845. html。

② 中华人民共和国国务院新闻办公室，《人类减贫的中国实践》白皮书，载于《人民日报》2021 年 4 月 7 日。

③ 资料来源：国泰安数据库。后文中参与精准扶贫的 A 股非金融类上市公司数据均在这一口径下进行统计。

念制度造成的"合法性（legitimacy）"影响，从而给企业精准扶贫决策带来外部压力（Thompson，1967）。因此，在 2016 年执行了企业精准扶贫信息强制披露后，企业是否披露参与精准扶贫信息直接反映了企业是否进行了精准扶贫行为，也就是说，披露即参与；反之，不披露即未参与。这一政策的实施无疑给上市公司进行精准扶贫带来了外部政策压力。

同时，在《中国证监会关于发挥资本市场作用服务国家脱贫攻坚战略的意见》的指导下，上海证券交易所（以下简称"上交所"）和深圳证券交易所（以下简称"深交所"）分别发布了《关于进一步完善上市公司扶贫工作信息披露的通知》和《关于完善上市公司履行扶贫社会责任信息披露的通知》。以上通知不仅对精准扶贫信息进行了强制披露要求，还对上市公司精准扶贫信息在年报中披露的位置、内容、格式等进行了具体要求。监管方对企业精准扶贫信息披露提出的要求，不仅对相关财务信息设定了条件，还对文本信息提供了指导，足以体现监管机构对上市公司精准扶贫信息披露的重视。

数字信息具有能够直观反映企业精准扶贫行为决策的特点，但能够提供的信息量有限；而文本信息采用文字描述的形式呈现信息，对于信息接收者而言，是对数字信息的补充说明。一直以来，由于文本信息不易量化，文本信息是否提供了有用信息，其质量如何，并没有被充分论证。而计算机自然语言处理技术的发展为会计文本信息大样本研究提供了契机，这也成为目前理论研究的一个热点话题。会计文本信息的研究涉及公司年报、季报、招股说明书、业绩预告、盈余公告、业绩说明会、分析师报告等。从研究内容来看，一是以文本信息的语言特征入手展开研究，包括情感语调、可读性、复杂性等；二是以文本信息的特定内容为对象展开研究，包括风险信息、研发信息披露等。大量的研究证据显示，会计文本信息是具有信息价值的，因此，无论是对于监管方还是企业利益相关者，文本信息能够发挥信息决策功能，为信息接收者的决策提供帮助。

综上所述，本书认为，在现实政策背景下，监管方对上市公司精准扶贫信息披露具有强烈的关注程度，一方面是为了推动上市公司实施精准扶贫行为，形成以资本市场为主体的精准扶贫力量；另一方面是对精准扶贫信息的透明性、可理解性进行规范，帮助上市公司以高效的方式披露精准扶贫相关信息，缓解企业与信息接收者之间的信息不对称。针对这一重大的政策实施，其实施效果的评估具有急迫性和必要性。而在现有的学术研究背景下，有关学者对这一政策评估主要集中于上市公司精准扶贫行为实施决策的视角，讨论的话题集中于行为实施的影响因素和经济后果两个方面，而针对信息披露的有效性，尚未出现系统且聚焦的研究。因此，政策实施的背景和学术研究的空白，为本书的研究提供了进一步深入的方向，帮助本书在现有企业精准扶贫行为实施的相关研究结论的基础上，开展对企业精准扶贫行为与信息披露的理论分离探讨。以上市公司精准扶贫的"言"与"行"为切入点，本书尝试分别讨论企业不同的精准扶贫行为决策策略和信息披露决策策略为企业带来的不同效用，以解释上市公司精准扶贫不仅能从行为决策上实现社会经济资源的帕累托改进，高效的企业精准扶贫信息披露在为企业实现自身利益提升的同时，也能带动利益相关者的利益提升。

（二）研究意义

本书的现实意义和理论意义可总结如下：

1. 现实意义

首先，对上市公司精准扶贫文本信息披露状况进行研究，为精准扶贫信息强制性披露政策提供政策实施效果评价。精准扶贫信息强制性披露政策的出台，对企业精准扶贫行为策略的实施营造了"合法性压力"，通过强制性信息披露政策，监管方促进了上市公司精准扶贫行为实施。从 2016～2019 年参与精准扶贫的上市公司数量的变化和历年上市公司精准扶贫投入的状况，可以初步将这一效果反映出来。本书通过对企业行为决策与信息披露的决策研究，解释了强制性信息披露政策对企业行为决策策略的影响，从而对 2020 年以后，监管机构如何通过信息披露政策的制定，进一步发挥资本市场力量，促进上市公司参与乡村振兴工作提供政策制定参考。

其次，本书对上市公司精准扶贫文本信息披露的研究，为监管方如何进行上市公司信息披露指引和监管提供了建议。监管机构应在上市公司披露信息的成本和效益之间进行权衡，既不能披露过度，增加上市公司披露成本；也不能披露不足，降低会计信息的相关性，使相关会计信息的使用者无法获得所需的信息。与其他会计信息不同，精准扶贫相关信息属于社会责任信息披露的部分，并不与企业自身经营状况的反映直接相关。因此，监管机构应该在如何披露企业社会责任信息、提升企业信息传递有效性、充分发挥精准扶贫信息披露对企业实际经营的辅助作用等方面进行政策指引。

最后，对上市公司自身而言，本书有助于企业理解社会责任相关行为实施与信息有效披露的优势，促进上市公司积极承担社会责任，实现企业与社会整体的帕累托改进。本书为上市公司精准扶贫行为实施和信息披露对企业本身的效用提升提供了理论模型的分析。企业积极承担社会责任，并且减少对有关文本信息披露的操控性，真实有效地进行信息披露，是实现企业自身效益与降低企业内外信息不对称的最优解。本书的研究结论为企业积极承担社会责任，进行高效的信息披露，以及利益相关者理解企业社会责任行为实施的利弊提供了参考依据。

2. 理论意义

一方面，本书拓宽了对精准扶贫相关研究的视角。当前对于企业精准扶贫的研究视角集中于企业精准扶贫的行为实施方面，对企业精准扶贫信息披露政策效果的评价同样也是通过政策实施对企业行为的影响进行考虑，极少数研究是针对信息披露本身展开的，而在这一部分研究中，在理论层面的分析并未对企业精准扶贫行为实施和信息披露进行分离，暂时无法通过量化模型的研究说明精准扶贫信息披露带来的经济后果。本书较早地开展了对企业精准扶贫行为实施和信息披露两种不同视角的理论探讨，尝试用理论模型推导的方式分离企业的"言"与"行"，为今后对于企业信息披露方向的研究提供了理论模型的参考。

另一方面，在实证研究中，现有的研究集中于企业精准扶贫信息披露中的数字信息，与文本信息披露相关的研究较少。本书也较早地开展了对企业精准扶贫文本信息的研究，对精准扶贫文本信息披露的有效性进行聚焦性的讨论，并且结合企业行为实施，建立了企业"言"与"行"的策略组合模型，为后续对企业信息披露与信息传递有效性方面的研究提供了参考。

二、研究目的与研究方法

（一）研究目的

本书希望通过企业精准扶贫言行对企业债务融资的影响研究，达到以下三个主要研究目标：

第一，本书基于资源依赖理论、信号传递理论和利益相关者理论，结合我国特殊的精准扶贫政策背景，旨在构建企业精准扶贫行为实施与信息披露对企业债务融资的影响理论模型，尝试对企业行为实施与信息披露不同维度的区分研究提供理论探讨。

第二，本书的研究成果能够帮助企业精准扶贫强制性信息披露政策提供政策效应评估，从精准扶贫的"行"，即企业精准扶贫行为实施，和精准扶贫的"言"，即企业精准扶贫的文本信息披露这两个不同维度评价精准扶贫信息披露政策实施的效果，并对如何借鉴企业精准扶贫成果，引导我国企业积极参与乡村振兴战略实施提供建议。

第三，本书的研究结论能够帮助债权人从企业行为实施和信息披露两个维度对企业具有政策意义的社会责任行为进行全面评价，帮助债权人进行合理的债务融资决策。

（二）研究方法

1. 文献研究法

本书通过对现有相关文献进行深入细致的研究，运用规范分析的方法，在回顾既有的相关文献的基础上，以资源依赖理论、信号传递理论、利益相关者理论等为基础，通过理论归纳和演绎分析，确定待研究的问题。

2. 实证研究法

本书的实证分析方法主要包括：（1）多元回归分析法，普通最小二乘法（OLS）回归、固定效应回归和随机效应回归等，回归方法视数据类型和变量类型确定；（2）工具变量法，包括倾向得分匹配法（PSM），目的是控制内生性，避免全样本研究中由于大量企业未参与精准扶贫而带来的样本选择偏误；另外，还有相关系数分析、t 检验等常规的实证分析方法。

3. 定性和定量分析法

本书结合我国独特的精准扶贫制度背景，首先，从理论上构建理论模型推导框架；其次，从现有文献的研究结论中，总结理论模型中的假设参数；最后，通过数学模型的推导，得出支持理论研究的数学证明，在此基础上构建实证检验模型，寻找理论模型推导的现实证据支撑。

三、研究思路与研究内容

（一）研究思路

本书围绕着中国上市公司精准扶贫开展，以证监会发布的《中国证监会关于发挥资本市场作用服务国家脱贫攻坚战略的意见》、上交所发布的《关于进一步完善上市公司扶贫工作信息披露的通知》和深交所发布的《关于完善上市公司履行扶贫社会责任信息披露的通知》为政策背景，研究中国上市公司精准扶贫的信息披露。首先，从现有文献研究的总结入手，发现上市公司精准扶贫相关的研究尚未从理论部分对精准扶贫行为决策和信息披露进行分离研究。因此，要在资源基础理论、制度理论、信号传递理论和利益相关者理论的指导下，构建企业精准扶贫行为实施—信息披露两阶段模型。通过模型的推理，分离企业在不同的精准扶贫行为实施策略和信息披露策略下带来的不同效用。其次，通过理论模型的指导，分析企业精准扶贫两阶段增量效用向银行的传导路径，包括"慈善性"和

"政策性"两个方面，实现企业增量效用向银行的传导。再次，通过实证检验的方法，检验企业精准扶贫行为实施和文本信息披露的有效性对企业债务融资的作用，以及不同的企业精准扶贫言行模式组合的不同效应。最后，用实证检验理论模型，总结本书的研究结论，并提出相关的政策建议。

本书的研究思路框架如图 0-1 所示。

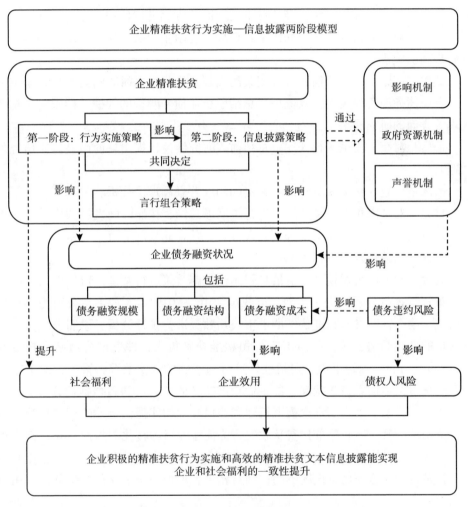

图 0-1 研究思路

（二）研究内容

基于上述研究思路，本书内容包括以下六个主要部分：

第一章为企业精准扶贫与企业债务融资文献综述。

首先，回顾企业社会责任的相关文献。由于上市公司精准扶贫的研究属于企业社会责任研究范畴下行为，因此在回顾精准扶贫相关文献之前，先要对企业社会责任理论研究中的成果进行一定的梳理，以引出本书对企业精准扶贫的讨论。同时，回顾精准扶贫的相关文献。在一定程度上而言，精准扶贫是中国特色社会主义制度下，为缓解中国贫困状况产生的新型反贫困手段。因此，本书从研究精准扶贫内涵的文献开始，对精准扶贫不同层次的内涵进行梳理。进一步地，本书聚焦于现有对企业精准扶贫研究的文献梳理，包括企业精准扶贫的影响因素、经济后果和实施机制三方面。

其次，回顾了与企业债务融资相关的文献。作为本书研究的落脚点，本书通过对企业债务融资相关的文献梳理，总结了企业债务融资的规模、期限、结构和成本等方面的研究成果。

最后，对相关文献进行评述，总结前人研究结论，提出目前尚且需要研究的话题。

第二章为企业精准扶贫与债务融资的制度背景和理论分析。

首先，对贫困相关政策的发展进行了回顾总结，按照时间发展顺序总结中国扶贫政策的变化，以阐述本书选题的大背景，并在此基础上对中国精准扶贫政策实施的现状和减贫效果进行了阐述。

其次，对上市公司精准扶贫信息强制性披露政策进行整理，对后面研究的主要政策背景进行分析，进一步地，以我国 2016 ~ 2019 年 A 股上市公司为对象展开研究，第一，对参与精准扶贫的上市公司数量进行统计分析，说明上市公司精准扶贫的变化趋势；第二，对上市公司精准扶贫投入，即上市公司精准扶贫的"行"进行分析，探讨上市公司精准扶贫行为实施的现实状况；第三，对上市公司精准扶贫文本信息披露状况，即企业精准扶贫的"言"进行概括性分析。

再次，介绍了为本书理论模型搭建和假设参数构建提供指导的相关理论。包括：资源基础观——将精准扶贫从政府行为向企业行为转化的理论指导；制度理论——资源基础观中"合法性"的进一步解释；信号传递理论——从理论上解释精准扶贫行为实施与信息披露不同；利益相关者理论——企业精准扶贫的效用分配指导。

最后，在以上理论的结合下，构建本书核心理论推导模型：企业精准扶贫行为实施—信息披露两阶段模型，确定本书理论研究主线，为实证检验提供指导。

第三章为企业精准扶贫的言行与债务融资规模结构。

首先，从企业精准扶贫的现状转变，提出对企业精准扶贫行为实施的动机猜测，引出本书企业精准扶贫的言行与债务融资的主题，并就企业精准扶贫的言行对债务融资的第一个层次——债务融资规模和结构的影响提出问题。

其次，结合本书第二章的理论模型指导，从企业风险角度出发，从企业精准扶贫行为实施和信息披露可能对企业带来的风险抑制和风险提升两个方面，提出企业精准扶贫言行对企业债务融资规模影响的对立假说 H3 – 1。

再次，从企业债务融资期限、金融性负债、经营性负债、直接融资和间接融资等维度分析，提出本章研究假设 H3 – 2。进行实证研究的设计，说明样本选取方法及数据来源，构建相关模型，对变量进行说明，进而，对样本进行实证分析。除描述性统计、企业精准扶贫的言行对债务融资规模的影响和内生性与稳健性检验外，进一步探讨企业精准扶贫言行模式对企业债务融资规模结构的影响，以及精准扶贫的言行在不同产权性质、不同精准扶贫类型下，企业债务融资规模的变化。

最后，对本章进行小结，提出本章的研究结论。

第四章为企业精准扶贫的言行与债务融资成本。

首先，在第三章实证研究的结论下，结合本书第二章理论模型的分析落脚点，提出企业精准扶贫的言行对企业债务融资第二个层次——债务融资成本的影响，引出本章的研究问题。

其次，通过构建企业与债权人的博弈模型，分别就企业精准扶贫的行为实施与信息披露两个方面提出本章的研究假设 H4 – 1 和 H4 – 2。

再次，进行实证研究的设计。说明样本选取方法及数据来源，并构建相关模型，对变量进行说明。

最后，对样本进行实证分析。除描述性统计、企业精准扶贫的言行分别对债务融资成本的影响和稳健性检验外，结合企业精准扶贫的言行模式、产权性质、精准扶贫类型以及是否属于重污染企业进行进一步分析；同时，在本章最后，对本书第二章理论模型中提出的政治资源获取和声誉提升两个机制做最终的验证，以证明本书理论模型的可信性。

第五章为企业精准扶贫的言行与债务违约风险。

首先，根据前面研究结论，在企业精准扶贫提升企业债务融资能力和降低债务融资成本的前提下，进一步结合我国现阶段防范金融风险的政策背景，提出企业精准扶贫的言行与债务违约风险的研究主题。

其次，分别从企业社会责任行为实施和企业信息披露对债务违约风险的影响两个层面进行逻辑分析，建立本章的研究假设 H5 – 1 和 H5 – 2。

再次，进行实证研究的设计。说明样本选取方法及数据来源，并构建相关模型，对变量进行说明。之后，开展本书的实证分析。实证分析主要包括描述性统计、均值差异检验、相关系数分析和主回归分析，以上述实证模型检验本章的假设。进而，从精准扶贫言行模式与债务违约风险、债务融资成本在精准扶贫言行与债务违约风险之间的中介效用和异质性检验三个方面展开进一步研究。

最后，对本章进行小结，提出本章的研究结论。

结语部分讨论了本书结论、局限性及未来研究展望。其中包括：本书的研究结论、政策建议、研究贡献、研究局限性及未来的研究方向。

第一章

企业精准扶贫与企业债务融资文献综述

文献的回顾、归纳与总结是本书研究的起点。为考察企业精准扶贫行为与信息披露对企业债务资本成本的影响，本章首先从企业社会责任相关文献入手，从企业社会责任（CSR）研究范畴的文献总结，引出精准扶贫相关文献，对精准扶贫的内涵、影响因素、经济后果和实施机制进行梳理。其次对企业债务融资相关研究进行总结，以便对本书研究的落脚点进行阐述。最后通过文献评述，挖掘现有理论研究可能进一步讨论的方向，为后文结合现实问题进行分析奠定研究基础。

第一节　企业社会责任与精准扶贫的文献综述

一、企业社会责任的文献综述

（一）企业社会责任行为实施的研究

有关企业社会责任争论的理论起源来自管理层机会主义和股东主义对企业社会责任行为的认知差异。一方面，管理层机会主义认为，企业社会责任实施的服务对象是企业管理层而非股东和利益相关者，企业经营的目的在于实现股东价值的最大化（Friedman，1970），而企业社会责任的实施对企业自由现金流进行占用，造成企业价值创造能力下降，这部分行为实施的成本会由企业股东承担，但成果会为企业管理层所享受。在这一过程中，企业经营的风险和成本提升，将使企业在竞争中处于劣势（Aupperle et al.，1989；McWilliams & Siegel，2000；Jensen，2002）。在管理层机会主义理论下，企业社会责任在实践过程中，被认为更多体现了工具属性而非价值属性，由此发展出了企业社会责任的工具假说。从代理理论上看，企业社会责任是管理层包装自利性行为的工具。例如，企业慈善捐助更多是希望通过社会责任行为转移公众对企业不当行为以及企业管理层失德行为的注意力，从而避免企业声誉损失（高勇强等，2012；Hemingay & Madagan，2004）。同时，企业慈善捐赠的背后还隐含着企业与政府之间的利益（即政府补助）交换，企业社会责任行为并非本质上的承担社会责任（李四海等，2012）。现有研究发现，企业社会责任与盈余管理呈显著的正相关关系（Petrovits，2010；Prior et al.，2008；陈国辉等，2018），在此基础上，盈余管理的增加会降低企业财务信息质量，以掩盖企业管理层的失德行为。

从另一方面看，股东主义对企业社会责任的解释是，首先，企业社会责任行为实施对股东的价值并非是短期的，而是长期股东价值的累积。从本质上看，企业社会责任可以被认为是企业维护利益相关者关系的长期无形资产。通过企业社会责任实施，企业能够吸引具有强烈社会责任感的消费者（Hillman & Keim，2001）和投资者（张继勋等，2019），能从社会责任感较强的投资者手中获得财务资源（Kapstein，2001），降低权益融资成本（李姝，2013），缓解融资约束（钱明，2016；2017；冷建飞和高云，2019；顾雷，2020），或者帮助公司快速从财务困境中恢复（Choi & Wang，2009）。其次，股东主义还认为企业社会责任能够提升公司声誉（宋献中、胡珺和李四海，2017；廉春慧，2018），从而提升公司业绩（Freeman et al.，2007；周莉萍等，2016；王建玲和井冰洁，2020）。在股东主义的指导下，衍生出了企业社会责任的价值假说。价值假说的主要内容是：如果企业社会责任体现的是企业的长期股东价值，那么企业社会责任实施状况越好，代表企业长期价值提升越高，投资者和股东会更加认同企业的未来发展。有学者发现企业社会责任表现优秀的企业会提供更多的财务信息披露（Gelb & Strawer，2001），也有学者发现企业社会责任表现优秀的企业会从事更少的盈余管理（Kim et al.，2012）。这些研究都表明企业社会责任能够提高公司的信息透明度。而权小锋和吴世农（2015）又进一步发现企业社会责任信息透明度越高，则企业股价的崩盘风险越低，进一步，社会责任信息也会通过声誉机制（周丽萍等，2016；宋献中等，2017）、盈余管理中介、会计稳健性（权小锋和肖红军，2016）等中介机制影响股价崩盘风险。

（二）企业社会责任信息披露的研究

企业社会责任的信息披露建立在企业社会责任的实施之上，二者相互联系，又彼此独立。一方面，在管理层机会主义的理论下，企业社会责任信息披露被认为是企业管理层自利行为的虚伪掩饰。在这一理论框架下，企业披露社会责任信息向外界传递的是消极信号。尽管企业社会责任报告的信息与企业价值正相关，但这一结论需要以过去企业未发生违规违法行为为前提（车笑竹和苏勇，2018；崔秀梅，2009）。不仅如此，如果企业在现阶段存在盈余操纵的行为，企业社会责任信息通常会被管理层作为掩盖这一失德行为的工具，混淆股东和投资者的视线，以达到其谋取私利的目的（Diego et al.，2008）。相比于国有企业，民营企业可能会将社会责任信息作为达到寻租目的的工具，通过企业社会责任的信息披露实现降低实际税负，达到避税的目的（邹萍，2018）。同时，从投资者的角度出发，在同样的企业绩效甚至经营状况更差的情况下，企业社会责任信息披露能够帮助企业获得投资者信任（吉利，2010）。

另一方面，股东主义理论认为，企业社会责任信息披露能够为企业外部利益相关者提供对企业经营状况判断的增量信息（Anderson et al.，1980）。企业社会责任信息披露是缓解企业内外部信息不对称的手段之一，能够向企业外部传递企业经营状况良好的增量信息，以降低企业的融资约束（Richardson，1999；Cheng et al.，2014；葛永波，2020）；高质量的企业社会责任信息披露能够有效缓解企业融资约束（管亚梅等，2013；冯丽艳，2016；谢华和朱丽萍，2018）。进一步而言，企业融资约束的缓解在企业债务融资方面体现为更低的银行贷款利率（Goss al.，2011）以及更长的银行贷款期限（彭镇等，2015）。企业社会责任信息对于股权投资者而言，是辅助其进行价值决策的有效信息之一（Ingram，1978）。企业社会责任信息披露的质量越高，企业的权益融资成本也会随之下降（Dhaliwal et al.，2012），这种效应在我国民营企业中更为显著（钱明等，2016），这也说明在我国政策指引下的企业社会责任信息披露已经出现初步成效，缓解了资本市场信息的不对称（钟马，2016；杨汉明等，2012）。在企业信息透明度更低的国家，企业社会责任信息披露质量与分析师预测准确度显著正相关（Dhaliwal et al.，2012）。这些结果支持了以下结论：企业社会责任信息披露有利于改善企业信息环境，增加信息透明度，减少信息的不对称性。

（三）企业社会责任文本分析的研究

企业社会责任信息披露的语调帮助了企业管理层对企业外部的信息接收者进行印象管理，从而达到管理层机会主义的动机（Cho et al.，2010）：通过乐观的文本语调，将企业社会责任的良好表现归功于企业自身努力，相反，通过消极的预期将企业负面消息归结为企业外部原因，从而达到影响利益相关者判断和决策的目的（Yuthas et al.，2002）。我国学者研究发现，企业社会责任报告中的积极语调和企业社会责任表现负相关，而确定性的文字表述则与企业社会责任表现正相关，这也说明我国企业倾向于通过社会责任报告的积极语调强调企业利好消息，同时隐匿坏消息（张秀敏等，2016）。通过文本信息披露进行印象管理的另一个手段是对文本信息的可读性进行操控。由于我国企业社会责任报告信息披露缺乏法律规范，企业往往会通过选择性报告、修饰性报告等方式隐匿或者夸大某些事实，从而影响企业社会责任报告的可读性（吉利等，2016）。除通过语调和可读性等文本分析手段研究企业社会责任信息披露外，语调离散程度（黄萍萍和李四海，2020）、报告篇幅（黄珺和徐莹莹，2021）、图片信息和彩色封面（吉利等，2016）也被作为企业社会责任信息披露文本分析的内容进行了研究。

二、企业精准扶贫的文献综述

从宏观角度而言，精准扶贫是国家政策方针战略和具体准则实施全面结合的机制整体（汪三贵和郭子豪，2015；郑瑞强和曹国庆，2015）。所谓精准，是指针对不同地域、不同特征的贫困人口，因地制宜采取不同扶贫措施的科学扶贫方法（赵武和王皎月，2015）。相对于粗放式扶贫，精准扶贫更需要运用有效的程序对不同环境的贫困户开展不同的扶贫工作。

（一）企业精准扶贫行为实施的影响因素

从宏观层面而言，影响企业精准扶贫行为实施的主要因素是国家财政手段（陈升等，2016；辜胜阻等，2016；刘明慧和侯亚楠，2017；陈志等，2017）。在扶贫政策实施过程中，应该明确责任主体，大力发挥社会组织的补充和职场导向作用，实现我国脱贫事业与经济增长同步前进（黄快生，2019）。从微观角度而言，企业精准扶贫行为实施的影响因素主要包括：政治因素（杜世风等，2019）和媒体关注（陈共荣和曾熙文，2013）两个方面。

1. 政治因素

政治因素作为影响企业行为实施的重要外部因素之一，造成了企业在不同政治压力下的行为差异（Shleifer & Vishny，1994）。已有研究发现，政府和具有政治关联的企业管理者出于对政治压力（目标）的考量，往往会影响企业管理决策，从而实现让企业承担更多社会责任的目的（刘玉，2014）。在我国现行的政策体制下，政治因素影响企业社会责任承担的情况可能更为明显（田宇等，2019），特别是国有企业这一特殊的所有制制度，直接决定了具有政策背景的企业社会责任行为的实施。相较于民营企业，国有企业与政府的关系更为紧密，其重要工作职能之一就是承担社会责任、解决社会问题（肖红军，2018），因此国有企业将会投入更多的资金参与精准扶贫。受到更大程度上制度约束的国有企业在社会责任的实施方面明显优于民营企业（丁晓钦和陈昊，2015），并且在企业业绩更好、规模更大时，参与精准扶贫的意愿更强（杜世风等，2019；任长秋和王钊，2020）。同时，当企业所在地的财政压力更大时，当地企业精准扶贫的投入会更高（聂军等，2020）。如果政府在企业精准扶贫过程中增加了对企业的资源倾斜，企业精准扶贫投入的规模会得到明显的提升（杨义东，2020）。另外，从民营企业的角度而言，政治因素作用的路径在于民营企业的政治关联。从"政治锦标赛"的话题出发，当民营企业高管具有政治关联的同时，企业所在地的官员晋升压力更大，民营企业会更多地投入到精准扶贫行动中去（施赟，2020）。

2. 媒体关注

媒体作为区别于政府的另一外部监督方，能够对企业社会责任的行为决策造成合法性压力和制度压力（陈共荣和曾熙文，2013；鲁悦和刘春林，2018）。现有研究表明，一方面，媒体关注有助于识别企业在环境污染、腐败、渎职、欺诈等方面的违规、违法行为，帮助企业改善经营状况（李培功和沈艺峰，2010；Brammer，2004；Miller，2006；Dyck et al.，2008）；另一方面，媒体能够作为企业内外部信息传递的中介，降低投资者与企业之间的信息不对称，影响市场对企业社会责任履行的认知程度，改善企业形象（倪恒旺等，2015；吴德军，2016）。因此，媒体关注度高的企业会更加重视企业社会责任的投入（Lindgreen et al.，2009），以获取更多的消费者认可、更有力的政府资源支持（黄珺等，2020）。相比于国有企业，民营企业的决策机制更为直接，市场灵活性更强，因此媒体关注对民营企业的精准扶贫参与程度影响更为显著（张玉明和邢超，2019）。

（二）企业精准扶贫行为实施经济后果的研究

现有关于企业精准扶贫的经济后果研究，主要集中于企业融资成本、企业绩效、企业创新和市场反应等方面。首先，企业履行社会责任被认为是增强企业与政府之间的联系，获得政府支持，从而在融资优惠（李姝和谢晓嫣，2014）、政府补助（高勇强等，2012）等方面取得优势的行为。企业参与精准扶贫能够显著地缓解融资约束。相比于其他类型的精准扶贫，产业扶贫降低企业融资约束的效果尤为显著，银企合作形式的精准扶贫能够帮助企业获得更多的经济资源（信贷支持和政府补贴），从而缓解其融资约束（邓博夫等，2020）。同时，企业融资成本的节约可以从政府补助的角度得到反映。企业参与精准扶贫能够使得民营企业更进一步拉近与政府之间的距离，形成政企之间的隐形契约联系（郭沛源和于永达，2006）。在这一联系下，民营企业能够获得更多的政府补贴、信贷资源与税收优惠。尤其在"捐赠式"扶贫下，企业的银行信贷融资获取规模能够得到显著提升（王艺明等，2018）。此外，企业的实际税负也是反映企业融资成本的角度之一。企业通过精准扶贫的方式获得税收优惠，也能帮助企业增强经营发展能力（于文超等，2018；王艺明和刘一鸣，2018）。

其次，作为企业社会责任范畴下的企业精准扶贫行为（杜世风等，2019），积极实施企业精准扶贫行为能够达到企业绩效提升的效果。企业增加精准扶贫投入能够显著提升企业的财务绩效，但管理层集中度会降低这一效果（张玉明等，2019），同时企业精准扶贫对企业绩效的正向溢出效应会在不同的地区出现不同的效果（张曾莲等，2020）。产业扶贫作为不同于其他单纯意义的慈善扶贫行为而言，并没有突破企业正常经营的框架（张琦，2011），企业能够在产业扶贫的过程中将投入的资金转化为企业与贫困户的共同收益来源，从而实现企业绩效的提升（刘建生等，2017）。

再次，从企业创新的角度出发，企业参与精准扶贫能够帮助其获得专利审批过程中的便利，在不增加企业研发投入和不改变创新结构质量的情况下，提升企业的创新产出，但相对而言创新质量会有所下降（刘春等，2020）。

最后，从资本市场反应的角度来看，企业精准扶贫能够得到我国股票市场的积极反应，在企业精准扶贫信息披露的短期内，企业股价会出现短时间的提升（Qiao et al.，2021），而这一反应在具有政治关联的民营企业中更为显著（易玄等，2020）。

第二节　企业债务融资的文献综述

一、企业债务融资规模结构的文献综述

（一）企业债务融资规模

企业的债务融资能力反映了企业的财务风险程度，直接决定了企业的成本、收益和企业价值（蒋腾等，2018）。现有研究发现，会计稳健性越强（张金鑫和王逸，2013；Minnis，2011），内部控制质量越好，企业规模越大（张纯和吕伟，2007），公司治理越好（蒋琰，2009；Allen et al.，2005），企业的债务融资能力越强。从债权人的角度出发，媒体报道能够缓解企业内外部信息不对称，加快信

息传播速度，增进金融市场信息传递效率（Bushee et al.，2010；石晓峰和仲秋雁，2017），从而帮助企业提升债务融资能力，金融机构同样也愿意给信息透明度更高的企业提供债务融资（陈耿等，2015）。不同情绪的媒体报道能够引起债权人的不同共鸣，从而影响企业的债务融资规模（游家兴和吴静，2012），当媒体对企业进行更多的积极报道时，债务融资市场对企业的评价更高，企业债务融资的获取就更加容易（马君璐等，2013；陈雪等，2021）；相反，消极的媒体报道会帮助债权人识别企业的不良行为，从而减少其对企业的债务融资（赖黎等，2016）；同样，企业避税这类行为会受到债权人的厌恶，从而降低企业债务融资能力（姚立杰等，2018）。良好的企业声誉不仅能从媒体报道的机制体现，还能从企业获奖情况上得以反映。银行对企业进行贷款决策时，需要通过对企业声誉的衡量，判断企业违约风险（Diamond，1989；1991），对于获奖更多的企业，银行会显著增加其融资规模（刘嘉伟等，2019）。

（二）企业债务融资结构

除了企业的债务融资规模以外，融资结构也是衡量企业债务融资状况的角度之一。对于企业债务融资结构的分类，根据来源可以分为金融性负债和经营性负债，根据期限则可以分为长期负债和短期负债（杨玉龙等，2020）。金融性负债是指企业在债务融资过程中，需要进行还本付息的债务。相对而言，经营性负债则是在日常经营中，在客户、供应商这类利益相关者之间形成的款项拖欠负债，经营性负债无须进行利息支付（李心合等，2014），也可以被称为类金融负债（姚宏和魏海玥，2012）。从规模而言，中国企业的金融性负债明显高于经营性负债（陈艳等，2016），但对于民营企业来说，经营性负债的作用甚至高于金融性负债（杨玉龙等，2020）。从债务期限结构来看，相比于美国企业，中国企业的短期负债比例明显较高（肖作平和廖理，2007）；对于具有政府背书、债务违约风险较低的国有企业而言，长期债务的比例显著高于民营企业（褚剑和方雄军，2019）；而民营企业的政治关联同样能帮助民营企业获得更多的长期债务（李健和陈传明，2013）。相反，政府对企业干预程度越高，企业的短期负债比例越高（孙铮等，2005）。

债务融资期限结构作为债权人约束债务人的债务契约之一，能够缓解债权人和债务人之间的利益冲突（肖作平和廖理，2007）。企业债务期限结构是债权人和债务人之间多方博弈的结果，从企业自身出发，债务融资期限结构的选择也是企业自身选择的反映。现有研究发现，企业发展状况越好（Flannery，1986；Diamond，1993）、规模越大（Braclay & Smith，1995），越有可能进行长期债务融资；相反，当企业需要保证自由现金流以满足企业运营的自由度，进而抑制管理层长期利益侵占时，企业会更多地进行短期债务融资（Hart & Moore，1995）。

二、企业债务融资成本的文献综述

债务融资的成本受到企业风险和信息传递的直接影响（王雄元和曾敬，2019）。债权人对于企业的风险感知源于企业向外传递的有效信息（Merton，1973），企业风险与债权人的风险溢价显著正相关（Blackwell & Winters，1997）。企业内外信息不对称程度越高，债权人对企业风险进行判断时获得的有效信息越少，因此会提升因不确定性提升而要求的风险补偿（Park & Wu，2009）。同时，信息披露质量较低时，也会显著增加企业的债务融资成本（Bharath et al.，2008）；相反，详细的信息披露能够有效地避免企业的信息风险，从而降低企业的贷款利率（赵刚等，2014；Plumlee et al.，2015）和债券风险溢价（Sengupta，1998）。

从信息披露本身而言，风险信息包含了异质性较弱的一般信息和异质性较强的风险特质信息（王雄元和曾敬，2019）。一方面，一般风险信息能够提升信息披露的质量（Elmy et al.，1998），进而降低企业的债务融资成本（Drago & Gallo，2018）。有关企业年报风险信息的研究表明，年报风险一般信息能够作为债权人对企业已知风险的补充，降低企业内外部信息不对称，使债权人能够对企业风险做出全面且更正确的评价（Hodder et al.，2001；Hope et al.，2016），因此债权人会减少自身的风险补偿（Chiu et al.，2007）。在企业经营过程中，风险是无法避免的因素，而合理地控制风险，以及高效地披露风险，能够帮助企业获得市场的认可（Hodder et al.，2001），提升企业声誉（Dhaliwal et al.，2011），进而降低企业债务融资成本（Sengupta，1998）。另一方面，企业特质性风险信息会使债权人增加对企业风险的担忧，从而增加企业债务融资成本（Berger & Udell，2003）。

除了企业自身因素，银行贷款作为企业债务融资的主要渠道，银行业自身的结构和竞争程度也会影响银行贷款的成本（姜付秀等，2019）。银行业的竞争加剧，将导致银行业之间产生价格竞争，削弱银行在与企业就贷款成本方面博弈的竞争力，从而使银行以成本更低的方式提供贷款（Ayyagari et al.，2011；王红建等，2018）。

此外，企业的异质性也会影响企业债务融资成本的高低（徐晓萍等，2017）。相比于民营企业，国有企业会获得更多的长期贷款（陆正飞等，2009），而相比于短期贷款，通常情况下长期贷款的利率更高。相比于民营企业，国有企业在一定程度上具有政府政策承担者的职能，因此国有企业能够获得由政策性银行批复的期限更长、利率更低的政策性债务融资，国有企业的债务融资成本也会更低。债务违约风险也是影响企业债务融资成本的关键因素之一，企业的债务违约风险与企业债务融资成本显著正相关（夏楸等，2018）。

第三节　文本信息披露的研究综述

一、信息策略性披露

在溢出效应的既有研究中，主要关注的是公司信息披露后会对哪些公司的股价产生何种影响（Firth，1976；Foster，1981；Freeman & Tse，1992），而并未研究当上市公司发现有利可图时，是否会利用溢出效应进行策略性的信息披露。通常假定企业的信息披露和产生的溢出效应之间是外生的，研究信息披露的溢出效应会对受影响企业的某些特点产生影响（Bushee & Leuz，2005；Chen et al.，2013；Shroff et al.，2017）。上市公司会短暂地持有对竞争公司有利的信息，披露对竞争公司不利的信息，但这种行为最终可能会使上市公司产生一定的成本（Aobdia & Cheng，2018；Cao et al.，2020）。已有研究分别探究了公司增加负面消息的披露可能是出于减少违规成本（Skinner，1994，1997），暂时降低自身股价（Aboody & Kasznik，2000）等动机。

自愿信息披露理论表明，当管理者披露信息的收益高于披露成本时，就会进行自愿性信息披露（Verrecchia，2001）。既有文献发现，自愿披露信息的收益主要来源于信息不对称程度和融资成本的降低（Fishman & Hagerty，1989；Diamond & Verrecchia，1991；Baiman & Verrecchia，1996），然而信息披露包含披露成本和潜在的纠错成本，还包含管理层声誉损失和法律诉讼风险（Healy & Palepu，2001）。专有成本理论表明，产品市场竞争程度也是影响管理层信息披露意愿的重要因素之一（Verrecchia，1983）。

除了信息披露的成本和收益，前人文献还研究了信息披露的决定性因素。他们发现管理层倾向于自愿披露信息来避免盈余异常和股价大幅波动（Ajinkya & Gift，1984），或展示自身能力（Trueman，1986），或降低信息不对称和资本成本（Diamond & Verrecchia，1991；Coller & Yohn，1997；Easley & O'Hara，2004），或者规避法律诉讼风险（Skinner，1994）。

管理层在提高股权、内部交易或确定股权归属之前要增加企业相关信息披露（Lang & Lundholm，2000；Cheng & Lo，2006；Edmans et al.，2018）。有学者基于结构性假设研究发现，管理层战略性隐瞒信息的情况十分普遍，价格和非价格动机都会影响管理层战略性隐瞒信息的行为（Bertomeu et al.，2019）。

充分的信息披露能够降低企业的资本成本，为各类投资者提供公平的信息竞争环境，并减少信息不对称，使投资者有效监督管理者（Leuz & Wysocki，2016；Goldstein & Yang，2017）。但信息透明度可能会对产品市场中的消费者产生不利影响，因为同行竞争企业之间存在信息不对称问题（Green & Porter，1984）；所以了解竞争企业过去、现在及预期未来行为等信息，有助于垄断利益集团的稳固。例如，充分披露有助于展现串谋价格，进而有助于监控参与串谋的同行是否偏离价格。当串谋的企业间无法或难以进行直接沟通时，为获取更大利润，企业需要默契地达成心照不宣的隐性串谋。此时，可核实的公开信息格外重要。因此，信息越不透明越有利于企业的隐性串谋行为。

二、文本信息披露研究方法

（一）文本信息内容研究

内容研究是对文本信息内容进行量化的研究方法。早期的文本信息内容研究多采用手工编码的方式对小样本进行研究。有学者从七个方面对管理层讨论与分析（MD&A）信息内容进行了编码，包括价格变动、销售量变化、收入变动原因、成本变动原因、未来流动性评估、预计资本支出以及影响前四项内容的其他信息，结果发现预计资本支出与短期市场回报、长期市场回报显著相关，反映销售价格、销售量、收入、成本变化的信息内容与企业未来收入、未来每股盈余（EPS）变化显著相关（Bryan，1997）。进一步，部分研究结合行业特征对文本信息内容进行了细分研究。以航空、住宅建设设计和餐饮三个行业公司为研究样本，在控制了盈余信息以后，信息披露公告内容为解释当前股票收益率提供了增量信息（Francis，Schipper & Vincent，2003）。以零售业 1996 ~ 1999 年期间的 150 家公司为样本，发现 MD&A 销售额增长，开店和关闭以及资本支出信息内容可以预测未来盈利能力，并与同期股票收益相关联（Cole & Jones，2004）。以 1998 ~ 2002 年间 568 家制造业企业为样本，MD&A 信息披露中关于库存增加情况的内容解释，尤其是有利的解释，与未来的盈利能力和销售增长有关，而这种关系在增长性行业和竞争性行业更显著（Sun，2010）。我国学者仇莹和张志宏（2016）同样研究发现 MD&A 中管理层对存货异常增加持乐观态度的解释与未来收入增长正相关，持悲观态度的解释与企业未来投资回报率负相关。薛爽等（2010）发现 MD&A 中关于亏损原因的内容解释越多（包括内部原因和外部原因），未来扭亏的可能性越小，而亏损的改进措施尤其是战略性改进措施提及的越多，未来扭亏的可能性越大。

此外，部分研究利用内容分析法对文本信息披露内容进行手工分项打分，以评价文本信息披露质量。李锋森和李常青（2008）对 MD&A 中 6 个分项（产品价格、产品销量、销售收入、生产成本、投资进度与收益、前瞻性信息）进行打分加总，研究发现，MD&A 信息披露能够获得股票市场投资者认可，在预测公司未来财务绩效，包括销售收入、经营现金流变化以及每股盈余方面都有增量贡献。程新生等（2013）从战略、新产品或新业务、拟投资项目、无形资产、战略资源分析、行业发展六个方面对年报前瞻性信息披露进行打分，以评价前瞻性信息自愿披露水平，研究发现在我国制度背景下，自愿性信息披露并没有缓解信息不对称。李慧云（2015）通过对 MD&A 更多的子项目（25 个）打分以构建 MD&A 信息披露指数，以上交所 220 家制造业上市公司为样本，发现 MD&A 信息披露有助于预测公司短期财务绩效，并和短期市场反应显著相关。姚颐和赵梅（2016）采用手工阅读、人工评分的方法对我国招股说明书中的风险信息披露进行分类并评分，研究发现总风险信息披露、财务风险和经营风险披露水平越高，公司首次公开募股（IPO）抑价率越低，股票流动性增强。

（二）以计算机处理技术为支撑的内容研究

过去的 20 年来，计算语言学、文本挖掘和机器学习技术的快速发展为会计研究人员提供了强大的工具来更好地理解文本信息披露（Core，2001）。以计算机处理技术为支撑的文本信息内容特征的研究包括：风险信息、竞争程度、研发信息和财务约束等（肖浩等，2016）。这些研究主要以字典法、文档相似性分析法等为基础，借助计算机技术统计文本信息中相应词语出现的频次或比例，分析两文本的相似度或重复度，以此来衡量对应研究内容特征的水平及程度。

国外学者开拓性地借助计算机技术文本信息风险情绪进行研究。李（Li，2008）通过计算整个 10 - K 文件中与风险或不确定性相关的词语出现频率来衡量年度报告的风险情绪，研究发现年报风险情绪水平的增加预示着企业未来收益的减少，风险情绪水平大幅增加的公司，未来股票收益显著为负。克莱维特和穆什卢（Kravet & Muslu，2013）同样采用风险词频统计的方法，研究发现年报风险情绪增加，亦会导致股票收益波动性增加，交易量增加，即风险信息披露会导致投资者风险认知差异增加，带来了更多的市场异质信念，同时，风险情绪增加会降低分析师预测的准确性和一致性。坎贝尔等（Campbell et al.，2014）通过借鉴已有文献中风险关键词和采用文档聚类方法统计反复出现的风险词汇两个步骤定制风险关键词表，然后对年报中的风险重大提示部分、管理层讨论与分析以及整个年报中的风险词频进行统计以衡量公司风险信息披露水平，并根据不同的关键词区分风险类型，具体分为财务风险、税收风险、法律风险、其他系统性风险和其他特质性风险。研究发现投资者将公司风险披露中的非预期部分纳入公司价值评估中，公司风险因素披露降低了信息不对称，非预期风险披露和短期市场反应显著负相关。霍普（Hope，2016）建立一种新的量化企业定性风险因素披露的方法，即风险特质性水平，研究发现特质性风险信息披露和股票市场反应正相关。特质性风险信息的披露有利于增强分析师对公司基础风险评估的可靠性，该结果表明更具体的风险因素披露有益于财务报表的使用者。杨等（Yang et al.，2017）设计了一种结合自动信息检索和手动标记的算法，通过检查句子而不是简单地计算文本中的单词来理解单词的含义，构建了句子级风险度量方式，研究发现公司特定的财务、战略、运营风险和审计费用显著正相关。我国学者郝项超和苏之翔（2014）通过将招股说明书中重大风险提示文本信息进行向量化处理，并区分为标准风险提示信息和特有风险提示信息，研究发现影响首次公开募股（IPO）抑价的显性风险信息为公司特有风险提示信息。王雄元等（2017）、王雄元和高曦（2018）采用词频统计的方法，发现年报中风险信息披露能够提升分析师预测准确性，而且年报风险信息披露越多，越有利于降低信息不对称，从而降低权益资本成本。该结果表明，我国年报中的风险信息披露和国外不同，是对已有风险的进一步解释和说明，属于同质性风险。

已有的研究依托计算机采用两种方法对文本信息中反映公司竞争程度的信息进行量化，一种是词典法，统计文本信息中蕴含竞争含义的词语比例，另一种是通过计算两公司关于产品描述文本信息的相似度来衡量公司面临的竞争程度（肖浩等，2016）。李等（Li et al.，2012）认为管理层对公司竞争环境的认知会影响其决策，因此通过对文本信息中与竞争相关的词语进行统计能够有效衡量公司竞争环境。研究发现该种衡量方式和行业层面反映竞争环境的赫芬达尔（Herfindahl）指数相关性较低，但却能有效地反映同一行业公司之间的竞争，以及整个公司竞争环境的变化。霍伯格和菲利普斯（Hoberg & Phillips，2010）通过比较公司年报中关于产品差异描述的文本信息的相似度，发现企业倾向于并购资产描述性语言和自己相似的公司，如此并购可以获得更高的股票收益和未来现金流收益的显著增加。

霍伯格等（Hoberg et al.，2012）延续采用年报中有关产品市场进行描述的文本信息的相似度来衡量产品市场流动性，并进一步研究该流动性对公司股利支付政策和现金持有政策的影响。结果显示，产品市场的流动性降低了公司支付股息和回购股票的倾向，增加了公司现金持有。在该研究中，霍伯格等（2012）采用词典法重新计算产品市场流动性作为稳健性检验，进一步印证了上述结论。

和上述研究类似，梅克利（Merkley，2014）采用词典法统计年报文本信息中的研发信息。研究表明公司当前盈利是管理层调整研发信息披露的重要因素，研发文本信息具有信息含量，能够引起市场反应，且能够显著影响分析师行为。同样，王华和刘慧芬（2018）采用词频法，研究我国制度环境下管理层代理成本对年报研发文本信息披露的影响。鲍德纳鲁克等（Bodnaruk et al.，2015）基于约束词汇列表对年报文本信息进行量化，构建不同于传统财务约束指标的新的衡量指标。

（三）文本可读性的相关研究

1. 可读性影响因素研究

研究表明，文本信息可读性受到公司层面、管理者层面以及外部环境层面多种因素的影响。李（Li，2008）在研究中探讨了年报可读性的决定因素，包括公司规模、公司账面市值比、公司年龄、经营波动性、经营复杂性、财务复杂性、公司特有事件（并购或股票增发）、制度环境等多种因素。但在众多因素中，当前业绩是影响年报可读性的重要因素。一般而言，收益较低的公司年度报告可读性更低，更难以理解。此外，公司战略会影响公司的各个方面，包括产品、市场、技术和组织结构以及经营复杂性，因此，战略也是影响年报可读性的重要因素。林等（Lim et al.，2018）研究发现当公司战略表现为以创新为导向的探索性战略时，年报可读性更低。

关于管理层特征的相关研究发现，当管理层薪酬与薪酬的经济决定因素不相关或相关性较低时，文本信息披露可读性更低（Laksmana et al.，2012）。进一步，查克拉巴蒂等（Chakrabarty et al.，2014）从股权期权的视角认为期权薪酬激励会促使管理层承担更高的风险项目。为保护自身利益，管理层可能隐藏自身选择，降低信息披露的可读性。上述研究结论同时表明，管理层有动机选择年报可读性以隐藏负面消息，或者说管理层会基于某种动机对文本信息可读性进行策略性管理。延续该思路，部分文献从此视角展开了研究。已有研究表明，管理层出于自利动机会进行应计盈余管理和真实盈余管理活动，那么此行为是否会对年报可读性带来影响呢？罗等（Lo et al.，2015）以迷雾（Fog）指数来衡量年度报告中 MD&A 文本信息的可读性，研究发现对于业绩与上一年持平或刚刚超过上一年的公司而言，其 MD&A 文本的可读性更低。该结论在其他应计和实际盈余管理活动计量中依然成立。由此表明公司盈余管理活动会显著影响年报可读性。我国学者叶勇和王涵（2018）以中国的数据印证了上述结论，盈余管理和年报可读性显著负相关。

此外，从外部环境层面看，伦德霍尔姆等（Lundholm et al.，2014）研究发现跨国公司相较于美国本土公司，披露的年报可读性更强且包含更多的数字信息，表明跨国公司试图向美国投资者传递更为清晰易懂的信息。进一步研究表明，公司所处国家与美国的地理距离、语言差距、会计政策差距、投资者保护等制度差距越大时，公司披露年报的可读性越强，使用的数字也越多。

2. 可读性经济后果研究

可读性经济后果的研究主要集中于盈余持续性、投资者市场反应、分析师预测以及债务契约等方面。李（2008）研究发现可读性较高的公司盈余持续性更长久，随后的研究表明投资者会受到年报可读性的影响。以迷雾（Fog）指数作为可读性的衡量，劳伦斯（Lawrence，2013）发现散户投资者倾向于投资年报更短且可读性更高的公司，而米勒（Miller，2010）研究显示年报可读性更高的公司，投资者交易活动波动更小。以文本大小作为衡量指标，洛克伦和麦克唐纳德（Loughran & McDonald，2014）发现年报的可读性与年报公布日后第 6~28 日间的股价波动显著相关，年报文本越大，可读性越低，股价波动越大。可读性对分析师预测准确度是否带来影响是检验可读性信息含量的又一证据。勒哈维等（Lehavy et al.，2011）发现年报可读性越低（Fog 指数越高），分析师跟踪度越高，但是也带来了更高的分析师预测分散度和更低的预测准确性。洛克伦和麦克唐纳德（2014）同样将分析师预测作为信息环境的代理变量，和上述结论一致，发现文本可读性越低，分析师非预期盈余预测越高，预测分散度增加。菲尔森和皮特森（Filzen & Peterson，2015）研究文本复杂性对分析师预测行为的影响，发现分析师通过降低预测并更多地依赖管理者的预测来改变他们对复杂公司的分析，以便他们的预测准确性不会总是受到负面影响。基于中国数据，丘心颖等（2016）发现虽然复杂的年报吸引了更多的分析师跟踪，但分析师对复杂年报的解读能力有限，预测信息含量和预测质量并没有显著变化。

上述市场反应及分析师预测的证据均表明文本信息可读性具有信息含量，且已有的证据同时说明降低文本可读性可能是管理层隐匿坏消息的一种手段。综合这两方面的证据可以看出，当可读性越低时，代表着信息披露的质量越差。同时，埃特鲁格鲁等（Etrugrul et al.，2017）发现年报语言可读性越低，模糊性越高，即信息披露透明度越低的公司，要承担更高的贷款成本。鉴于文本可读性的信息作用，陈霄等（2018）发现 P2P 借贷市场中借款人借款描述的可读性有助于提升信息对称性，减少噪声，促进借款成功率的提升。此外，罗等（Luo et al.，2018）以中国 2001～2015 年的研究数据发现年报可读性越高的公司，代理成本越低，且这种相关性在外部审计质量高、内部控制质量高即分析师关注度高的样本公司中更显著。该证据表明了文本信息可读性的信息功能能够发挥管理层监督作用，降低代理成本。

（四）文本语调的相关研究

1. 文本语调的影响因素

文本信息语调研究起步较晚，因此，关于语调影响因素的研究主要集中于近期。公司层面因素包括公司特质及治理因素等。李峰（Li Feng，2010）作为可查的第一篇 MD&A 语调影响因素的研究，比较全面地分析了公司特征和 MD&A 信息语调的关系。研究显示，从经营特征角度看，当一家公司目前业绩良好时，管理者会以更积极的态度讨论未来前景；而应计利润和 MD&A 语调负相关，这表明当目前的应计盈利较高时，管理层对公司未来前景的讨论更为负面。公司规模较大时，MD&A 负面语调更为突出，该结论符合政治成本假设。公司成长性较高时，收益和回报率波动更突出，信息环境更加不确定，负面语调更多。业务复杂性与 MD&A 语调的关系因衡量指标的不同结果也有差异，公司业务部门较多时，信息披露往往拥有更积极的态度，而部门分布涉及地区更多时则偏向负面语调。从其他特征看，成熟公司和股票发行经验较为丰富（股票增发）的公司对未来展望更为积极。马蒂凯宁等（Martikainen et al.，2016）分析了董事特征对年报语调的影响，结果表明董事的平均年龄与文本信息中的消极、积极和不确定语调显著负相关，与合法性语调正相关，即年龄较大的董事风险规避意识更强；董事性别一致与消极和不确定的语调正相关。这表明性别统一的董事，更少的制衡会产生更丰富的披露；我国外部董事的教育程度与消极、积极、不确定和合法性的语气正相关。同样，拥有首席财务官（CFO）经验的外部董事会带来更多负面和更不确定的语言基调；董事更换与负面语言基调和合法语言基调正相关，与正面和不确定语言基调呈负相关，这与新董事会成员为公司披露带来新的声音一致。李和帕克（Lee & Park，2018）表明审计委员会的财务专业特长能显著地抑制管理层对 MD&A 语调的向上管理，提高 MD&A 信息披露质量。

管理层作为文本信息披露的主体，其特征会影响文本信息语调。戴维斯等（Davis et al.，2014）研究了管理层固有特征对盈余电话会议语言基调的影响。

研究发现，在控制当前绩效、未来绩效和战略激励等管理层私人信息对语调的影响之后，管理层特征固定效应依然存在。进一步研究发现，管理层早期职业经历、是否参与慈善组织这些与管理层特定语气相关的可观察因素与盈余电话会议语调显著相关。博琪卡等（Bochkay et al.，2016）同样以盈余电话会议为对象，研究首席执行官（CEO）任期对其中前瞻性信息披露和语调的影响，结果发现，CEO 任期与文本前瞻性内容及净乐观语调显著负相关，且该结论在能力不确定性高、职业关注度高和缺少管理经验的 CEO 样本中更显著。结论表明 CEO 在任期之初，为降低能力不确定带来的市场影响，会披露更多的前瞻性内容，且采用更加积极的方式呈现，以增强市场对其管理能力的信任。奥斯玛等（Osma et al.，2018）以美国公司年度报告为分析对象，研究发现能力强的 CEO 在其职业生涯早期倾向于使用更加乐观的语调披露年报信息。由于管理层掌握着信息披露的主动权，所以存在管理层语调操纵和策略性管理。研究显示，当公司诉讼风险较低时，管理层在行使期权之前会增加盈余新闻稿中乐观语调信息披露（Davis et al.，2012）；为配合盈余管理，管理层会对年报语调进行操纵管理（王华杰和王克敏，2018），管理层乐观语调与应计盈余管理显著正相关，与真实盈余管理显著负相关（朱朝晖和许文瀚，2018）；为配合业绩重述、股票增发、企业并购、期权行权等特有事件，管理层会对盈余新闻稿的语调进行向上或向下的操纵管理（Huang et al.，2014）。此外，管理层还对语调在文本信息中的分布进行操纵，业绩较差时，正面语调倾向于分散分布，语调离差较大，而负面语调倾向于集中分布，语调离差较小（朱朝晖和包燕娜，2018）。

2. 文本语调的经济后果研究

MD&A 披露信息的"语调""语气"等用词作为一种情感传递，反映了公司管理层对未来不确定性程度的判断，这种判断渗透在字里行间，让投资者理解该信息"意味着什么"。研究表明，该情感传递能够被投资者识别，引起市场反应，具有预测价值。研究证据如下，以通用的哈佛大学 GI 情感词典为基础，对 MD&A 文本中正负面情感词频进行统计，研究发现，企业 MD&A 语调和短期市场反应显著相关，这种关系在控制应计项目、营业现金流、意外盈余之后依然显著，且这种关系在信息环境越弱的情况下更显著（Feldman et al.，2010）。通过建立专业财务情感词典，研究发现，MD&A 负面语调总是与报告发布后的股票异常收益、异常交易量以及股票收益波动率显著相关，而正面语调等其他五类语气词语没有全部通过检验，结果表明 MD&A 语调尤其是负面语调更能引起投资者的感知（Loughran & Mcdonald，2011）。MD&A 语调不仅能获得投资者认知，且能带来市场效率的变化。科塔里等（Kothari et al.，2009）以 1996~2001 年 4 个行业（科技、通信、制药和金融）887 家公司为样本，利用 GI 内容分析软件来评估三种不同文本来源（MD&A、分析师报告和商业新闻）的正面负面语调频率和强度，并进一步检验其市场效率。总体而言，正面披露会降低公司股票收益波动率，而负面语调影响恰恰相反。其他市场反应的证据有：曾庆生等（2018）发现年报公布后的一段时间内，市场中股票交易行为和年报语调显著相关，年报语调越积极，高管卖出股票规模越大，净买入股票规模越小，尤其是在公司中期市场表现差、信息透明度低、非国有公司中，该现象更显著，此结论表明，高管对年报语调存在操纵，表现出"口是心非"的特点。

鉴于语调的信息作用，大量研究证据表明文本信息语调具有预测价值。不同于上述基于已有词典的分析，运用贝叶斯机器学习法构建 MD&A 前瞻性信息平均语调衡量指标后，发现在控制业绩影响因素后，MD&A 报告的平均语调与公司未来收益显著正相关（Li，2010）。考虑到 MD&A 语调分析富含信息，将该文本语调信息加入业绩预测模型中后，预测性能提升（Bochkay & Levine，2013）。我国学者蒋艳辉和冯楚建（2014）借助文本挖掘技术，发现 MD&A 语言特征对未来财务业绩有预测作用，可读性、匹配信息密度、前瞻性深度与未来财务业绩正相关，业绩自利性归因与未来财务业绩负相关，自我指涉度与未来财务业绩关系不显著。梅维特等（Mayew et al.，2015）研究发现 MD&A 中关于企业可持续经营的信息以及管理层正负面语调对企业破产预测有显著作用。语调操纵作为一种非预期信息披露具有预测价值，黄等（Huang et al.，2014）发现盈余新闻稿中的语调操纵程度越高，预示着未来收益和现金流的下降，而我国学者王华杰和王克敏（2018）的研究表明年报语气操纵蕴含未来业绩信息和未来一期业绩显著正相关。

语调研究文献表明，文本语调会影响分析师预测的一致性。乐观语调会降低分析师预测分散度，提升分析师预测一致性，负面语调则相反（Kothari Li & Short，2009）。MD&A 信息语调分布离差会影响分析师预测乐观度，正面语调越分散，离差越大，分析师预测更加乐观，而负面语调分布越集中，离差越小，分析师预测越乐观（朱朝晖等，2018）。

文本语调作为一种信息传递渠道，若能够被投资者认知，则会影响信息披露公司的资本成本。奥斯玛等（Qsma et al.，2018）认为公司信息披露更乐观，未来累积异常回报更高，此时更有可能获得未来债务，以及参与更多未来资本投资。研究显示，MD&A 中负面语调与资本成本关系显著，而正面语调不显著，分析师报告语调和资本成本不相关，商业新闻文本正负面两种语调和资本成本均显著相关（Kothari et al.，2009）。格里勒等（Ertugrul et al.，2017）借鉴 LM 专业词典衡量年报语调，发现若年报可读性较差、不确定性语调和弱态语调水平较高，公司的贷款合同条款更严格，未来股价暴跌风险更大，由此导致外部借款融资成本增加。

第四节 文献评述及研究的切入点

一、文献评述

现有企业社会责任相关的文献，已经形成了成熟的体系，从早期的管理层机会主义与股东主义出发，逐渐引入制度理论、利益相关者理论、资源基础理论等。无论是从企业社会责任影响因素的角度（包括企业特质、个人特质、外部环境特质、社会特质、国家特质等），还是从企业社会责任经济后果的角度（包括企业绩效、企业风险、公司治理、融资和媒体、分析师等），系统性的研究成果都已经形成。例如，对企业社会责任相关文献的研究综述表明，目前学术界在企业社会责任方面的相关动机研究中仍存在着争议，在此争议下，对社会责任信息披露方面的研究就出现了"增量信息"和"虚假掩饰"两种截然不同的观点。

对于精准扶贫相关文献的研究，是对企业社会责任中国化的进一步发展，这一发展为企业社会责任与中国特殊制度背景的结合提供了完善方向。根据上文对中国精准扶贫的研究综述来看，现有学者对精准扶贫的内涵、精准扶贫政策实施的状况形成了丰硕的研究成果。但有关精准扶贫的研究，主要集中于宏观政策实施成效和中观政府层面的研究上，因此，本书认为仍有以下方面可以进行更完善的讨论，对现有研究进行补充。

第一，企业社会责任行为与信息披露相互独立的研究存在一定的讨论空间。企业社会责任信息披露出现的争论，本质在于对企业社会责任行为实施动机的探讨。信息披露的内容实质建立在企业行为实施之上，企业社会责任行为的"价值利器"与"自利工具"之争的存在，引致了学术界对社会责任信息披露不同的解释。因此，企业社会责任行为决策与信息披露需要通过不同的研究层面进行思考和判断。企业信息披露的方式包括数字信息和文字信息两种，现有对企业社会责任行为层面的研究集中于采用社会责任评分数据，这一数据来源于有关机构对企业社会责任信息披露进行的评分，本质上是对信息披露的判断，而非对企业社会责任行为的评价。结合上文文本信息披露研究综述可以发现，企业可能会通过一定的文本信息披露策略影响信息接收者对企业行为实施的判断。因此，从理论和实证中对精准扶贫行为实施与信息披露进行独立的研究，仍存在一定的完善空间。

　　第二，现有有关企业社会责任的研究，与中国独特的制度背景结合研究仍存在一定的空间。上述有关精准扶贫的权威与前沿研究，主要集中于国外的研究，相比而言，中国企业社会责任的产生与理论探讨则出现得较晚，并且均是对国外的研究进行总结和发展。与中国特色的制度优势结合后，国内企业社会责任研究则集中于污染治理与企业绿色发展（谢华和朱丽萍，2018）、慈善捐赠（王艺明等，2018；李四海等，2016；高勇强等，2012）等方面，中国特色社会主义制度下的社会责任结合和探讨仍存在一定的发展空间。

　　第三，研究主体向企业层面扩展。诚如上述对精准扶贫的研究总结，中国精准扶贫相关研究缺乏对企业层面的研究，进一步而言，这一问题产生的原因是：精准扶贫政策实施的主导方是中国的政府机构，即便存在相关制度促使精准扶贫行为从政府层面向企业层面转化，仍缺少相关学术理论对这一行为进行理论指导。现有解释中国精准扶贫的理论指导多来源于企业社会责任相关理论，那么企业精准扶贫作为企业社会责任与中国特色制度背景的结合，从理论层面突出企业精准扶贫与传统企业社会责任的区别，尚有一定的发展空间。

　　第四，实证研究方法的运用。大量以中国企业为研究对象的精准扶贫文献所采用的研究方法主要集中于规范研究以及案例研究，采用实证研究方法的文献只占企业精准扶贫研究中的少数。出现这一现象的一个重要原因是数据的可得性。一是国家精准扶贫政策实施以来，参与精准扶贫的企业仅占目前我国企业中的少数，在这少数的企业中，作为上市公司的企业更少。因此，样本不够充足限制了实证研究方法的可行性。二是在 2016 年以前，并无官方政策要求企业对其进行披露，因此，样本数据获取的限制也制约了实证方法在企业精准扶贫研究中的使用。

　　第五，结合企业社会责任研究的问题，能够使针对企业精准扶贫信息披露的研究进一步发展。企业社会责任相关研究中大多数文献并未对精准扶贫行为与信息披露进行区别性分析，仅有少量文献讨论了企业精准扶贫的行为实施与信息披露之间的关系（Tang et al.，2021）。因此，在现有企业社会责任研究的指导下，企业精准扶贫的研究也仅有少数能够区别企业精准扶贫行为与信息披露，这类研究在信号传递理论的指导下，也是通过对市场信息环境的研究展开的（邓博夫等，2020），尚未出现针对企业精准扶贫信息披露的专门研究。与中国企业社会责任研究相比，企业精准扶贫相关信息是在每年企业必须披露的年报中进行披露，而非在企业社会责任报告中进行披露，因此无论是从数字信息还是文本信息上来说，企业精准扶贫信息的披露都具有全面性，能为企业精准扶贫信息披露的针对性研究提供可能性。

二、本书研究的切入点

基于文献综述以及评述，本书将从以下几个方面切入研究：

首先，精准扶贫为企业社会责任与中国特色社会主义制度结合的研究提供了方向。因此，本书选取精准扶贫为话题，在企业社会责任的范畴下，对中国企业精准扶贫开展研究，研究的重点之一在于区分企业精准扶贫与传统企业社会责任的不同，以企业债务融资为落脚点，突出企业精准扶贫的政策性。

其次，本书将从基础理论入手，通过理论模型的构建，来解释精准扶贫行为阶段和信息披露阶段对企业带来的不同效用，对企业社会责任范畴下企业精准扶贫行为与信息披露进行独立研究。

最后，本书将采用文本分析的方式，对企业精准扶贫信息披露实证检验的变量衡量进行构建。文本分析的方式，有助于对信息披露中的文字信息与数字信息加以区分。由于企业难以对数字信息进行操控，所以数字信息能够较为直接地反映企业的行为状况，作为对企业精准扶贫行为的计量，而文字信息是对数字信息的补充，文本分析更侧重于企业信息披露环节的策略性分析，因此，本书将通过文本分析的手段，在实证检验中切入企业精准扶贫信息披露环节的研究。

本 章 小 结

本章通过企业社会责任研究综述、精准扶贫研究综述和文本信息披露的研究综述，对企业精准扶贫相关研究状况进行了梳理。通过文献评述，提出现有理论研究中能够进行完善的方向，从而在理论探讨中为本书的研究拉开序幕。

第二章

企业精准扶贫与债务融资的
制度背景和理论分析

本章介绍了本书研究的理论基础,包括资源基础观、制度理论、信号传递理论和利益相关者理论。在以上理论的指导下,搭建了精准扶贫行为实施—信息披露两阶段模型,通过对模型的推导与分析,从理论模型的角度为第一章文献回顾与综述阶段提出的现有研究尚可完善的理论空白部分提供理论解决方法,进而在模型结论的指导下,开展后续实证研究,通过实证检验的方式证明模型推导结论的正确性。基于对基础理论的总结以及创新理论模型的构建,为后续实证模型检验奠定理论基础。

第一节　企业精准扶贫的制度背景

一、中国精准扶贫相关制度

(一) 精准扶贫政策

精准扶贫是关乎实现中华民族伟大复兴第一个百年目标的重大战略举措。关于精准扶贫相关的政策,最早可追溯到 1986 年国家首次确定列入国家扶持范围的贫困县名单,并随后于 1994 年、2001 年和 2011 年分别颁布了《国家八七扶贫攻坚计划 (1994 – 2000 年)》《中国农村扶贫开发纲要 (2001 – 2010 年)》《中国农村扶贫开发纲要 (2011 – 2020 年)》。庄天慧等 (2015) 提出了"政府 + 市场 + 社会 + 社区 + 农户"五位一体的贫困治理模式。刘俊生等 (2017) 强调了扶贫主体参与的多元化、身份的平等性和行动的协同。

"实事求是、因地制宜、分类指导、精准扶贫"是 2013 年 11 月习近平总书记首次提出"精准扶贫"时做出的重要指示。为深入贯彻落实习总书记关于精准扶贫的重要精神,中共中央办公厅、国务院办公厅印发了《关于创新机制扎实推进农村扶贫开发工作的意见》、出台了《中共中央 国务院关于打赢脱贫攻坚战的决定》等一系列政策。2015 年 1 月,习近平总书记在考察云南省昭通市时提到,深入实施精准扶贫、精准脱贫,项目安排和资金使用都要提高精准度,扶到点上、根上,让贫困群众真正得到实惠。同年 11 月,他在中央扶贫开发工作会议上提出,要解决好"扶持谁"的问题,确保把真正的贫困人口弄清楚,把贫困人口、贫困程度、致贫原因等搞清楚,以便做到因户施策、因人施策。精准扶贫讲求"六个精准"基本要求:扶贫对象精准、措施到户精准、项目安排精准、资金使用精准、因村派人精准和脱贫成效精准。2017 年 10 月党的十九大报告则作出了"让贫困人口和贫困地区同全国一道进入全面小康社会"的庄严承诺。

(二) 产业扶贫政策的演变

1982 年中共中央批转的《全国农村工作会议纪要》虽然没有提出具体的扶贫政策条款,但其明确了家庭联产承包责任制的地位,极大地激发了农民发展生产、摆脱贫困的信心,从而为产业发展脱贫奠定了制度保障。此后的中共中央每年发布的第一份文件也都包含了产业发展脱贫的思想,并具体体现在通过发展产业实现脱贫目标的要求和措施上,凸显了中央对这种扶贫方式的重视。从产业层次结构来看,最早提出的是发展种植业,接着是开展多种经营、农林牧渔共同发展,进而主张发展合作经济、兴办乡镇企业、发展特色产业,最后提出调整贫困地区产业结构,提升产业化水平。由此可见,中共中央每年发布的第一份文件中所提出的产业结构经历了从一元到多元的发展,产业层次也经历了由低到高的层层递进式转换,即在物质扶贫进行到一定阶段后,又通过发展农村文化产业来进行精神扶贫。扶贫政策的衔接性较好,思路也较为清晰。有关于产业扶贫政策,从 1978 年起至今,一共可以划分为五个主要阶段:

一是体制改革下的救济式扶贫阶段 (1978～1985 年)。该阶段采用的是"输血式"扶贫,具有直接转移资金的救济性特征。扶贫以输血为主,没有产业支撑,而产业是造血的。因此,区域瞄准和救济式的扶贫方式无法彻底帮助贫困地区脱离经济、文化的落后状态 (申秋,2017)。二是产业扶贫的起始阶段 (1986～2000 年)。《国家八七扶贫攻坚计划》提出,我国自 20 世纪 80 年代中期以来实现了从救济式扶贫向开发式扶贫的转变,并指出要继续坚持开发式扶贫方针,扶贫发展开始瞄准贫困人群的生产能力，发展农业产业，变输血为造血。扶贫开发以本地资源优势为依托，鼓励并引导贫困村进行易地开发试点，发展特色产品，兴办二、三产业等。三是"整村推进、一村一品"产业扶贫发展阶段（2001~2010年）。2001年《中国农村扶贫开发纲要（2001-2010年）》中正式提出"产业化扶贫"概念，种养业作为扶贫开发的重点继续发展，坚持政府主导与社会群体共同参与。开发当地特色资源，提高贫困户自我积累与发展能力，为如期实现《中国农村扶贫开发纲要（2001-2010年）》目标，提出整村推进策略。强调实行产业"一村一品"（如"一村一品"与产业化经营结合、"一村一品"与培育主导产业结合）。四是集中连片特殊困难地区产业扶贫阶段（2011~2015年）。《中国农村扶贫开发纲要（2011-2020年）》重点提出产业扶贫，提出发展贫困地区特色优势产业。到2015年，力争实现贫困地区1户1项增收项目；到2020年，初步完成构建特色支柱产业体系的目标。发挥贫困地区自然资源和生态环境优势，推广利用先进实用技术，培植壮大特色支柱产业。支持贫困地区资源合理开发利用，完善特色优势产业（旅游开发、碳汇扶贫等）支持政策。五是精准扶贫与集中连片特殊困难地区产业扶贫相结合阶段（2016年以来）。2013年提出以精准扶贫、精准脱贫为主要战略的全面脱贫攻坚战略。产业精准扶贫是一种"造血式"扶贫，具有激发贫困地区内生活力、促进产业兴旺和长效脱贫等功能，是最重要的精准扶贫途径之一。2015年《中共中央　国务院关于打赢脱贫攻坚战的决定》中明确提出发展特色产业脱贫，制定贫困地区特色产业发展的规划。将精准扶贫、精准脱贫作为脱贫攻坚的基本方略，坚持扶贫开发与生态保护并重，坚持精准帮扶与集中连片特殊困难地区开发紧密结合，坚决打赢脱贫攻坚战。该阶段的产业扶贫逐步细化到了县、乡（镇）、村和户，发展成一条"产业精准扶贫"的新路子，现代治理理念也逐步渗透到了产业精准扶贫的政策思路当中。贫困地区产业越来越多，如光伏产业、水利水电和福利彩票等。

（三）转移就业脱贫

1983年中共中央发布的《当前农村经济政策的若干问题》明确提出了以工代赈的思想，主张通过转移就业取代直接救济来达到减贫脱贫的目标。而2006年中共中央发布的《关于推进社会主义新农村建设的若干意见》又首次提出了做好贫困地区劳动力转移培训，在2008~2010年、2012年、2014年、2016年、2018~2019年中共中央每年发布的第一份文件中都有通过转移就业脱贫的具体内容。典型的如2012年中共中央发布的《关于加快推进农业科技创

新 持续增强农产品供给保障能力的若干意见》提出加强农民的科技培训，全面造就新型农业、农村人才队伍；2018 年中共中央发布的《关于实施乡村振兴战略的意见》进一步提出培养农业职业经理人、乡村工匠、文化能人、非遗传承人等。总之，在加强贫困人口职业技能培训和就业服务领域，我国的扶贫政策已经从单一的谋生技能培训，转向开发贫困人口的人力资源、帮助其实现全面发展方向转变。这种开发式扶贫方式的有效实施，不仅提升了贫困人口的综合素质，而且为产业发展扶贫提供了人力资本条件。

（四）易地搬迁脱贫

2004 年中共中央发布的《关于促进农民增加收入若干政策的意见》明确提出积极稳妥推进生态移民易地扶贫，这是易地搬迁脱贫方式的首次提出，2006 年、2008 年、2009～2010 年、2015～2016 年、2018～2019 年中共中央每年发布的第一份文件对实施这种扶贫方式的目标和措施进行了细化描述。总的来看，受"安土重迁"观念的影响，有些地区的贫困人口即使生活在自然条件较为恶劣的环境里，也不愿意离开他们世代生活的故土，以致易地搬迁扶贫方式在实施过程中遇到一定困难，扶贫效果不够理想。相较于其他扶贫方式，易地搬迁脱贫方式使用得较少。

（五）教育扶贫

1983 年中共中央发布的《当前农村经济政策的若干问题》提出改变贫困地区面貌，办好教育。进入 21 世纪后，教育扶贫作为重点扶贫方式，反复出现在历年中共中央发布的第一份文件有关农村扶贫的内容板块中。从 2004 年起，连续 16 年中共中央每年发布的第一份文件都强调要通过教育扶贫的手段来达到脱贫减贫的目标，其主要方式包括：大力发展贫困地区义务教育、实行贫困生"两免一补"政策、发展贫困地区职业教育、发展学前教育、减轻贫困人口教育负担等。通过教育扶贫，贫困人口的文化水平和综合素质得到了显著提升，同时教育扶贫也为产业发展扶贫提供了高素质的劳动力。

（六）健康扶贫

1983 年中共中央发布的《当前农村经济政策的若干问题》提出在贫困地区防治地方病，开始通过向贫困人口输送医疗卫生资源来实现脱贫目标。2005～2009 年中共中央每年发布的第一份文件进一步强调，要建立、推广、扩大、巩固和提升"新型农村合作医疗保险制度"（以下简称"新农合"），充分发挥"新农合"在扶贫工作中的作用。自2010年起，中共中央每年发布的第一份文件除继续强调发挥"新农合"的作用外，还进一步提出了建立、完善农村三级医疗卫生网络、大病救助制度，为贫困地区培养卫生人才等措施。总体而言，健康扶贫方式在政策上呈现出从无到有、从试点到推广、从一元到多元的特征，且主要是围绕"新农合"这一基本医疗制度进行相关拓展，以充分发挥"新农合"的减贫作用。

（七）　生态保护扶贫

1984～1986年中共中央每年发布的第一份文件并没有提出有关生态保护扶贫的具体措施，只是笼统地提出要保护和改善生态环境。2004年中共中央发布的《关于促进农民增加收入若干政策的意见》首次提出要在贫困地区进行生态移民，随后的2005～2015年中共中央每年发布的第一份文件强调要在贫困地区通过退耕还林、还草等方式来推进生态保护扶贫。为了提高生态保护扶贫的效果，2016年中共中央制定的《"十三五"脱贫攻坚规划》进一步明晰了生态保护扶贫的具体方式和要求。相较于其他扶贫方式，生态保护扶贫是我国在社会转型加速期面对环境污染、资源过度开采、生态失衡等一系列新问题而作出的战略选择，体现出中央对生态保护问题的重视，以及推进生态环境保护的态度和决心。

（八）　兜底保障

1982年中共中央批转的《全国农村工作会议纪要》提出要做好贫困地区的社会救济工作。2004年中共中央发布的《关于促进农民增加收入若干政策的意见》提出对丧失劳动能力的贫困人口实行社会救济，并倡导探索建立农村最低生活保障制度。从2005年起，中共中央每年发布的第一份文件主要围绕农村最低保障制度、农村养老保险、社会保障三个方面展开对兜底保障扶贫的相关论述，并从2016年开始一再强调要做好贫困人口的兜底扶贫工作。兜底保障作为贫困人口的温饱保障线，在扶贫工作中发挥着最基本的作用。

（九）　社会扶贫

1986年中共中央发布的《关于1986年农村工作的部署》提出鼓励发达地区到贫困地区兴办企业，抽调优秀干部并组织志愿者到贫困地区工作。在此后中共中央每年发布的第一份文件中多次强调通过动员社会各界力量和组织志愿者等方式以实现既定的扶贫政策目标。2009年中共中央发布的《关于促进农业稳定发展　农民持续增收的若干意见》首次提出要积极开展反贫困国际交流合作，并在此后中共中央每年发布的第一份文件中一以贯之，表明我国开始借助国际社会的扶贫资源以实现我国的脱贫政策目标。总的来看，广泛动员社会力量并借助国际社会资源参与扶贫开发工作是促进贫困地区脱贫减贫的有效举措。

二、精准扶贫考核制度演变

（一）精准扶贫考核制度的历史脉络

政府专项任务绩效考核，作为提高政府服务绩效和改进公共管理的工具，是一个用于评价政府特定的行动，督促政府为进展和结果负责，使其达到预定目标的一切系统性的努力过程。一方面，它具有明显的政治属性，通过将多层级、多任务的日常治理转变成层层动员的临时性治理和单项任务考核，迫使政府部门关注某些投入有限的领域，对地方政府及其工作人员具有"指挥棒"的导向作用；另一方面，作为科学行政的工具和手段，它具有落实目标责任的"刻度尺"功能。在双重语境下，政府专项任务绩效考核的精髓在于通过单项任务的集中考核来落实责任，对各部门相隔而治的状态进行整合和协调。

扶贫考核作为政府专项任务绩效考核方式的一种，同样具有"指挥棒"和"刻度尺"的双重属性。很长一段时间以来，鉴于扶贫管理模式遵循的是项目制的制度安排，我国并未建立专门的贫困县考核机制。根据项目制扶贫制度，中央财政预算一方面设立扶贫专项资金拨付给各部委，由各部委自主掌握扶贫资金的实际分配权；另一方面由中央财政掌握部分专项资金，灵活拨付给行业部门或贫困地区。在项目制扶贫的治理体系下，与之相对应的项目扶贫考核办法应运而生。它以项目本身为重点，主要考核扶贫资金的使用，旨在通过强化某一扶贫项目本身的规范要求，提高扶贫资金的使用效率。由于"压力型体制"和"政治锦标赛"的存在，保持国内生产总值（GDP）增长、维护社会稳定等"硬指标"成为地方政府共同的选择。地方政府为了实现经济的快速发展，在竞争中脱颖而出，开始脱离地区实际，盲目追求扶贫项目和扶贫资金。而项目制下的扶贫项目管理较为严格，地方政府为了能够争取到更多的扶贫资金来实现自身综合性的治理目标，容易出现扶贫项目的虚设、重叠、嵌套等乱象，导致贫困县内部产生新的贫富分化。这一时期，地方政府的考核主要是依据中央的政策性文件和上级政府的发展目标，我国的贫困治理虽然取得了良好的减贫效果，但扶贫考核工作质量却亟待提升。

具有里程碑意义的事件是，伴随着 2012 年《中国农村扶贫开发纲要

（2011—2020 年）》的出台，原国务院扶贫办制定了《扶贫开发工作考核办法》，开始尝试推动扶贫考核工作的转型。这一阶段，扶贫工作的考核对象实现了由"扶贫项目"到"贫困地区地方政府"的重要转变，考核机制取得了突破性进展。为实现《中国农村扶贫开发纲要（2011—2020 年）》提出的奋斗目标，切实引导贫困地区党政领导干部将扶贫开发工作摆到更为突出的位置，2014 年初，中共中央办公厅和国务院办公厅（以下简称"两办"）印发了《关于创新机制扎实推进农村扶贫开发工作的意见》，对贫困县考核机制进行了创新性改革。考核工作从实际出发，突出贫困地区发展的主体功能定位，它以积极促进贫困县转变发展方式、加快贫困县减贫步伐为主要方向，从原来主要考核地区生产总值变为主要考核扶贫开发工作成效。同时，把提高贫困人口生活水平和减少贫困人口数量作为考核的主要指标，取消对限制开发区域和生态脆弱的国家扶贫开发工作重点县的地区生产总值考核。同年 10 月，中国共产党中央委员会组织部（以下简称"中组部"）、原国务院扶贫办在《关于改进贫困县党政领导班子和领导干部经济社会发展实绩考核工作的意见》中，从操作层面出发，对改进贫困县的考核工作提出了更为具体的意见。贫困县考核机制在党的领导和决策部署下不断完善，成为我国扶贫领域有史以来最严格的考核制度。

（二）精准扶贫考核制度的现实发展

尽管上级组织不能时刻亲临现场，但可以使用考核这种远程工具对考核对象进行间接控制，实现对下级组织的监管。"木受绳则直，金就砺则利"，为确保实现"上令下行、令行禁止"的理想状态，在制定某项政策的过程中，必须要针对具体的执行过程设计严格周密的考核制度。考核相当于一项政治技术，其目的是回答在政策制定、项目改进、方案设计中出现的问题。对于扶贫工作来说，考核制度可以形成一种强化责任的机制。通过扶贫考核，可以对扶贫工作各个阶段的完成情况进行监督与反馈，了解并解决扶贫政策在执行过程中存在的问题与挑战，进而促进减贫目标的实现。

自 2015 年 11 月起，我国的扶贫考核制度主要包括两个层面。一是对与中央签署脱贫攻坚责任书和军令状的 22 个省（自治区、直辖市）党委政府的考核，这部分主要考核减贫成效和扶贫工作扎实程度两方面内容；二是对贫困县党政领导班子和领导干部经济社会发展实绩的考核，这部分主要是指对生态脆弱的贫困县取消 GDP 考核，其他贫困县的脱贫成效要占 60% 以上的考核权重。为了增加考核办法的严肃性和权威性，促使省级党委和政府切实履职尽责，改进工作，2016 年印发的《省级党委和政府扶贫开发工作成效考核办法》中指出，扶贫考核工作由国务院扶贫开发领导小组组织进行，具体工作由国务院扶贫办、中央组织部牵头，会同国务院扶贫开发领导小组成员单位组织实施。伴随着中央层面文件的出台，各省（自治区、直辖市）也随即制定了相应的贫困县考核办法。至此，我国基本上已经初步形成了较为完善的贫困县考核制度，为扶贫工作的顺利开展起到了重要的支撑作用。一方面，为了奠定贫困县考核制度的实施基础，构建了贫困县、乡镇和村的三层考核制度体系，以及驻村工作队和第一书记等横向考核制度网；另一方面，为了使贫困县党政领导干部高度重视贫困县的扶贫工作，以考核领导干部和领导班子为核心，将贫困县、乡镇、村扶贫工作的考核结果作为干部选拔任用培养的重要依据。以上，通过发挥扶贫考核的"指挥棒"作用，贫困县脱贫的内生动力得到了强化，扶贫脱贫能力得到了提升。

2018年8月开始实行的精准考核，是精准扶贫的重要监督手段，是上级组织对下级组织扶贫工作成效进行考察的关键环节。实务界对其作出的定义是：为保证各项扶贫政策落到实处，改进和完善精准扶贫工作机制，对贫困户以及贫困村进行的识别、帮扶、管理工作的成效，以及对贫困县开展扶贫工作情况进行的量化考核，奖优罚劣。在具体运作中，精准考核主要是依靠技术化治理的形式，将扶贫任务目标转化为考核指标，它以数据监测、日常督查、年度审查、第三方评估为主要形式，同时包括审计部门检查、民主党派监督等多种辅助方式。精准扶贫考核是由特定的考核主体严格按照脱贫攻坚的目标和任务，制定具体的考核方案和考核程序，定期对地方扶贫工作的落实情况以及扶贫任务的完成情况作出准确客观的评判和奖惩，以对地方责任主体进行监督和激励，推动扶贫工作更好地落实。作为检验精准扶贫目标实现程度、扶贫开发工作质量与效率的重要手段，精准扶贫考核在扶贫开发过程中不断受到党中央和国务院的高度重视。随着中央《建立精准扶贫工作机制实施方案》《关于创新机制扎实推进农村扶贫开发工作的意见》等文件和通知的出台，为推动地方制定具体的考核办法、开展考核工作提供了直接依据，体现了国家从制度层面倒逼地方政府部门健全精准扶贫考核机制、优化精准扶贫考核的强烈动机。从应用上看，精准扶贫政策的贯彻落实离不开精准考核的制度保障，精准考核可以决定地方政府的行为走向，促使地方政府将更多的资源和注意力投入到扶贫开发工作中，同时还能防止数字脱贫、虚假脱贫等现象的产生。可见，精准扶贫绩效考核贯穿于扶贫工作的各个环节，是扶贫工作的动力机制，它以推动扶贫政策落实、提升扶贫绩效为出发点，以地方扶贫工作质量和取得成效为考核对象，围绕脱贫攻坚的任务目标以及工作发展需求展开。

（三）精准扶贫考核与上市公司扶贫

扶贫成效好坏与政府官员的奖惩息息相关。2017 年 8 月 30 日，原国务院扶贫办主任刘永富表示，经党中央、国务院同意，对综合评价好的 8 个省份进行通报表扬，并在 2017 年中央财政专项扶贫资金分配上给予奖励；对综合评价较差且发现突出问题的 4 个省份，约谈党政主要负责同志；对综合评价一般或发现某些方面问题突出的 4 个省份，约谈分管负责同志。[①] 此外，各地普遍加大了考核督查问责力度，2016 年中西部 22 个省份共约谈了 4239 人，诫勉谈话 3078 人，责令检查 763 人，通报批评 2449 人，党纪政纪处分 6724 人，移交司法机关 651 人，发挥了强有力的教育警示和鞭策作用。[②] 因此，高扶贫压力下的政府官员有动机驱动企业参与精准扶贫，共同完成成效考核目标。

三、中国精准扶贫实施状况

为实现脱贫，我国 1994 年制定了扶贫攻坚计划，2001 年和 2010 年制定了不同时期农村扶贫开发纲要。在中国共产党的坚强领导下，经过各级各类人员的共同努力，终于在 2020 年实现了精准扶贫的庄严承诺。

根据国家统计局农村贫困监测调查数据，截至 2019 年底，相较于 2013 年，我国农村贫困人口已经累计减少 9348 万人，减幅达到 94.4%。同时贫困发生率也从 2012 年底的 10.2% 降低到 0.6%，由此可见，我国在解决困扰多年的贫困问题上已经实现了历史性的跨越。

分地区而言，我国东部地区[③]已经率先接近实现全员脱贫，2019 年末，我国东部地区贫困人口仅 47 万人，农村贫困发生率从 2012 年末的 3.9% 下降至 2019 年末的 0.1%，贫困人口累计减少 1320 万人，贫困人口下降幅度近 96.6%。相比于东部地区，中、西部地区[④]脱贫速度则相对缓慢。自 2012 年末开始，中部地

---

① 赵恩泽，《四省扶贫不力　书记省长被约谈　考核结果送中组部》，人民网，2017 年 8 月 30 日，http://politics.people.com.cn/n1/2017/0830/c1001-29503861.html。

② 参见《扶贫办举行 2017 年脱贫攻坚考核工作新闻发布会》，中国政府网，http://www.gov.cn/xinwen/2018-01/04/content_5253189.htm。

③ 东部地区：包括北京、天津、河北、辽宁、上海、江苏、浙江、福建、山东、广东、海南等 11 个省份。

④ 中部地区：包括山西、吉林、黑龙江、安徽、江西、河南、湖北、湖南等 8 个省份。

西部地区：包括内蒙古、广西、重庆、四川、贵州、云南、西藏、陕西、甘肃、青海、宁夏、新疆等 12 个省份。

区贫困人口数量累计减少 4763 万人，截至 2019 年末，中部地区农村贫困人口数量为 323 万人，下降幅度约为 93.6%。

进一步细化到我国的各省份，截至 2019 年末，我国贫困发生率最高的省份为西藏，贫困发生率在 2.2%。与之类似的包括广西、贵州、云南、甘肃、青海、新疆在内的其他 6 个省份，贫困发生率在 1%~2.2%。贫困发生率相对较低的 7 个省份，包括山西、吉林、河南、湖南、四川、陕西、宁夏，贫困发生率在 0.5%~1%。我国其他省份的贫困发生率均在 0.5% 以下。

从另一个角度来说，自党的十八大以来，我国贫困人口居民人均可支配收入年均增长率不断提升。2013~2019 年，农村贫困人口人均可支配收入年均名义增长率为 12%，实际增长率 9.7%，比全国农村平均增速高 2.2%。

到 2020 年底，我国全部贫困地区①的贫困人口实现全员脱贫，贫困县全数摘帽，原来的贫困地区农村人口年人均可支配收入 12588 元（见图 2-1），较 2019 年末提高了 8.8%。这一历史性的成就反映了我国脱贫攻坚事业实现了圆满收官。

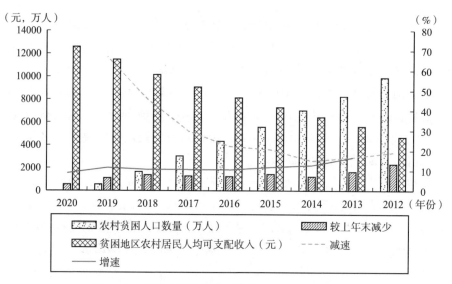

图 2-1　我国农村贫困状况变化（2013~2020 年）

资料来源：国家统计局农村贫困监测调查数据。

本节的政策背景表明，一方面，精准扶贫政策为我国上市公司精准扶贫提供

---

① 贫困地区包括集中连片特困地区和片区外的国家扶贫开发工作重点县，原共有 832 个县，2017 年开始将新疆阿克苏地区纳入贫困监测范围。

了必要的政策背景。传统意义上的企业社会责任行为和国家政策直接相关性不强，在精准扶贫政策实施以后，我国企业实施具有政策性动机的社会责任行为就有了可能性。另一方面，这类政策性动机可能来自政治压力。由于扶贫成效好坏与政府官员的奖惩息息相关，同时各地普遍加大了精准扶贫绩效考核督查问责力度，政府官员有动机驱动企业参与精准扶贫，共同完成考核目标。

四、上市公司精准扶贫制度与实施状况

2015 年 11 月，《中共中央　国务院关于打赢脱贫攻坚战的决定》为精准扶贫从政府行为向企业行为转化提供了依据。企业和市场作为在精准扶贫战略实施过程中不可或缺的重要主体，应当发挥带动作用，全国工商联应系统组织民营企业开展"万企帮万村"行动。因此，为响应该文件的号召，国资委和国务院扶贫办发布了《中央企业定点帮扶贫困革命老区百县万村活动的通知》，要求中央企业完成定点扶贫目标，采取完成结对扶贫任务的方案；全国工商联、原国务院扶贫办和中国光彩会发布了《"万企帮万村"精准扶贫行动方案》，采取引导民营企业参与扶贫活动的措施。由此，中国企业在精准扶贫行动中逐渐占据了重要的地位。

国泰安上市公司精准扶贫数据统计显示，从 2016 年强制上市公司披露精准扶贫相关信息以来，参与精准扶贫的上市公司已经从 2016 年的 526 家逐年上升至 2019 年的 1102 家，2017~2019 年，连续三年增幅超 100%。由此，可以看出精准扶贫强制性信息披露政策极大地促进了上市公司参与精准扶贫。从图 2-2 可以看出，除绝对值的增长以外，参与精准扶贫的上市公司占当年整体 A 股上市公司的比例也在逐年增长。2016 年，526 家参与精准扶贫的上市公司仅占当年 A 股上市公司的 21.95%，这一比例在接下来几年不断提升。2017 年有 24.67% 的上市公司参与了精准扶贫，而到 2018 年参与精准扶贫的上市公司达到全部 A 股上市公司数量的 27.93%，并且在 2019 年继续增长至 29.40%。

图 2-3 列示了不同行业参与精准扶贫上市公司的比例。首先，从变化趋势来看，各行业参与精准扶贫上市公司的比例与上市公司整体变化相同，基本呈现逐年上升的趋势。其次，就单个行业而言，参与精准扶贫最为积极的行业为房地产行业。参与精准扶贫的房地产上市公司的比例自 2016 年起一直维持在 70% 以上，这足以表明房地产公司对于精准扶贫参与的热衷程度。同时，制造业参与精准扶贫的上市公司比例在全行业中首屈一指，建筑行业以近 60% 的比例紧随其后，采矿行业参与精准扶贫的上市公司比例也维持在 40% 以上。除以上三个行业外，其他行业中参与精准扶贫的上市公司比例均在 40% 以下。现有文献指出，

高污染行业具有较强的社会责任行为动机（谢华和朱丽萍，2018）。因此本书认为，对于高污染行业而言，具有社会责任性质的精准扶贫行为能够有效地帮助其改善社会形象，这也解释了相比于其他行业，房地产、建筑和采矿行业为何能够积极地参与精准扶贫行动。

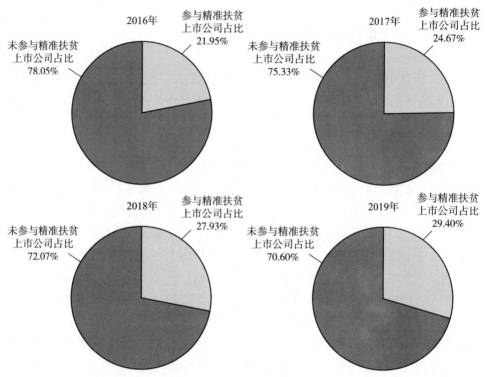

图 2 - 2　2016 ~ 2019 年上市公司参与精准扶贫情况

资料来源：国泰安数据库。

上文从参与精准扶贫企业的数量变化分析中得出，2016 ~ 2020 年企业参与精准扶贫的数量逐年提升。不仅如此，各行业上市公司精准扶贫投入变化也支持了这一结论。从扶贫金额上看，参与精准扶贫企业在 2016 年度投入精准扶贫的总金额为 27. 2 亿元，2017 年这一数额增加近一倍，达到了 48. 2 亿元。到 2019 年，上市公司精准扶贫投入总额达到历年峰值 80. 1 亿元，上市公司精准扶贫力度也随着参与数量的增加而提升。①

----

① 资料来源：国泰安数据库。

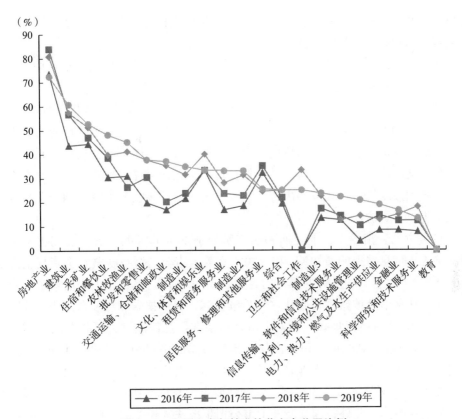

图 2-3　各行业参与精准扶贫上市公司比例

资料来源：国泰安数据库。

　　精准扶贫参与数量最多的是制造业，2016 年平均每家上市公司精准扶贫投入为 4940.3 万元，2017 年以后这一数值增长到 1.2 亿元以上，到 2020 年，制造业平均每家上市公司精准扶贫投入高达 2.05 亿元。房地产业 2016～2020 年平均每家上市公司精准扶贫投入分别为 991 万元、1802.8 万元、2855.6 万元、2648.2 万元和 1515.68 万元，而采矿业平均每家上市公司的年精准扶贫投入水平也维持在 1000 万元左右。这一现象足以说明高污染行业对于精准扶贫的投入之大。值得一提的是，年均精准扶贫投入最高的行业是农林牧渔业，2016～2019 年分别为 1.02 亿元、1.92 亿元、2.74 亿元和 1.39 亿元。精准扶贫方式中，产业扶贫作为最主要的扶贫手段普遍存在于上市公司中。产业扶贫的概念为：在县域范围，培育主导产业，发展县域经济，增加资本积累能力；在村镇范围，增加公共投资，改善基础设施，培育产业环境；在贫困户层面，提供就业岗位，提升人力资本，积极参与产业价值链的各个环节。而农林牧渔业的上市公司由于自身资源禀赋和经验累积产生的优势，使得自身业务与产业扶贫业务能够协同发展，最终表现为高额的精准扶贫投入。

为贯彻落实《中共中央 国务院关于打赢脱贫攻坚战的决定》以及中央扶贫开发工作会议精神，充分发挥资本市场作用，服务国家脱贫攻坚战略，中国证监会于2016年9月发布《中国证监会关于发挥资本市场作用服务国家脱贫攻坚战略的意见》（以下简称《意见》）。《意见》要求，我国资本市场各行业协会需要建立精准扶贫信息统计和评估机制，定期考评各市场主体精准扶贫行为状况。上交所和深交所应对上市公司披露精准扶贫行为实施状况提供格式指引，并在企业年报中强制披露。这一政策的出台，为资本市场信息接收者了解我国企业精准扶贫状况提供了可能性。

在《意见》指导下，上交所和深交所分别发布了《关于进一步完善上市公司扶贫工作信息披露的通知》①和《关于完善上市公司履行扶贫社会责任信息披露的通知》。以上两项文件的具体内容如表2-1所示。其中，上交所要求上市公司对精准扶贫信息披露需要服从"可持续披露、经济披露和与公司协调一致"三大基本原则。"可持续披露"即对上市公司精准扶贫信息进行了强制性披露的要求；"经济披露"对上市公司精准扶贫信息披露的格式和口径进行了统一；"与公司协调一致"则是要求企业精准扶贫和实际经营实现协调统一发展。深交所同样沿袭了"参与即披露"的原则，强制性要求参与精准扶贫的上市公司必须进行相关的信息披露。此外，深交所的上市公司精准扶贫相关信息应列入企业年报中的"重要事项"章节中，这一要求对上市公司精准扶贫信息披露的位置进行了规范。对于披露内容而言，深交所上市公司需要在"年度精准扶贫概要"中披露"年度精准扶贫计划""完成情况"和"完成效果"等信息。而"精准扶贫成效"则需定量披露产业发展脱贫、转移就业脱贫等八个方面的具体成果。

表2-1 上市公司精准扶贫信息披露政策一览

政策名称	发布单位	要求内容
《中国证监会关于发挥资本市场作用服务国家脱贫攻坚战略的意见》	中国证监会	支持贫困地区企业多层次融资 支持贫困地区企业并购重组等 要求上交所和深交所对上市公司、挂牌公司制定年报精准扶贫信息披露格式指引

---

① 上交所第六十期新闻发布会。

续表

政策名称	发布单位	要求内容
《关于进一步完善上市公司扶贫工作信息披露的通知》	上交所	可持续披露原则：强制性要求参与精准扶贫企业在年报、半年报、季报中披露精准扶贫相关信息 经济披露原则：细化、统一了扶贫工作的编制与披露标准，强调在不增加披露成本的基础上，引导上市公司全面、规范披露扶贫工作具体落实情况，增加信息披露的有效性 与公司协调一致原则：公司生产经营、创新发展与扶贫帮困的协调统一
《关于完善上市公司履行扶贫社会责任信息披露的通知》	深交所	披露位置：精准扶贫相关信息应披露在上市公司年度报告全文的"重要事项"章节中，内容包括公司年度精准扶贫概要、扶贫工作具体成果、后续精准扶贫计划等内容 增加定量披露要求：要求公司以数据说明在产业发展脱贫、转移就业脱贫等八个方面的具体成果 修订了年报填报模板

综观上述上市公司精准扶贫信息披露政策，不难发现，在中国证监会的领导下，上交所和深交所对中国精准扶贫政策进行了积极的响应。证监会的政策要求是：发挥资本市场动力，服务国家精准扶贫。这一要求的本质主要在于三点：第一，为贫困地区企业提供政策便利，加速贫困地区企业的发展。第二，以强制性信息披露的方式，推进上市公司参与精准扶贫。精准扶贫信息强制性披露的表面意义在于，参与精准扶贫需要对相关信息进行披露。而言下之意则是，未披露精准扶贫信息或披露的相关信息是"本年度尚未开展精准扶贫工作"的企业，需要向信息接收者传达"未参与精准扶贫"这一信息，从而带来企业声誉上一定的损失。从某种程度上来看，强制性信息披露旨在推进企业参与精准扶贫。第三，缓解企业与信息接收者之间的信息不对称。作为企业社会责任内涵下的精准扶贫行为，高质量的企业社会责任信息披露能够帮助企业向市场传递良好信号（Richardson，1999；葛永波，2020）。上交所和深交所通过对企业年报中精准扶贫信息披露的格式、内容等进行具体规范，帮助企业以更高效的披露方式向资本市场传递积极信号。企业精准扶贫信息披露的相关政策出台，推动了我国社会力量参与精准扶贫，有助于上市公司为我国精准扶贫的伟大事业做出贡献。

国有企业与民营企业在精准扶贫信息披露中也存在一定的差异性。本书参考李晓溪、杨国超、饶品贵（2019）和霍普等（Hope et al.，2016）的做法，采用

Python Stanford 中文 NER 模块识别命名实体①, 其中经过命名的实体信息包括: 时间、地点、机构、人名、货币、百分比、日期和设备这八类信息。本书根据上述八类信息占企业精准扶贫文本段落总字符数的比重来衡量企业精准扶贫文本信息含量 SpcFP, 并以此作为衡量精准扶贫文本信息披露有效性的代理变量。在此基础上, 对 2016~2019 年国有企业和民营企业精准扶贫平均文本有效性进行统计。图 2-4 显示, 无论是国有企业还是民营企业, 2016~2018 年精准扶贫文本信息有效性基本处于一个稳定的水平, 而到 2019 年精准扶贫文本信息的有效性出现了明显的下滑。

文本有效性方差显示, 2016~2018 年, 无论是国有企业还是民营企业, 精准扶贫文本有效性的差异并不明显, 方差维持在 0.2 以下。其中在 2017 年和 2018 年, 国有企业的方差甚至低于民营企业, 这反映出国有企业在精准扶贫信息披露时比民营企业存在更明显的 "模仿效应"。到 2019 年, 国有企业和民营企业的文本有效性方差出现了断崖式的提升。本书对这一现象的分析是, 经过 2016~2018 年的适应期, 上市公司已经逐渐适应同行企业在精准扶贫信息披露中的披露模式以及监管模式, 2016 年上市公司精准扶贫信息强制性披露政策出台, 上市公司披露的精准扶贫更倾向于满足监管者合法性的监察。而随着时间的推移, 2019 年接近我国精准扶贫工作收官之年, 加之参与精准扶贫的上市公司逐渐增加, 满足监管后的 "个性化" 披露逐渐增加, 导致各上市公司精准扶贫文本信息披露的差异性变强, 信息的有效性也随之降低。

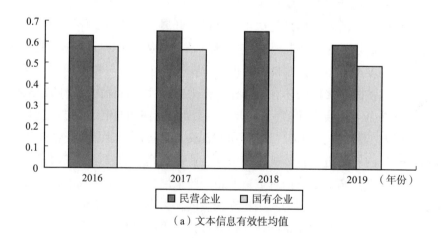

(a) 文本信息有效性均值

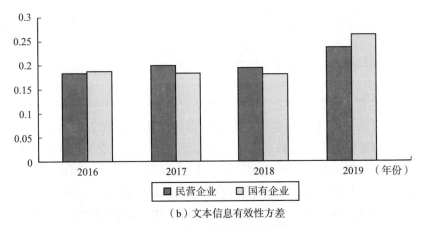

（b）文本信息有效性方差

图 2 - 4　精准扶贫信息披露对比

资料来源：上市公司年报。作者由 Python 软件分析上市公司年报得出。

第二节　习近平关于精准扶贫的重要论述

精准扶贫是基于农村脱贫攻坚面临的突出问题作出的科学决策，主要以"精准"为核心要义，围绕解决扶贫过程中"扶持谁""谁来扶""怎么扶"和"怎么退"的问题。精准识别扶贫对象是关键前提，精准加强农村基层党组织建设是核心保证，精准施策和帮扶是中心环节，精准实现脱贫退出是目的和归宿，由此可知，精准扶贫是一个不断发展和完善的有机整体。

一、精准扶贫的关键前提——"扶持谁"

"谁才是真正的扶贫对象？"扶贫对象识别模糊的问题一直是我国传统扶贫开发中没有得到解决的根本性问题，精准识别贫困对象关乎贫困群众的切身利益，关乎精准扶贫政策效果的好坏，关乎全面建成小康社会目标的实现。因此，在2015 年 11 月 27 ~ 28 日召开的中央扶贫开发工作会议上，习近平总书记强调，要解决好"扶持谁"的问题，确保把真正的贫困人口弄清楚，把贫困人口、贫困程度和致贫原因搞清楚，以便做到因户施策、因人施策。坚持在调查研究上下足功夫，充分了解致贫程度和原因，在发扬基层民主基础上精准认定贫困群众，摸清贫困底数和信息，实现建档立卡和动态管理，才能扣好扶贫"第一颗扣子"。[①]

二、精准扶贫的核心保证——"谁来扶"

精准扶贫究竟依靠谁来扶？谁在精准扶贫中起关键作用？党的领导和政府主导是精准扶贫的核心主导力量，而在农村具体的落实者是农村基层党组织。因此，打赢打好脱贫攻坚战的核心在于农村基层党组织"火车头"的带动作用，农村基层党组织建设的好坏直接决定了精准扶贫的质量与成效。而中国共产党历来重视农村基层党组织建设，邓小平曾就做好基层工作强调，"选拔干部，选拔人才，只要选得好，选得准，我们的事业就大有希望。"[②] 江泽民指出："我们党是以全心全意为人民服务为宗旨的，我们的政府是人民的政府，帮助贫困地区群众脱贫致富，是党和政府义不容辞的责任。""村是组织扶贫开发最基本的工作单位。村党支部要成为扶贫开发的坚强战斗堡垒。"[③] 胡锦涛也曾指出，要把农村基层组织建设提高到新水平。[④] 2012 年 12 月，习近平在河北阜平县考察扶贫开发工作时强调，农村基层党组织是党在农村全部工作和战斗力的基础，是贯彻落实党的扶贫开发工作部署的战斗堡垒。[⑤] 因此，精准加强农村党组织建设、落实扶贫责任是推进农村精准扶贫事业的核心保证。

为了更好地强化精准扶贫责任体系，首先，要积极深化抓党建促脱贫攻坚责任。农村基层组织是脱贫攻坚的"最后一公里"，是推动落实好精准扶贫任务部署、贯彻群众路线为民办实事的重要战斗堡垒。为加强基层党组织建设，党和政府建立了五级书记抓扶贫的责任体制，五级书记层层签下责任书、立下"脱贫军令状"，强化党政一把手政治担当，配强软弱涣散贫困村的基层党组织领导班子，充分引导基层党支部和党员在脱贫攻坚中当好顶梁柱和排头兵。其次，要强化乡镇、村两级的具体责任，健全扶贫干部激励和问责机制。充分运用适当的问责和激励机制，注重奖惩并重，着重以扶贫工作的人民满意度考核工作成效，让基层扶贫党员减负不减责，奋发有为做好"点对点""一对一"帮扶工作。通过制定压实层层责任的扶贫攻坚体系，有益于扶真贫、真扶贫，提升贫困群众满意度，

[①] 习近平出席中央扶贫开发工作会议并作重要讲话，新华网，2015 年 11 月 28 日，http://www.xinhuanet.com/politics/2015 - 11/28/c_1117292150. html。

[②] 邓小平，《邓小平文选》第二卷，人民出版社 1994 年版，第 225 页。

[③] 江泽民，《江泽民文选》第三卷，人民出版社 2006 年版，第 250 页，第 255 页。

[④] 胡锦涛，《胡锦涛文选》第一卷，人民出版社 2016 年版，第 90 页。

[⑤] 《习近平谈如何建强基层党组织》，光明网，2021 年 6 月 22 日，https://m. gmw. cn/baijia/2021 - 06/22/34938841. html。

让贫困群众在脱贫中有实实在在的获得感。[①]

三、精准扶贫的中心环节——"怎么扶"

如何对贫困对象和贫困地区精准施策和帮扶是一项系统工程，2015 年 6 月 18 日，习近平在贵州召开部分省区市党委主要负责同志座谈会时，针对"怎么扶"的问题强调，要坚持因人因地施策，因贫困原因施策，因贫困类型施策，区别不同情况，做到对症下药、精准滴灌、靶向治疗，不搞大水漫灌、走马观花、大而化之。精准施策和帮扶是"对症下药"消除贫困的关键一步，也是精准扶贫的中心环节。

马克思主义认为发展生产力是摆脱贫穷落后的根本动力，邓小平强调，社会主义阶段的最根本任务是发展生产力，社会主义的优越性归根到底要体现在它的生产力比资本主义发展得更快一些，更高一些，并且在发展生产力的基础上不断改善人民的物质文化生活。[②] 习近平强调，要紧紧扭住发展这个促使贫困地区脱贫致富的第一要务。[③] 因地制宜发展生产力是精准扶贫的根本动力，也是增强农村贫困地区可持续发展的根本举措。只有改变传统"输血式"扶贫模式，增强贫困地区"造血"能力，才能实现贫困群众稳定脱贫，从而根除贫困之源，实现贫困地区经济持续健康发展。

四、精准扶贫的退出机制——"怎么退"

精准扶贫的目的和归宿是为了全部贫困群众的共同富裕，有序"摘帽"、精准退出是精准扶贫的最后一环，事关精准扶贫的成效和全面建成小康社会的成色。习近平面对精准扶贫"怎么退"的问题时指出，精准扶贫是为了精准脱贫。要设定时间表，实现有序退出，既要防止拖延毛病，又要防止急躁症。[④]

与西方国家的政党在面对风险时只顾自身利益，无力应对大规模贫困危机相比，中国共产党人应对风险挑战时始终具有政治定力和历史担当，并秉持底线思

---

① 习近平，《谋划好"十三五"时期扶贫开发工作 确保农村贫困人口到 2020 年如期脱贫》，中国政府网，2015 年 6 月 19 日，http://www.gov.cn/xinwen/2015-06/19/10ntent2882043.htm。

② 邓小平，《邓小平文选》第三卷，人民出版社 1993 年版，第 63 页。

③ 详见《同菏泽市及县区主要负责同志座谈时的讲话》（2013 年 11 月 26 日），《做焦裕禄式的县委书记》，中央文献出版社 2015 年版，第 29~30 页。

④ 《历史性的跨越 新奋斗的起点——习近平总书记关于打赢脱贫攻坚战重要论述综述》，中国政府网，2021 年 2 月 24 日，http://www.gov.cn/xinwen/2021-02/24/content_5588553.htm。

维的马克思主义唯物辩证法观点。习近平多次强调，要善于运用底线思维的方法，凡事从坏处准备，努力争取最好的结果，做到有备无患、遇事不慌、牢牢把握主动权。[1] 中国共产党也始终坚持运用底线思维指导精准扶贫实践。必须摸清扶贫底线，守住底线，做好充足的准备化解精准扶贫过程中的矛盾，从而稳步夺取脱贫攻坚的胜利。

不获全胜，决不收兵。脱贫摘帽不是终点，而是奋斗的新起点，脱贫成果如何稳固？如何有效应对返贫？习近平强调，要学习掌握事物矛盾运动的基本原理，不断强化问题意识，积极面对和化解前进中遇到的矛盾。[2] 坚持精准退出的问题意识，不断发现问题并解决问题，建立健全稳定脱贫长效机制，做好正确应对返贫的策略。

脱贫攻坚已经进入到攻城拔寨、决战决胜的关键节点，全国各地贫困县摘帽进入"最后一公里"。到 2020 年底，我国脱贫攻坚战取得了全面胜利，现行标准下 9899 万农村贫困人口全部脱贫，832 个贫困县全部摘帽，12.8 万个贫困村全部出列。2021 年 2 月 25 日，在全国脱贫攻坚总结表彰大会上，习近平强调，"区域性整体贫困得到解决"，完成了消除绝对贫困的艰巨任务，"创造了又一个彪炳史册的人间奇迹"。[3]

第三节　精准扶贫与信息披露的相关理论

一、资源基础观

（一）资源依赖理论

资源依赖理论建立在组织内外部交换的假设基础上。该理论认为，企业需要获取外部关键性的稀缺资源，从而支持企业的生存发展（马迎贤，2005）。因此，对资源的需求决定了企业对外部环境的依赖性。进一步，企业对外部环境的依赖

---

[1]《习近平在省部级主要领导干部坚持底线思维着力防范化解重大风险专题研讨班开班式上发表重要讲话》，中国政府网，2019 年 1 月 21 日，http://www.gov.cn/xinwen/2019－01/21/content_5359898.htm? tdsourcetag = s_pcqq_aiomsg/ * 。

[2] 习近平，《辩证唯物主义是中国共产党人的世界观和方法论》，载于《求是》2019 年第 1 期。

[3] 习近平，《在全国脱贫攻坚总结表彰大会上的讲话》，中国政府网，2021 年 2 月 25 日，http://www.gov.cn/xinwen/2021－02/25/content_5588869.htm。

程度取决于其所需的资源的稀缺性（Emerson，1962）。在迪尔（Dill，1958）提出了"任务环境（task environment）"的概念后，汤普森（Thompson，1967）在此基础上构建了综合性的"组织权力依赖模式"。在这一模式下，企业对某一组织的依赖程度取决于企业对该组织所提供资源的需求程度，但其他组织对相同资源的供给越多，企业对单一组织的依赖程度会越低。费弗尔和萨兰奇科（1978）则进一步地将企业对外部组织依赖程度的决定因素总结为：资源的稀缺性（重要性）、组织内部或者外部一个特定的群体获得或自行裁决资源使用的程度和替代资源丰富度。

资源依赖理论在组织关系领域的研究中逐渐得到发展，社会网络理论和新制度主义理论则是在此基础上的创新理论（马迎贤，2005）。企业对外部资源的依赖，不仅存在于对经济资源的依赖中，密苏琪（Missutchi，1989；1992）发现，存在交叉董事这类社会联系的公司更有可能进行相似的政治行为。这一结论说明了公司对组织间权力关注的提升。企业在日常经营中，遵循着主流观念从而得到"合法性"的提升。需要注意的是，"合法性"并非只包括法律适度，还包括文化、社会观念、社会期待等营造的社会环境对企业带来的影响。社会文化、观念、期待等决定了人们普遍接受的社会现实，形成了默许规则，约束了企业的行为。企业遵循这一规则，能够帮助其提升社会地位和社会认可程度，从而促进企业与外部组织间的资源交换。

在梳理了资源依赖理论的发展后，本书将资源依赖理论的主要观点总结如下：

第一，企业对外部资源的特定资源（稀缺资源）具有依赖性，这种依赖性由自身的资源禀赋和资源提供方的需求决定。从企业精准扶贫行为决策上来看，这一理论解释了企业精准扶贫的"政策迎合性"。从中国特色反贫困理论来看，精准扶贫是国家战略，主要的政策承担主体是中国的政府机构，然而由于政府机构存在资源有限性，这就产生了政府机构在精准扶贫这一政策下的需求。企业针对这一需求，提供一定程度的政策承担，企业和政府作为不同的组织，就出现了资源交换（王志刚等，2021）。同时，政府作为独特和单一的组织机构，其资源在配置过程中存在极大的壁垒，从而导致了政府资源对于企业而言的稀缺性，因此，企业将会选择通过精准扶贫的方式来实现政府资源的交换（胡尧等，2021）。进一步地，企业由于自身资源禀赋的不同，能够承担的精准扶贫任务不同，最终会导致不同的企业参与精准扶贫的力度出现差别。

第二，从资源依赖理论衍生出的社会网络理论认为，企业精准扶贫行为具有模仿性。对于精准扶贫行为而言，这种模仿性会使企业跟随相似的企业进行精准扶贫的参与决策，而这种行为决策包括是否参与精准扶贫和参与精准扶贫的行为策略。

第三，新制度主义从资源依赖理论中衍生出的合法性机制在一定程度上解释了企业进行精准扶贫的慈善性。合法性机制的存在，使得企业受到社会关注的约束，故而企业必须关注社会需要。一方面，精准扶贫大政方针的提出，构造了整个社会的文化期待；另一方面，企业组织之间的精准扶贫行为决策实现了从政府行为到企业行为的观念制度转化。因此，企业需要通过精准扶贫行为的慈善性，来满足社会认可，提高企业社会地位，提升企业声誉，达到企业与社会公众的资源交换。

（二）资源基础理论

与资源依赖理论不同的是，资源基础理论更关注企业自身资源，而非企业与外部组织的资源交换。在彭罗斯（Penrose，1959）提出该理论后，沃纳菲尔特（Wernerfelt，1984）和巴尼（Barney，1991）逐渐将其完善，并最终形成体系化的理论。该理论建立在以下两个假设的基础上：其一，相同产业的企业也具有不同的、独特的资源和能力；其二，不同企业的独有资源存在长期的差异性，而企业所拥有的特有资源越多，企业的竞争优势越大，获得超额利润的能力越强。

资源基础理论从"资源"出发，以企业单独个体为研究对象，进而分析企业资源与竞争能力（超额收益获取能力）之间的关系。巴尼（1991）认为，企业具有"持续性的竞争优势"，即企业的潜在竞争对手无法复制的资源或者必须滞后实施的战略行动为企业带来的超额收益，决定了企业在市场中的地位。尽管某些特有资源可以通过并购、研发等方式获取，但这类资源都会因为能够被轻易地模仿和复制难以持久地为企业提供竞争优势。竞争优势的持续性体现在企业的异质性和不可流动的资源中（Barney，1991），因此资源基础理论从企业的"异质性"分析企业的内部资源，重点在于企业识别、澄清、配置、发展其独特的资源与能力（Wegloop，1995）。企业之间的竞争实质上在于如何打破异质性资源带来的壁垒。

根据资源基础理论的分析，本书认为，资源基础理论从以下几个方面作用于企业精准扶贫的行为：

第一，资源基础理论是资源依赖理论的分析前提。麦克威廉姆斯和西格尔（McWilliams & Siegel，2001）认为，企业社会责任存在着一个最佳程度点，企业经营者可以通过费用、便利性分析来确定投入到企业社会责任的最佳程度点。精准扶贫是企业社会责任内涵下的具体实施方式。由于企业自身资源禀赋的不同，导致精准扶贫力度具有差别，所获得的政府资源也随之出现差距。这也解释了在资源依赖理论中"模仿性"的解释机制下，不同企业对精准扶贫行为实施的策略不尽相同的现象。

第二，资源基础理论是资源依赖理论的进一步分析。资源基础理论认为，企业需要获取某些具有稀缺性的资源以达到与其他企业竞争中的竞争优势。资源基础理论认为，企业社会责任帮助企业具有竞争优势，从而取得长期的卓越绩效。因此，这是企业所拥有的资源基础。资源基础理论认为，企业社会责任（CSR）行为是企业为了提升企业力量和竞争力而采取的战略性活动。这就要求对于企业社会责任的理解要跳出简单的社会活动层面，将其认定为在商业框架内实施的经营战略。哈特（Hart，1995）认为 CSR 行为是带来可持续竞争优势的资源或力量的一种。本书认为，企业通过精准扶贫这类特殊的 CSR 行为获取的稀缺性资源来源于落实政策后的稀缺性政府资源积累。前文提到，资源依赖理论解释了企业对政府资源的依赖性，而资源基础理论则是对前文理论分析的进一步解释。企业通过精准扶贫行为的实施，获得了难以替代的稀缺政府资源。即便政府资源并非是单一对象的配置，但由于扶贫行为实施策略的不同，实施力度的差别，所获得的资源积累也存在一定的差距。企业在整合政府资源后，同样由于企业资源整合能力的差别，最终体现为企业经营能力的差距，从而出现了竞争优势。

二、制度理论

制度理论源于新制度主义经济学和社会学制度理论，其理论核心在于交易成本。制度理论主要包括两个方面的讨论：第一，不同制度下的交易成本，即制度选择的效率性；第二，制度选择的合法性和制度构建。梅耶和罗万（Meyer & Rowan，1977）正式创立了组织社会学中的新制度主义理论，并且该理论在 1983 年由迪马吉奥和鲍威尔（DiMaggio & Powell，1983）进一步发展完善。制度主义理论所在意的是不同组织在经营过程中逐渐趋同的现象。传统经济学认为决定组织结构改变的因素包括组织目标、组织拥有的技术能力以及组织所处的环境条件，但制度理论则认为组织生存取决于市场环境以及制度环境，其中，制度环境包括了法律法规、社会文化共识和规范。

制度理论对企业社会责任实施动机的解释在于，企业实施社会责任行为从根本上是为了满足所在国家的法律法规、伦理和社会文化的要求。企业的决策主要被企业所处的制度形态所影响（Campbell，2007），因此跨国公司为了降低其在其他国家经营的风险，会受到经营当地的制度所制约，从而开展不同的企业社会责任行为。美国国家商业系统（national business system，NBS）的研究认为，国家层面的制度可以分为政治体制、经济体制、劳动和教育体制以及文化体制，其中，政治体制、劳动和教育体制以及文化体制，都能给 CSR 绩效带来正向的显著影响（Ioannou & Serafeim，2012）。

制度理论对于本书的理论指导作用主要有以下三个方面：

第一，企业精准扶贫行为本身就是制度理论下，企业社会责任在中国特殊的社会结构和制度引导下产生的特殊转化。由于中国独特的人口贫困背景，加上党中央将脱贫攻坚工作纳入"五位一体"总体布局和"四个全面"战略布局，作为决胜全面建成小康社会的三大攻坚战之一，企业精准扶贫成为企业社会责任在制度理论下的发展之一。

第二，由于精准扶贫行为是我国新时期社会主义制度发展的产物，其对企业带来的"合法性"压力不仅是企业精准扶贫的动机解释之一，还为企业营造了社会责任的社会环境，对企业精准扶贫的"公益性"目标提供了理论解释。

第三，制度理论的分析下，结合我国特殊的产权性质背景，不同产权性质的企业精准扶贫行为实施以及目标实现将始终贯穿于本书的研究当中。

三、信号传递理论与信息披露的溢出效应

（一）信号传递理论

在庞大的资本市场中，不同组织对信息的获取能力不同，因此造成了资本市场中的信息不对称（information asymmetry）。正是由于信息不对称的存在，拥有更为全面信息的组织能够在市场交换的博弈过程中成为有利的一方，从而使市场中不同组织的个体处于不同地位。传统经济学分析中的一个重要假设是每个理性的经济人能够获得完全的信息，这一假设明显与现实状况相反。即便如此，早期的经济学家仍然认为即使信息不对称在市场中普遍存在，也并不会对传统经济学对市场分析的结果产生影响。随着理论研究的不断完善，信息不对称的相关研究逐渐揭露了传统经济学模型的局限性。

要了解信号传递理论，首先是要了解"信号"的定义。信号是消息的载体，是运载消息的工具。经济学研究领域的信号与物理中的光、电信号不同的是，经济学将产品、价格、品牌等企业经营相关信息作为信号传递理论中的核心信号开展研究。从结构来看，信号传递理论主要包括了信号传递者、信号和信号接收者三个部分。因此信号传递就被分为三个阶段：第一阶段是信号传递者发出信号，进而进入信号传递的第二阶段，最后在第三阶段信号接收者收到信号后对所收到

的信息进行筛选、分析、处理，进而进行决策。在这一过程中，信号传递的媒介、环境也会对信号传递的质量产生重要影响，不同的环境决定了信号传递的效率（Branzei et al.，2004）。

总体而言，通过传递、接受和反馈这套循环系统，信号传递过程目前已发展成一套成熟完整的体系，也是解释信息不对称的关键理论。为了缓解信息不对称，企业通常会采用一系列具有一定成本的手段，构建信息传递的独特性壁垒，使企业自身传递信号更为有效，并且竞争对手难以模仿。因此，信号接收者（包括投资者和其他利益相关者）能够有效地识别相关信息并且做出高效的决策（Spence，1973）。

从信息本身而言，可以将企业信息的形式分为两类：数字信息和文本信息。数字信息是企业向外传递的最基本信息，这类信息普遍存在于企业年报中。最常见的数字信息以企业财务信息的形式存在，现有的大量研究也是在此基础上开展的。高效的信息披露能够降低企业权益融资的成本（Diamond & Verrecchia，1991；Botosan，1997），而企业年报的信息披露水平、企业年报和其他公告披露的及时性与权益资本成本负相关。从国家层面而言，信息透明度越高的国家，企业的权益融资成本越低（Bhattacharya et al.，2002）。与数字信息相对应的文本信息则作为对数字信息的补充解释而存在（Larocque，2008）。从信息的接收者来看，企业（Reuer & Ragozzino，2012）、投资者、顾客、雇员（Suazo，Martinez & Sandoval，2009）都能作为企业信息的接收者。因此，信号传递理论解释的是信息传递主体如何缓解与信息接收者在有关信息主体行为实施状况之间的信息不对称，而信息传递的内容需要以企业行为实施状况为依据，却又独立于行为实施环节。

（二）信息披露的溢出效应

同业信息溢出效应（又称传染效应），是指同业信息的外部性问题，即一个公司披露的信息是否会影响同业其他公司的信息披露与财务决策等行为，或者被同业其他公司的投资者所感知。

首先，针对信息披露是否影响同业其他公司信息披露与财务决策等行为，已有研究主要基于盈余公告或盈余质量等视角，探究信息披露的溢出效应。一方面，结合盈余公告溢出效应的分析，布拉滕等（Bratten et al.，2016）发现同业其他公司会学习模仿行业龙头公司的信息披露行为，以影响资本市场投资者行为；巴德舍尔等（Badertscher et al.，2013）发现私有企业投资决策对上市公司信息披露具有较强的依赖性，且在信息质量与投资不可逆性较高的行业中更加明显，表明同业信息披露能有效降低私有企业面临的行业不确定性，提升投资效率，支持了盈余公告具有溢出效应，且包含更多关于行业发展前景的相关信息。另一方面，关于信息质量的溢出效应，什罗夫等（Shroff et al.，2017）发现行业信息环境越好，企业融资成本越低，且这一效应对刚上市且缺乏公司特质信息的企业影响更加明显。美国证券交易委员会（SEC）也发现了类似的结论（Foucault & Fresard，2014）；比蒂等（Beatty et al.，2013）发现企业盈余重述能够解释同业其他公司的投资行为，向上盈余操纵会导致同业其他公司过度投资；结合美国证券交易委员会监管问询的分析，布朗等（Brown et al.，2018）基于风险因素披露视角，发现当行业中有企业收到相应监管问询之后，同业其他公司会调整信息披露行为以降低监管风险；阿比达（Aobdia，2015）则基于共同审计师视角，发现由于专有信息很可能溢出至竞争对手，同业公司不愿意聘请相同审计师，间接表明信息披露存在外部性。

其次，诸多研究基于资本市场股价反应视角，通过考察企业信息披露能否被同业其他公司的投资者所感知，以检验同业信息溢出效应。一方面，关于盈余公告的溢出效应，托马斯和张（Thomas & Zhang，2008）发现企业盈余公告的披露会导致同业公司存在股价高估，表明投资者对于行业信息存在过度反应；然而，科瓦奇（Kovacs，2016）则发现盈余公告能够有效解释同业其他公司的盈余漂移现象，原因在于投资者对于本企业盈余公告中的行业信息反应不足，于李胜和王艳艳（2010）结合中国上市公司样本发现类似结论；与之类似，布罗歇等（Brochet et al.，2018）发现盈余电话会议召开期间，同业其他公司股价会产生联动变化。利用盈余公告的文本分析，古等（Koo et al.，2017）发现盈余公告中的行业发展趋势信息会引发同业其他公司积极的市场反应，而公司竞争优势等信息则会导致同业其他公司消极的市场反应，表明同业其他企业的投资者重视定性非财务信息的作用。另一方面，结合管理层盈余预测的分析，早期诸多研究发现管理层盈余预测与同业公司股价回报之间呈现显著正相关关系（Baginski，1987）。金等（Kim et al.，2008）发现同业非竞争性企业之间存在正外部性，而同业竞争性企业之间存在负外部性，表明信息溢出效应既包括行业同质性信息溢出，也包括行业内竞争性信息溢出；希拉里（Hilary，2013）进一步发现分析师能有效利用同业企业的管理层盈余预测提升盈余预测准确性，投资者也会认可分析师所做的更新预测。除同业信息溢出效应之外，还有研究基于供应链或集团视角考察信息溢出效应，潘迪特等（Pandit et al.，2011）发现供应商股价与其客户盈余公告之间显著正相关，表明供应商的投资者能够有效感知供应链上的客户信息溢出；彭旋和王雄元（2018）也发现客户股价崩盘风险会传染至供应商。此外，针对集团内部信息溢出的分析也发现：一个企业业绩下滑或违规存在风险传染效应，会对集团其他企业业绩或股价产生不利影响（黄俊等，2013；纳鹏杰等，2017；刘丽华等，2019）。

关于溢出效应的既有研究，主要关注公司信息披露后会对哪些公司的股价产生何种影响（Firth，1976；Foster，1983；Freeman & Tse，1992），而并未有研究表明当上市公司发现有利可图时，是否会利用溢出效应进行策略性的信息披露。信息披露的溢出效应通常假定企业的信息披露和产生的溢出效应之间是外生的，研究了信息披露的溢出效应会对受影响企业的哪些特点产生影响（Bushee & Leuz，2005；Chen et al.，2013；Shroff et al.，2017）。上市公司会短暂地持有对竞争公司有利的信息，披露对竞争公司不利的信息，但这种行为最终可能会对上市公司产生一定的成本（Aobdia & Cheng，2018；Cao et al.，2020）。

（三）信息披露的溢出效应与竞争优势假说

竞争优势假说认为同业信息溢出效应主要体现为公司特质信息的溢出，即行业龙头公司的信息披露体现了更多公司在所处行业的竞争优势和市场地位的信息，信息披露存在负外部性。行业龙头公司披露的信息越积极，则表明龙头公司在行业中具有较强的竞争优势和市场地位，而同业其他公司在行业中的市场份额可能将有所下降，从而使得企业不愿与行业竞争对手聘用相同的审计师，以避免企业专有性信息溢出至行业竞争对手（Aobdia，2015）；同样，投资者也会感知到企业竞争对手信息披露中所蕴含的竞争优势信息，导致股价超额回报下降（Kim et al.，2008；Koo et al.，2017）。

信号传递理论对本书理论模型搭建的指导如下：

第一，信号传递三要素中的信号要素决定了信号内容的本质。企业通过信息披露向外传递信号，缓解信息的不对称，根本目的在于让信息接收者了解企业行为实施的状况。即便文本信息存在策略性披露的空间，但行为实施状况从根本上决定了企业文本信息披露策略边界。因此，信号传递理论为企业精准扶贫行为到信息披露的转化提供了理论支撑，进而对后文"企业精准扶贫行为实施—信息披露两阶段模型"的构建提供了理论基础。

第二，信号传递理论中，有关信息接收者的论述为本书将信号传递理论与利益相关者理论相结合提供了理论依据。在信息接收者同时是利益相关者的情况下，企业可以通过信息披露手段，调节与利益相关者的关系，实现信息披露效用在利益相关者之间的分配。

第三，信号传递理论中信息的披露形式是本书对于信息披露研究的聚焦点所在。后文对于企业精准扶贫信息披露的研究，集中于企业精准扶贫的文本信息。由于精准扶贫的政策性存在，在企业精准扶贫信息强制性披露的政策下，企业丧失了在自愿性信息披露下的策略选择，从而失去了自愿性信息披露带来的溢出效应与竞争优势。正因为信息披露的溢出效应存在，企业需要通过模仿、跟随和调整精准扶贫信息披露，进一步巩固或加强由精准扶贫行为实施带来的竞争优势。因此，企业信息披露的策略性可能存在于文本信息的披露中，这也为本书集中研究企业精准扶贫文本信息披露策略提供了指导。

四、利益相关者理论

利益相关者理论认为，开展 CSR 行为的根本原因，是为了应对与经营活动相关的、处于内外部关系上的各种利益相关者的要求或压力。利益相关者理论认为，企业的存在和经营目的，不是最大化股东的利益，而是考虑利益相关者的利益。对于利益相关者的定义通常为"为了达成企业的目的，可能对其产生影响，或被产生影响的企业周边的集团或个人"（Freeman，1984），或"能给企业的经营行为施加压力或评论的一系列集团"（Evan & Freeman，1988）。利益相关者理论一直在强调，企业的生存和安全与否与能否满足企业利益相关者的财富、价值及需求具有直接且紧密的联系（Maon，Lindgreen & Swaen，2009）。利益相关者包括股东、员工、顾客、供应商、所在社区、自然环境等（Clarckson，1995）。而关键问题在于，应该通过怎样的方式去满足大多数利益相关者的各种需求。克罗尔（Carroll，1993）认为应该将利益相关者区分为主要（primary）利益相关者和次要（secondary）利益相关者。主要利益相关者中包括顾客、外部管理者、员工以及商业合伙人等，而次要利益相关者中包括政府、媒体、所在社区、公民社会等（Maon et al.，2009）。穆雷和沃格尔（Murray & Vogel，1997）认为，利益相关者是能给组织带来积极或消极影响的企业外部环境的重要因素，因此如何在利益相关者和企业之间开展 CSR 行为是一项重要内容。利益相关者理论使得人们对那些一直高高在上的股东的看法发生了一定的变化（Orts & Studler，2002）。利益相关者理论认为，股东对于企业来说只是几个能向企业提出要求的各利益相关者中的一个（Hillman & Keim，2001），股东也应与其他利益相关者同等对待，并由于这些平等的对待，组织可得到许多利益相关者的支持。

利益相关者理论对本书理论模型分析的指导在于：

第一，为本书理论模型中参数构建提供了指导。利益相关者理论认为，利益相关者包括股东、员工、顾客、供应商、所在社区、自然环境等。那么，在不同的利益相关者之间，企业效用的分配表现也存在不同的表现形式。这种内部效用需要通过某种特定的形式转化为利益相关者的利益体现。因此，为表现这种效用—效益的转化，需要一定的参数假设来表现这一过程。

第二，为本书模型结论的总结提供了理论支撑。正是由于企业精准扶贫的慈善性存在，在企业进行社会责任投资时，为弥补这一非营利性行为所造成的资源占用，企业必须为利益相关者提供一定的价值补偿。根据上文分析，精准扶贫行为实施和信息披露，可以为企业带来政府资源的积累和声誉提升，从而转化为隐形的价值增值。企业作为价值的创造方，战略决策实施所带来的效用需要在利益相关者之间形成分配，从而满足利益相关者的价值补偿。

第四节 企业精准扶贫的言行影响
企业债务融资的理论模型

一、上市公司精准扶贫行为实施—信息披露两阶段模式描述

（一） 精准扶贫行为实施阶段

参考付江月和陈刚（2020）的研究，本书以上市公司参与产业扶贫模式作为企业第一阶段，即精准扶贫行为实施阶段进行探讨。《中共中央 国务院关于打赢脱贫攻坚战的决定》首次正式提出探索资产收益扶贫（檀文学，2017）。起源于贵州省六盘水市的"资源变资产、资金变股金、农民变股东"（以下简称"三变"）改革在扶贫上的应用大大丰富了资产收益扶贫的内涵，"股份制合作社"是西部山区"三变"改革中最主要的产业扶贫模式，该模式的主要参与者为企业和贫困户，政府主要起监督和指导作用。

（二） 精准扶贫信息披露阶段

中国证监会在 2016 年 9 月发布了《中国证监会关于发挥资本市场作用服务国家脱贫攻坚战略的意见》，对上市公司履行社会责任、服务国家脱贫攻坚战略给予支持和鼓励。在证监会的部署下，上交所以及深交所在原有社会责任报告指引的基础上，吸纳部分上市公司扶贫社会责任披露的实践经验，分别发布了《关于进一步完善上市公司扶贫工作信息披露的通知》和《关于做好上市公司扶贫工

作信息披露的通知》。这些政策的发布强制要求上市公司参与精准扶贫后需要对相关信息进行披露，其中不仅包括了有关的数字信息，也包括行为实施状况的文字描述。因此，当期精准扶贫行为实施后，需要在当期期末对精准扶贫行为实施状况进行披露，信息披露的效应将在下一期产生。

本书理论基础与精准扶贫两阶段模式构建的具体指导如图2-5所示。

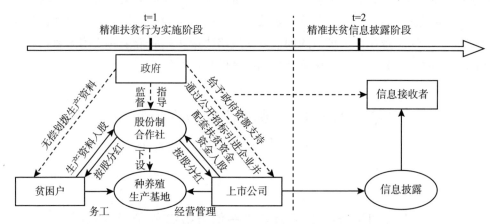

图2-5　上市公司精准扶贫行为实施—信息披露两阶段模式

二、基本场景假设

现有上市公司参与精准扶贫的现状是，上市公司在保证自身主营业务运转的前提下，利用部分资源（例如：资金、人员等）投入精准扶贫项目。为方便分析，本书对基本场景进行简化假设：

假设1：市场假设。假设市场中存在两种不同种类的项目：一类为企业市场竞争项目；另一类为精准扶贫项目。

假设2：在极端条件下思考，上市公司的资源有限，所有资源仅能满足一类项目的投资。上市公司能在两类项目中自由投资，即公司对两类项目选择的概率是相同的。

根据资源基础观（Bromiley & Devaki，2016；Barney，1991），企业可持续的资源优势源于企业那些稀缺的、有价值的、难以被模仿或者被取代以及不可替换的资源。企业要想获得长期竞争优势，所拥有的资源必须具备两个条件：一是该资源分布在各行业或者各企业在本质上具有不同之处；二是该资源必须具备黏性，使得该资源在企业之间进行转移时需要付出相应的成本。如果企业拥有这样的资源就可以将其转化为自身的核心能力，从而获得长久的竞争优势。

假设2是对资源基础观的适度转化,由于政治资源本身具有稀缺性和价值性(李增福等,2016;李四海等,2016),因此,企业需要将有限的资源进行合理分配以形成长期的具有持续性的竞争优势。需要强调的是,假设2中假设上市公司对不同的两类项目选择概率相同也隐含了一个前提,即:市场化竞争项目带来的经济收益高于精准扶贫项目的经济收益,但精准扶贫项目为企业带来的政治资源积累的附加价值弥补了两者在经济收益上的差距。

假设3:企业精准扶贫信息披露的策略选择取决于精准扶贫行为实施的结果。在信息披露时,企业大概率能够准确预测上期扶贫行为实施结果。

与精准扶贫行为实施阶段企业以相同的概率选择实施策略不同的是,信息披露阶段的策略选择是根据行为实施阶段的结果来确定的。为了能够方便讨论这个问题,需假设披露时能够知晓项目的成果。

假设4:披露动机具有绝对性。

从信息披露的角度来分析,若是绝对积极(即积极实施行为并且项目结果好),企业就一定会选择积极披露,若是绝对消极(即消极实施行为并且项目结果不好),企业就一定会选择消极披露。而披露动机具有不确定性(包括:积极实施行为并且项目结果不好、消极实施行为并且项目结果好),为简化分析,本书假设积极披露的概率和消极披露的概率相同,各为1/2。

三、基本参数与推论假设

(一) 基本参数假设

效用 U。在以上的基本场景假设下,为方便记录,本书将扶贫项目记为 F,市场化项目记为 Y,所做项目带给公司的效用为 U。因此,两种不同项目的效用分别记为 $U(F)$ 和 $U(Y)$。

政府支持 G。现有研究表明,上市公司参与精准扶贫会收到来自政府机构的扶持,带来直接的成本节约,例如:政府补贴、税收优惠和银行贷款利率降低(杨义东和程宏伟,2020)。为探究上市公司精准扶贫信息披露在行为与实际经济后果中的作用,本书将上述学者的研究假设进行一定的修正,在制度理论和资源依赖理论的指导下,假设企业参与精准扶贫行为能给企业带来当期无法显性化的资源积累,这类资源为政府支持,以 G 表示。

投入 I。参考林艳丽和杨童舒(2020)、付江月和陈刚(2018)的研究,本书假设上市公司的项目投入为 I。

经济收益 ΔR。为区分上市公司在项目投资中的效用与经济收益的区别，本书假设 ΔR 为企业项目投资的经济收益，且 ΔR 是关于项目投资 I 的函数，因此市场化项目的投资经济收益表示为 $\Delta R_Y(I)$，精准扶贫项目投资的经济收益表示为 $\Delta R_F(I)$。

在以上假设下，为简化 $U(F)$ 和 $U(Y)$，本书进行如下讨论：就市场化项目而言，$U(Y)$ 的主要内容是项目产生的经济收益；而对扶贫项目来说，$U(F)$ 的内容不仅包括了项目产生的现金收益，实际上由于扶贫项目的特殊性，一般是政府关注度较高的项目，项目还能为企业带来一定的政策收益，或称政府背书收益。简而言之，$U(Y)$ 只有项目经济收益，如式（2-1）所示；而 $U(F)$ 则包括项目现金收益和政府背书收益两部分，如式（2-2）所示。

$$U(Y) = \Delta R_Y(I) \tag{2-1}$$
$$U(F) = \Delta R_F(I) + G \tag{2-2}$$

经济收益概率 P。假定两类项目的现金收益为两种，一种为高收益，一种为低收益。高收益表示为 H，低收益表示为 0，该假定其实内含一个假设，即假设项目所带来的现金收益为正，至少不为负数。另外，I 表示为投资金额，P 表示获得高收益的概率，而 $1-P$ 表示为获得低收益的概率，且假定两类项目获得高收益的概率 P 相同。而由于扶贫项目的特殊性，一般而言，其现金收益相比较于一般项目的现金收益成果是较低的，所以可以假定 $H_1 < H_2$。同时，由于企业经营的风险性存在，企业投资获得高收益的可能性一般情况下低于获得低收益的可能性，所以可以假定 $P < 1 - P$。

具体公式表示见式（2-3）和式（2-4）。

$$\Delta R_F(I) = \begin{cases} H_1 & P \\ 0 & 1-P \end{cases} \tag{2-3}$$

$$\Delta R_Y(I) = \begin{cases} H_2 & P \\ 0 & 1-P \end{cases} \tag{2-4}$$

债权人信息接收效用转化比率 α。根据利益相关者理论和信号传递理论，企业效用创造将会通过一定的中间过程转化为信息接收者（利益相关者）的利益体现。在这个过程中，不同的信息接收者对信息处理能力和效用转化能力也有所不同。为衡量这一能力的不同，本书构建了信息接收者效用转化比率参数 α。

信息传递的有效性 λ。信息传递的有效性衡量了信息接收者对企业精准扶贫披露相关信息的解读程度。为分析信息传递的有效性在上市公司与相关信息接收者之间的调节作用，本书构建内化参数 λ 作为衡量信息传递有效性的参数。λ 越大，表示信息有效性越高，信号传递作用越好；反之，则越差。

信息披露收益 F。企业社会责任行为能向市场传递自身道德高尚的信号，提升企业声誉与市场形象，从而提升消费者信心，为企业带来利润提升的可能性（Brammer et al.，2005；Fombrum et al.，1990；顾雷雷和欧阳文静，2017）。参考林艳丽和杨童舒（2020）的研究，精准扶贫行为作为企业社会责任范畴下的具体实施之一，在企业对相关信息进行披露后，为企业带来的声誉提升等相关隐性收益，本书采用信息披露收益 F 参数进行替代。

信息披露成本 C。企业进行经营活动的信息披露，需要投入一定的人力、物力与财力，这类成本本书采用信息披露成本 C 作为参数。当信息披露有效性低时，信息文本中需要阐述的特质化信息较少，大量存在的即为无效的、简单的信息。这类信息可复制性和可替代性较强，因此，当信息有效性低时，企业所需要耗费的信息披露成本 C 较小；反之，则较大。

（二）推论假设

由于高收益 $H_1 < H_2$，$E[\Delta R_F(I)] < E[\Delta R_Y(I)]$[1]，即经济收益期望不同，进而也会导致扶贫项目 $U(F)$ 和市场化项目 $U(Y)$ 也有所不同。如果仅考虑经济收益 ΔR，市场化项目比起扶贫项目无疑是更好的选择，但是为了考虑政府背书收益 G，情况又不同。为方便后续分析，现提出一些关键假设。

推论假设1：项目市场存在完全竞争，在项目实施阶段，相同规模的投资所产生的效用相同。[2]

该假设于模型中表示为，在相同投资规模 I 的情况下，精准扶贫项目的总效用 $U(F)$ 和市场化项目的总效用 $U(Y)$ 相同，即：

$$U(F) = U(Y)$$

且：

$$U(F) = \Delta R_F(I) + G$$
$$U(Y) = \Delta R_Y(I)$$

即有：

$$\Delta R_F(I) + G = \Delta R_Y(I)$$

即：

---

① "E" 为数学符号，代表期望。
② 该假设可以解释为，如果市场要接受一个项目，若是在相同投资规模 I 的情况下，存在效用的高低，造成效用的不同，则市场选择做高效用的项目，将淘汰低效用的项目，或者将低效用的项目降低投资规模，以压缩成本从而导致项目降级，将在低于投资规模 I 的某一投资规模 M 情况下达成与投资规模相适应的效用。

$$H_1 P + G = H_2 P$$

推论假设2：结合利益相关者理论，债权人对企业项目的效用分配以企业固定利息的方式体现。企业项目投入的资金 I 由债权人提供，而债权人要求资金规模 I 下的定额收益或效用，即定额收益 $i = \alpha I$，其中 α 为要求的定额收益率。①

由于扶贫项目和一般项目的效用相等，且均是在相同资金规模下，因此根据假设2，扶贫项目和一般项目所产生的银行债权定额效用也是相等的。即：

$$U_C(F) = U_C(Y)$$

同时：

$$U_C(F) = \alpha\{U(F)\}$$
$$U_C(Y) = \alpha\{U(Y)\}$$

其中，$\{U\}$ 中的"$\{\}$"表示效用转换符号，因为债权定额效用是根据项目效用产生的，而不是根据项目效用直接分配的，中间存在分配转换的过程，需加以区别。U_C 表示债权定额效用。另外，根据式（2-1）和式（2-2）可得出式（2-5）和式（2-6）：

$$U_C(F) = \alpha\{\Delta R_F(I) + G\} \qquad (2-5)$$
$$U_C(Y) = \alpha\{\Delta R_Y(I)\} \qquad (2-6)$$

推论假设3：市场化项目数量远大于精准扶贫项目数量。推论假设3是对假设2的进一步深化。在这种条件下，精准扶贫项目产生的政府背书收益相比于经济收益稀缺，即 G 稀缺于 ΔR。

式（2-5）和式（2-6）表示，债权定额效用由项目效用的组成部分按照既定收益率 α 确定，其中扶贫项目的组成部分为经济收益部分和政府资源收益部分，市场化项目的收益组成部分仅有经济收益。由于推论假设2，两类项目的经济收益部分都将支付固定利息支出，即将支付债权资金 I 的固定利息，实际上是经济收益部分以固定利息的形式进行支出，是债权定额效用的组成部分。而针对扶贫项目效用，除经济收益部分外，还存在政府资源收益，而债权人也能从企业政府资源收益中获得相应效用，故此也会存在一定形式使得债权人从政府资源收益中获得相应效用。例如，银行可能会获得政府政策上的关注或收益（林艳丽和杨童舒，2020），银行也会因项目的风险受到政府关注而降低从而获得效用（叶莉和房颖，2020）等其他形式。故此，债权人从企业市场化项目中获得的收益：

$$U_C(Y) = \alpha I$$

---

① 为了简化分析问题，将投资规模 I 所需的资金假设为全部由以银行为代表的债权机构提供，而实际上可能会有投资规模 I 的部分资金是由债权机构提供的，例如银行提供了占投资规模 I 比例为 β 的资金，但为了清晰地分析问题，将所有资金 I 都有债权提供，后续可以额外分析以上提到的情况。

该式表示，企业市场化项目的经济收益部分通过债权资金以利息的形式表示，进而确定债权定额效用。

$$U_C(F) = \alpha_1 I + \alpha_2 G$$

为区别两类项目的经济收益部分及政府资源收益，既定收益率 α 参与到 $\{E[\Delta R_F(I) + G]\}$ 的内部分配中，以 α_1 和 α_2 的形式存在。同样，企业精准扶贫项目的经济收益部分通过债权资金以利息的形式表示，而其政府资源收益不能计量的性质，则仍以原来的形式表示。

另外，由于推论假设2，两类项目的效用相同，则：

$$\alpha I = \alpha_1 I + \alpha_2 G$$

其中，由于 $G > 0$，则有：

$$\alpha_1 < \alpha$$

从推论假设3的前提出发，G 稀缺于 ΔR，可推理得出 G 的价格高于 ΔR 的价格，置于银行债权定额效用中，由于存在既定收益率 α，则原式：

$$U_C(F) = \alpha\{\Delta R_F(I) + G\}$$

转化为：

$$U_C(F) = \alpha I + \alpha G$$

由于政府资源收益不可计量的性质，政府资源收益的既定收益率 α，则不能通过具体的某种形式进行衡量，于是假定 α 保持不变。而经济收益则不同，通过固定利息的形式支出，则现金收益的既定收益率 α 可以更改，政府资源收益的既定收益率和经济收益的既定收益率可以作为两者的价格，且由于 G 的价格高于 ΔR 的价格，故经济收益的既定收益率低于政府资源收益的既定收益率，而政府资源收益的既定收益率不可更改，则经济收益的既定收益率 α 记为 α_1，政府资源收益的既定收益率仍为 α。在此推理下，同样能得出：

$$\alpha_1 < \alpha$$

而经济收益的既定收益率 α 代表利息支出的利率，这就意味着，相比于市场化项目所支付的债权利率 α，扶贫项目所支付的债权利率 α_1 会更低。

四、模型推导与结论

根据上述分析，上市公司精准扶贫行为实施与信息披露存在两阶段效应，符合两阶段决策模型的基本条件。参考一些学者提出的职业关注模型和霍姆斯特姆（Holmstorm，1982）使用的职业关注模型的变型（Aghion et al.，2013），在前文的假设基础下，本书建立以下模型：

模型共有两个阶段时期，第一阶段为精准扶贫项目实施阶段，第二阶段为精准扶贫信息披露阶段，将阶段时期记为 t，其中 $t=1$，2。

每一阶段企业精准扶贫都存在两种不同的策略，一种为积极策略，另一种为消极策略。在精准扶贫行为实施阶段，即 $t=1$ 时，积极的实施策略表现为高额的扶贫投入，反之则为消极的实施策略（林艳丽和杨童舒，2020）。在精准扶贫信息披露阶段，即 $t=2$ 时，积极的精准扶贫信息披露策略表现为高信息含量的信息披露①，反之则为消极的精准扶贫信息披露策略。

为方便讨论，记企业精准扶贫策略为 S。当上市公司采用积极策略时 $S=1$，采用消极策略时 $S=0$。

（一）企业精准扶贫行为实施阶段的模型演化

1. 效用函数推导

在第一阶段中，当上市公司决定积极从事精准扶贫项目时，$S=1$，参考式（2-3），上市公司积极参与精准扶贫所产生的经济收益如式（2-7）所示。

$$\Delta R_F(I,\ S=1) = \begin{cases} H_1 & P \\ 0 & 1-P \end{cases} \tag{2-7}$$

当上市公司决定消极从事精准扶贫项目时，由于行为策略的区别，相比于积极行为实施策略，消极行为实施策略所产生的项目经济收益若假定在收益方面不变，那么消极行为则会导致获得高收益的概率变小，获得低收益的概率变大。简而言之，相比于积极行为实施策略，消极行为实施策略会使项目的风险变大。这一风险主要体现在获得收益的概率上，而非收益的数量上，最终进一步导致消极行为策略的整体期望收益降低。

在消极行为策略下，$S=0$，参考式（2-3），上市公司消极参与精准扶贫所产生的经济收益如式（2-8）所示。

$$\Delta R_F(I,\ S=0) = \begin{cases} H_1 & \theta P \\ 0 & 1-\theta P \end{cases} \tag{2-8}$$

需要说明的是，消极行为获得高收益的概率小于积极行为获得高收益的概率，因此 $0 < \theta < 1$。

那么在行为实施阶段的效用 $U(F)$，记为：

---

① 高信息含量的衡量标准将在后文进行具体的阐述。本书参考李晓溪、杨国超和饶品贵（2019）的做法，采用 Python Stanford 中文 NER 模块识别命名实体，并加以处理，进而以此衡量企业精准扶贫信息披露文字部分的信息含量。

$$U_F(t=1) = \Delta R_F(I) + G \qquad (2-9)$$

另外，根据精准扶贫行为实施策略的不同，积极行为实施策略和消极行为实施策略在公司整体效用上存在差异。但在初始阶段，根据假设4，上市公司对于精准扶贫实施策略中的积极策略和消极策略的选择概率各为一半，即：$P_c(t=1, S=0) = P_c(t=1, S=1) = 1/2$。

在积极行为实施策略下，$S=1$，上市公司整体效用为：

$$U_F(t=1, S=1) = \Delta R_F(I, S=1) + G$$

即：

$$U_F(t=1, S=1) = H_1 P + G$$

在消极行为实施策略下，$S=0$，上市公司整体期望效用为：

$$U_F(t=1, S=0) = \theta H_1 P + G$$

即：

$$U_F(t=1, S=0) - U_F(t=1, S=1) = \theta H_1 P + G - H_1 P - G$$

$$U_F(t=1, S=0) - U_F(t=1, S=1) = H_1 P(\theta - 1)$$

且，$0 < \theta < 1$ 故 $H_1 P(\theta - 1) < 0$，

故：

$$U_F(t=1, S=0) < U_F(t=1, S=1)$$

2. 期望效用分析

上述结论表明在精准扶贫项目实施阶段，消极行为实施策略下的效用低于积极行为实施策略下产生的效用。在假设4的条件下：$P_c(t=1, S=0) = P_c(t=1, S=1) = 1/2$，期望效用 $E[U_F] = U_F \times P_c$，则能得出上市公司精准扶贫行为实施阶段的最终结果：相比于消极行为实施策略，积极的精准扶贫行为实施策略能为上市公司带来更高的效用（具体如式（2-10）所示）。这一结论也与现有有关精准扶贫行为实施的经济后果文献研究一致（黄珺等，2020；邓博夫等，2020；张曾莲和董志愿，2020）。

$$E[U_F(t=1, S=0)] < E[U_F(t=1, S=1)] \qquad (2-10)$$

（二）企业精准扶贫信息披露阶段的模型演化

1. 效用函数推导

在模型的第二阶段，即精准扶贫信息披露阶段中，$t=2$。由于精准扶贫信息是强制披露，因此在第一阶段实施精准扶贫行为后，第二阶段必须进行相关的信息披露。于是，信息披露阶段对于企业来说也产生了与行为实施阶段相互独立又

类似的两种策略选择：高质量信息披露（积极披露）和低质量信息披露（消极披露）。在进入信息披露阶段后，企业精准扶贫的效用函数则从式（2-9）转化为式（2-11）：

$$U_F(t=2) = U_F(t=1) + \lambda(F-C) + \lambda G_F \qquad (2-11)$$

需要说明的是，λ 表示公司披露扶贫项目内容的信息含量，λ 的大小反映了企业信息披露的策略；G_F 表示披露扶贫项目信息所隐含的后续政府背书收益的贴现至本期的收益。

因此，式（2-11）在企业不同的披露策略下，产生了如下的变化：

当公司采用积极信息披露策略时，所产生的效用为：

$$U_F(t=2, S=1) = U_F(t=1) + \lambda_1(F-C) + \lambda_1 G_F$$

当公司采用消极信息披露策略时，所产生的效用为：

$$U_F(t=2, S=0) = U_F(t=1) + \lambda_2(F-C) + \lambda_2 G_F$$

其中，λ_1 和 λ_2 表示不同策略下公司披露扶贫项目内容的信息含量，一般而言，$\lambda_1 > \lambda_2$。

在确定了披露策略的具体效用公式后，需要考虑披露策略的选择概率问题。根据假设3，上市公司在选择信息披露策略时，大概率能够预测行为实施结果。因此，从信息披露阶段来看，行为实施的结果只有两个，一是取得高收益，项目成功；二是取得低收益，项目不成功。由于行为实施的两种结果概率均为1/2（其中，项目取得收益的结果记为 Q，项目取得高收益，记为 $Q=1$；项目取得低收益，记为 $Q=0$），则结合行为实施结果，信息披露的前置选择概率会产生以下四种情况：

（1）若是项目取得高收益，则积极行为并取得高收益的概率为：

$$P_c(t=1, S=1, Q=1) = \frac{1}{2+2\theta}$$

（2）若是项目取得高收益，则消极行为并取得高收益的概率为：

$$P_c(t=1, S=0, Q=1) = \frac{\theta}{2+2\theta}$$

（3）若是项目取得低收益，则积极行为并取得低收益的概率为：

$$P_c(t=1, S=1, Q=0) = \frac{1-P}{4-2P-2\theta P}$$

（4）若是项目取得低收益，则消极行为并取得低收益的概率为：

$$P_c(t=1, S=0, Q=0) = \frac{1-\theta P}{4-2P-2\theta P}$$

以上分析的概率结果均是从信息披露阶段角度出发的，第二阶段重新评估了项目的收益结果，并从披露的角度分析披露项目策略的动机，概率结果构成了表 2 - 2 所示的概率分布。

表 2 - 2　　　　　　　　　信息披露阶段策略选择的概率分布

项目	积极行为实施策略	消极行为实施策略
高收益	$\dfrac{1}{2+2\theta}$	$\dfrac{\theta}{2+2\theta}$
低收益	$\dfrac{1-P}{4-2P-2\theta P}$	$\dfrac{1-\theta P}{4-2P-2\theta P}$

由假设 4 可知，第二阶段公司进行积极披露的概率为：

$$P_c(t=2,\ S=1) = \frac{1}{2+2\theta} + \frac{1}{2} \times \frac{1-P}{4-2P-2\theta P} + \frac{1}{2} \times \frac{\theta}{2+2\theta}$$

第二阶段公司进行消极披露的概率：

$$P_c(t=2,\ S=0) = \frac{1-\theta P}{4-2P-2\theta P} + \frac{1}{2} \times \frac{1-P}{4-2P-2\theta P} + \frac{1}{2} \times \frac{\theta}{2+2\theta}$$

同时，积极披露的效用为：

$$U_F(t=2,\ S=1) = U_F(t=1) + \lambda_1(F-C) + \lambda_1 G_F$$

可进一步划分为：

$$U_F(t=2,\ S=1) = U_F(t=1,\ S=1) + \lambda_1(F-C) + \lambda_1 G_F$$
$$U_F(t=2,\ S=1) = U_F(t=1,\ S=0) + \lambda_1(F-C) + \lambda_1 G_F$$

即为：

$$U_F(t=1,\ S=1;\ t=2,\ S=1) = H_1 P + G + \lambda_1(F-C) + \lambda_1 G_F$$
$$U_F(t=1,\ S=0;\ t=2,\ S=1) = \theta H_1 P + G + \lambda_1(F-C) + \lambda_1 G_F$$

同理可得，消极信息披露策略下的企业效用包括：

$$U_F(t=1,\ S=1;\ t=2,\ S=0) = H_1 P + G + \lambda_2(F-C) + \lambda_2 G_F$$
$$U_F(t=1,\ S=0;\ t=2,\ S=0) = \theta H_1 P + G + \lambda_2(F-C) + \lambda_2 G_F$$

2. 期望效用分析

根据上述结论，期望效用 $E[U_F] = U_F \times P_c$，那么信息披露阶段（即 $t=2$ 时），不同信息披露策略为企业带来的期望效用变化为：

$$E[U_F(t=2, S=1)] - E[U_F(t=2, S=0)]$$

$$= \left(\frac{1}{2} \times \frac{1-P}{4-2P-2\theta P} + \frac{1}{2} \times \frac{\theta}{2+2\theta}\right) \times \left[(\lambda_1-\lambda_2)(F-C) + (\lambda_1-\lambda_2)G_F\right]$$

$$+ \frac{1}{2+2\theta} \times (H_1 P + G + \lambda_1(F-C) + \lambda_1 G_F) - \frac{1-\theta P}{4-2P-2\theta P} \times (\theta H_1 P + G$$

$$+ \lambda_2(F-C) + \lambda_2 G_F)$$

其中由于 $\lambda_1 - \lambda_2 > 0$，且披露收益大于披露成本，即 $F - C > 0$，故：

$$\left(\frac{1}{2} \times \frac{1-P}{4-2P-2\theta P} + \frac{1}{2} \times \frac{\theta}{2+2\theta}\right) \times \left[(\lambda_1-\lambda_2)(F-C) + (\lambda_1-\lambda_2)G_F\right] > 0$$

3. 模型结论验证

本书在信息披露阶段需要阐述的观点是：高效的信息披露能够帮助信息接收者了解上市公司有关经营状况，同时也能帮助上市公司本身提升整体效用。因此，最终需要证明的模型结果如式（2-12）所示：

$$E[U_F(t=2, S=1)] - E[U_F(t=2, S=0)] > 0 \qquad (2-12)$$

若需验证式（2-12），至少需要证明：

$$\frac{1}{2+2\theta} \times (H_1 P + G + \lambda_1(F-C) + \lambda_1 G_F) - \frac{1-\theta P}{4-2P-2\theta P}$$

$$\times (\theta H_1 P + G + \lambda_2(F-C) + \lambda_2 G_F) > 0$$

而由前述分析可知：$0 < \theta < 1$，$\lambda_1 - \lambda_2 > 0$，若是：

$$\frac{1}{2+2\theta} - \frac{1-\theta P}{4-2P-2\theta P} > 0$$

则有：

$$\frac{1}{2+2\theta} \times (H_1 P + G + \lambda_1(F-C) + \lambda_1 G_F) - \frac{1-\theta P}{4-2P-2\theta P}$$

$$\times (\theta H_1 P + G + \lambda_2(F-C) + \lambda_2 G_F) >$$

$$\left(\frac{1}{2+2\theta} - \frac{1-\theta P}{4-2P-2\theta P}\right) \times (H_1 P + G + \lambda_1(F-C) + \lambda_1 G_F) > 0$$

故，当：

$$\frac{1}{2+2\theta} - \frac{1-\theta P}{4-2P-2\theta P} > 0$$

则有：

$$E[U_F(t=2, S=1)] - E[U_F(t=2, S=0)] > 0$$

而若需满足：

$$\frac{1}{2+2\theta} - \frac{1-\theta P}{4-2P-2\theta P} > 0$$

则需：

$$\theta^2 P + 1 - P - \theta > 0$$

即：

$$1 - \theta > P(1-\theta^2)$$

由于 $0 < \theta < 1$，$1-\theta > 0$，故：

$$1 > P(1+\theta)$$

即：

$$\theta < \frac{1-P}{P}$$

根据参数 P 的假设：$P < 1 - P$，这一假设对于精准扶贫项目同样成立。同时，$0 < \theta < 1$，因此可以得出结论，绝对积极的概率大于绝对消极的概率，即：

$$\frac{1}{2+2\theta} - \frac{1-\theta P}{4-2P-2\theta P} > 0$$

最终可以说明，积极披露策略下的期望效用大于消极披露策略下的期望效用，即：

$$E[U_F(t=2, S=1)] - E[U_F(t=2, S=0)] > 0$$

（三）模型结论

根据上述的模型推导，本书得出以下几点结论：第一，企业精准扶贫积极的行为实施能够帮助企业降低债务融资成本；第二，提升企业精准扶贫文本信息披露的有效性，同样能够为企业带来债务融资成本的节约；第三，企业精准扶贫行为实施和信息披露对企业债务规模的影响是通过改变外界对企业的风险评价，进而提升政府资源获取能力和企业声誉；第四，企业精准扶贫的行为实施与高效的信息披露，不仅是纯公益性行为，提升社会福利，并且对于企业自身而言，同样能实现企业自身效用的提升；第五，从企业精准扶贫的言行模式整体而言，实施积极的精准扶贫行为策略以及积极披露相关信息，能为企业带来最大程度的收益。

对于上述模型的推导路径和结论，本书拟通过企业债务融资的规模、结构和成本三个层次展开后续的实证研究，具体思路如图 2-6 所示。

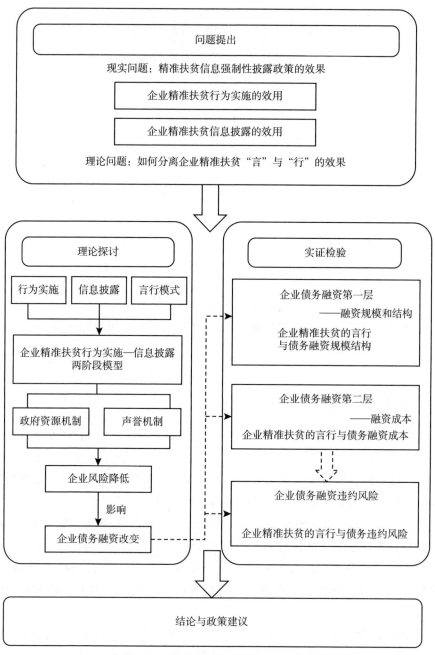

图 2 - 6　理论模型与实证研究设计框架

本 章 小 结

本章通过构建上市公司精准扶贫行为实施—信息披露两阶段模型，研究企业精准扶贫信息披露对债务融资的影响。自 2016 年上市公司精准扶贫强制性信息披露政策实施以来，上市公司参与精准扶贫的力度明显逐年提升，具体表现为参与精准扶贫的上市公司数量明显增加以及上市公司精准扶贫投入逐步提高。信号传递理论和资源依赖理论为这一现象提供了理论支撑。一方面，对信号传递理论而言，未披露参与精准扶贫信息的上市公司，即表示该企业并未实施精准扶贫。这一负面信息的强制性披露为企业精准扶贫行为决策提供了逆向促进机制，推动企业参与精准扶贫。另一方面，市场中其他企业参与精准扶贫并进行相关信息披露，为整体 A 股上市公司营造了与精准扶贫相关的文化、观念、社会期待等制度环境，从而促进了企业参与精准扶贫。

在相关理论的指导下，本章采用参数构建和模型推导的方法，分别研究了企业精准扶贫行为实施和信息披露两个不同阶段中企业债务融资的变化。研究发现，企业精准扶贫并非是单纯的慈善性行为，企业也能够在精准扶贫的过程中获得自身经济效益的提升，企业参与精准扶贫使得社会资源的分配得到帕累托改进。进一步而言，在企业不同的精准扶贫行为实施和信息披露的策略组合下，积极参与精准扶贫，并高效披露相关信息，能够帮助企业获得最大化的增量效用，并且实现企业自身与利益相关者效用的一致提升。

第三章

企业精准扶贫的言行
与债务融资规模结构

精准扶贫作为一项国家战略，是针对我国特殊国情提出的一种创新扶贫形式。企业参与精准扶贫既可以发挥产业扶贫的先天优势，实施"造血式"扶贫，也能获得创造价值的更大平台。因此，企业精准扶贫是打赢脱贫攻坚战的重要环节，也成为企业履行社会责任的新形式。2016 年 11 月，国务院印发《"十三五"脱贫攻坚规划》明确要求国有企业强化帮扶责任，同时鼓励引导民营企业和其他所有制企业参与扶贫工作。上市公司作为资本市场的主体，国民经济发展的重要推动力量，是履行精准扶贫社会责任的重要群体。那么，上市公司实施这类政策性与慈善性兼具的社会责任行为是否能改变债权人对企业的认知？企业精准扶贫是否能帮助企业获取更多的债务融资？同时，在此基础上，企业债务融资的结构是否会随之发生变化？

为探究以上问题，本章以我国 A 股市场 2016～2019 年非金融类上市公司为研究样本，研究企业精准扶贫行为对债务融资获取的影响，并根据本书第二章的理论模型指导，进一步检验企业精准扶贫文本信息披露的信息含量对债务融资规模和结构的影响。

本章结构安排如下：第一节为理论分析与假设提出，对本章的行文逻辑进行阐述；第二节借鉴已有文献进行研究设计，包括样本选择、模型设计和变量选取；第三节为实证结果回归分析；第四节分别从企业精准扶贫的言行模式、企业精准扶贫的类型以及产权性质等方面对本章的主回归结论进行进一步研究；最后为本章小结。

第一节 理论分析与假设提出

一、企业精准扶贫的言行与债务融资规模

现有企业社会责任相关研究发现，企业社会责任行为的实施将影响企业风险水平，而这类研究尚未在企业社会责任承担是降低抑或是提升企业风险这一问题上形成一致的结论。风险抑制假说认为，首先，从企业声誉角度而言，积极承担企业社会责任可以向债权人传递企业经营状况良好的信号，提升企业品牌知名度，树立良好的企业公众形象。而这类道德资本和声誉资本的积累，能够帮助企业形成"声誉保险"机制，以便降低社会公众对企业负面信息和不良经营状况的关注程度，从而对企业未来发展将会面临的负面冲击起到缓冲与保险的作用（冯丽艳等，2016）。其次，从利益相关者的角度而言，企业社会责任的承担是帮助企业与利益相关者建立密切联系的渠道之一，帮助企业实现与投资者之间的价值融合，巩固企业的客户忠诚度，提升企业在未来发展不可缺少的人力资本、组织能力等这类不可替代的竞争性资源累积（Choi & Wang，2009；Vilanova et al.，2009）。进一步而言，企业精准扶贫是兼具国家政策性的特殊企业社会责任行为，企业精准扶贫行为实施能够为企业带来政治资源的累积。在现行制度背景下，政府掌握着资源分配的主导权以及企业日常经营活动申请的行政审批权（戴亦一等，2014；杜勇和陈建英，2016），这就表明，政府可以在一定程度上决定企业的资源获取。相对于民营企业来说，国有企业如同一个基层的准行政组织，承担了政府发包的大量的行政和社会责任，导致国有企业存在更大的"政治迎合"倾向（周黎安，2008）。企业精准扶贫行为的实施，帮助企业增强了与政府之间的联系，企业在此基础上获得更有利的资源倾斜和经营环境改善（余明桂和潘红波，2008；李维安等，2015），从而降低企业在未来经营中所面临的风险。综上所述，在风险抑制假说的分析下，企业精准扶贫行为实施，降低了企业未来的经营风险，因此企业能够获得更多的债务融资。

风险提升假说的主要观点在于，承袭新古典经济学的思想，企业经营的目标就是实现股东价值最大化，而企业社会责任行为实施显然背离了这一目标。企业精准扶贫作为社会责任范畴下的行为，要求企业占用部分有限的自由现金流，进行与企业经营活动并非直接相关的投入。在这种情况下，过多的企业社会责任承

担会占用企业的有效资源，抑制长期战略性投资或者企业研发的开展，削弱企业竞争实力，降低企业价值（Friedman，1970），从而增加企业风险。同时，委托代理理论认为，由于管理者机会主义倾向的存在，企业社会责任的承担可能是管理者自私的体现，其目的在于提升管理者自身的社会影响力和声誉，从而占用企业资源投入到与企业战略发展方向不一致的社会活动中，并非帮助企业提升声誉（Cespa & Cestone，2007；Barnea & Rubin，2010）。进一步而言，地方官员面临着严格的精准扶贫成效考核，因此，地方官员可能需要企业参与精准扶贫来达到考核目标。针对国有企业，精准扶贫行为的实施可能是国有企业管理者的企业社会责任任务之一；而对于非国有企业而言，为承担一定的社会责任，企业可能进行与自身发展方向不完全一致的精准扶贫投入。大量证据也表明政府干预影响着国有企业的行为，使得国有企业承担着政策性负担（林毅夫和李志赟，2004；Lin et al.，1998）。国有企业高管的业绩考核激励使得国有企业相对于民营企业更可能主动承担国家战略导向的任务。政府掌控着国有企业高管的任命与委派，从而维持和强化政府对国有企业的干预（陈信元等，2009）。因此，国有企业高管同时具备经理人和政治人的双重身份（余明桂等，2016），封闭体制内的晋升竞争（Chen et al.，2018），使得国有企业高管把更多的资源配置在非生产性活动上（逯东等，2012）。郑志刚等（2012）发现国有企业高管有很强的动机建设形象工程，如超乎寻常的公益性捐款。陈仕华等（2015）发现当国有企业高管面临的晋升机会较高时，企业选择并购成长方式的可能性较高。刘青松和肖星（2015）发现国有企业高管降职与公司业绩负相关，但晋升与业绩不相关而是与承担的社会责任正相关。因此，企业精准扶贫投入对资源的占用，将会加剧企业在未来面临的经营风险，导致企业债务融资的规模下降。

综上所述，本书认为，如果风险抑制假说成立，企业精准扶贫的实施有利于帮助企业建立与政府的有效联系，获取政府支持，获得优质资源，从而为企业长期的战略性目标实现提供有效支撑，进而提升企业未来的收益能力、偿债能力，降低企业风险，提升企业债务融资规模；如果风险提升假设成立，企业精准扶贫行为则更倾向于企业被动完成政策性任务，从而占用企业有限的资源，增加未来经营风险，从而降低企业融资的可获得性，减少债务融资规模。基于以上分析，本章提出假设 H3 – 1a 和 H3 – 1b。

H3 – 1a：企业精准扶贫投入与企业债务融资规模正相关。

H3 – 1b：企业精准扶贫投入与企业债务融资规模负相关。

根据风险抑制假说，企业精准扶贫行为实施的目的在于通过积极承担社会责任获得政府支持。社会责任信息披露向信息接收者传递了大量非财务信息，具有

"信息沟通"效应（宋献中等，2017）。中国证监会、上交所和深交所于2016年分别颁布了上市公司精准扶贫信息强制性披露规定，要求中国上市公司实施精准扶贫行为后，必须在年报中披露当年精准扶贫行为实施现状。上市公司信息透明度决定着信息传递效率和资源配置效率（林钟高和吴利娟，2004），高效的精准扶贫信息披露能够帮助信息接收者更为全面地了解企业精准扶贫行为实施的状况。一方面，精准扶贫文本信息披露的质量能够帮助信息接收者对企业精准扶贫行为实施动机进行判断，进而识别"自愿型"精准扶贫企业与"被迫型"精准扶贫的企业；另一方面，高质量的精准扶贫文本信息披露，能够帮助企业在积极主动实施精准扶贫行为的基础上，向外界传递企业主动承担社会责任的信号，进一步增强外界对企业的信心，改善信息接收者对企业风险的判断。

根据风险提升假说，企业精准扶贫行为实施会占用企业有限资源，增加企业未来的经营风险。在委托代理关系中，管理层掌握着实质的经营主动权，其逆向选择和道德风险的系列行为都说明管理层存在牟取自有私利动机。因此，提升精准扶贫文本信息披露的有效性，能够缓解企业内外部信息不对称，帮助债权人对企业精准扶贫行为实施的目的进行清晰地了解，以便做出正确的判断决策。

上市公司信息透明度决定着信息传递效率和资源配置效率（林钟高和吴利娟，2004）。一方面，企业信息透明度越低，企业与投资者之间信息不对称越严重，这提高了投资者对管理层和大股东监督的难度，增加了管理层利益侵占和大股东"掏空"风险；另一方面，公司信息透明度越低，投资者面临的噪声干扰越大，信息收集成本越高。综上所述，本章提出假设H3-1c。

H3-1c：精准扶贫文本信息披露有效性越高，企业债务融资规模提升越大。

二、企业精准扶贫的言行与债务融资结构

债务融资结构作为约束债务人的重要债务契约之一，能够有效地缓解债权人与债务人之间的利益冲突（肖作平和廖理，2007）。债权人与债务人之间的利益冲突主要来自债务人的投资不足、资产替代、股利支付和债权稀释行为，从而损害债权人的利益（Smith & Warner，1979），因此，在企业进行债务融资时，其最终确定的债务融资期限是债权人与债务人之间多方博弈的结果（赖丹等，2019）。已有研究表明，企业长短期债务融资结构主要取决于企业发展前景（Flannery，1986；Diamond，1993）、企业规模（Braclay & Smith，1995）等因素。由于短期债务偿还期限较短，企业需要预留充足的资金进行短期偿债，因此短期债务会对企业自由现金流形成一定程度上的占用；而长期债务则相反，并且能够帮助债权

人降低风险，抑制企业经营者为自身利益做出的非理性投资决策（Hart & Moore，1995）。

在金融领域，加杠杆意在以小规模自有资金撬动大规模外部资金，放大投资收益（杨玉龙等，2020）。从债务人的角度出发，企业精准扶贫行为的实施会占用企业自由现金流（甄红线，2021），从而导致企业短期债务偿还能力降低，为弥补企业短期融资能力带来的债务融资规模下降，企业将会通过长期债务融资规模的增加来弥补企业杠杆比率的下降。对债务人而言，长短期债务的不同决定了债务人的风险补偿，即借贷利率。企业精准扶贫行为的实施，意味着企业通过社会责任行为向债权人传递企业经营状况良好的信息，同时，企业在社会责任行为实施中带来的企业声誉提升为企业树立良好的公众形象，同样能帮助企业形成"声誉保险"的机制（冯丽艳等，2016；傅超和吉利，2017）。同时，参与精准扶贫行为带来的企业"政策迎合"效应，意味着企业与政府之间的联系增强，企业在此基础上获得更有利的资源倾斜和经营环境的改善（余明桂和潘红波，2008；李维安等，2015），从而降低企业在未来经营中所面临的风险。与美国企业相比，中国企业长期债务较少，短期债务较多（肖作平和廖理，2007）。企业债务期限结构会受到企业特征因素和外部环境因素的共同影响。已有研究发现，大型企业、国有企业以及股权集中度较高的企业，其长期债务更多，这主要是因为此类企业通常有政府担保、违约风险较低（肖作平和廖理，2007；褚剑和方军雄，2019）。如果企业拥有政治关联，则可以获得融资优势，取得更多的长期负债（李健和陈传明，2013）；相反，如果企业受到政府干预比较严重，则更依赖于短期负债（孙铮等，2005）。因此，企业精准扶贫的行为实施对于债务人而言，企业债务融资的风险有所下降，债权人更倾向于以长期债务的方式向债权人进行融资。

在精准扶贫政策制定实施后，债权人借贷决策在考察企业财务状况的同时，也会将企业精准扶贫相关信息纳入考量范围。在信贷市场中，银行与企业之间存在信息不对称，银行在决定给企业发放贷款时，往往由于信息不对称和逆向选择等原因，选择减少贷款的发放，并且会提高贷款利率。因此，能够减少银行和企业之间信息不对称的机制设计对双方均有利（李长青和曹德骏，2016）。高效的精准扶贫信息披露意味着企业愿意以更透明的方式积极向外界公布良好的精准扶贫行为实施状况，从而缓解企业内外部信息不对称程度。而信息不对称问题始终是金融机构开展环境风险评估与考察的制约因素，因而企业要想顺利获得银行授信并享有较低的贷款利率优惠，就必须高质量地对外披露精准扶贫文本信息，通过提高精准扶贫信息透明度，达到降低债务融资成本的目标。因此，在精准扶贫政策导引下，同等财务状况下，债权人倾向于将借款期限更长、利率更低的债务融资给予精准扶贫文本信息有效性更高的企业。

基于以上分析，本章提出以下假设：

H3－2a：企业精准扶贫投入越多，企业获得的长期债务融资越多。

H3－2b：企业精准扶贫文本信息披露有效性越高，企业获得的长期债务融资越多。

债务融资可以分为金融性负债和经营性负债，其中企业的金融性负债主要来自金融市场的融资活动，而经营性负债则来源于商品市场的经营活动（李心合等，2014）。建立在传统西方市场经济运行逻辑上的资本结构理论认为，企业的各类债务是同质的。相比于此，由于信用制度的差异，中国企业的金融性负债和经营性负债存在着普遍差异，而这种差异本质上体现在时限、成本、收益和风险等方面。金融性负债的利率、费用率决定了其高成本，而经营性负债成本较低甚至是无成本负债。从债务期限而言，金融性负债往往面临着固定的偿还时间，一般难以长时间的拖延，而经营性负债的偿还期限则更富有弹性。企业的两类负债通常具有一定的替代性和互补性（李心合等，2014；杨玉龙等，2020）。根据上文假设，企业精准扶贫行为实施和信息披露能够提升企业有成本的金融性负债比例，而为了平衡企业的财务风险，保证企业的债务比例在一个稳定安全的水平上，企业会同时降低经营性负债的比例。基于此，本章提出以下假设：

H3－2c：企业精准扶贫投入高，则企业金融性负债增加，经营性负债下降。

H3－2d：企业精准扶贫文本信息披露有效性强，则企业金融性负债增加，经营性负债下降。

第二节　研究设计

一、数据来源与样本选择

2016 年 12 月，上交所和深交所先后发布了《关于进一步完善上市公司扶贫工作信息披露的通知》《关于做好上市公司扶贫工作信息披露的通知》，对进一步完善上市公司扶贫工作信息披露提出要求。在以往的定期报告和社会责任报告中，许多上市公司对扶贫工作均有涉及，但缺乏统一的披露口径。上交所出台的

《关于进一步完善上市公司扶贫工作信息披露的通知》细化、统一了扶贫工作的编制与披露标准，强调在不增加披露成本的基础上，引导上市公司全面、规范披露扶贫工作具体落实情况，增加信息披露的有效性。同时，深交所发布的《关于做好上市公司扶贫工作信息披露的通知》指出，上市公司在年度报告全文"重要事项"章节中，要充分披露公司年度精准扶贫概要、扶贫工作具体成果、后续精准扶贫计划等内容。本书在随机抽取上交所以及深交所共100份上市公司年度报告进行人工阅读后发现，上交所上市的公司会在企业年度报告"重要事项"章节中，以"公司扶贫工作情况"为小标题开始，到"社会责任工作情况"小标题结束；而深交所上市的公司同样会在"重要事项"章节中进行扶贫信息披露。不同的是，在深交所上市的公司扶贫信息披露会在"履行精准扶贫社会责任情况"和"环境保护相关的情况"两个小标题中间披露。因此，有关企业参与精准扶贫信息披露的目标文本，本书将以上述方法进行内容提取，并对部分不合格文本重新进行人工处理。

本章选取中国2016~2019年沪深两市A股上市公司作为研究样本，得到初始样本，同时剔除金融行业样本、ST样本、变量缺失样本，最终得到12939个有效样本。本章所需的精准扶贫文本数据从年报中手工收集，其余财务数据均来自国泰安（CSMAR）数据库、万德（Wind）数据库和中国研究数据服务平台（CNRDS）。为了消除极端值的影响，本章对所有连续变量分别进行1%和99%水平的缩尾（Winsorize）处理。

二、变量定义

（一）企业债务融资规模变量

参考姚立杰（2018）和邓博夫等（2020）的做法，本章采用企业期初期末带息负债的均值加1取对数（$lnDebt$）来衡量企业的债务融资规模，采用企业$t+1$年新增借款总额占期初资产的比值与第t年这一比值的差额（$FLoan$）衡量企业债务融资能力。

（二）企业债务融资结构变量

本章对企业债务融资结构的衡量主要分为两个方面，包括债务期限结构和债务融资结构。参考赖丹等（2019）和杨玉龙等（2020）的做法，本章按照企业长期负债总额占企业长短期负债之和的比率（$LDebt$）衡量企业债务期限结构；

对企业债务融资结构，本章参考饶品贵和姜国华（2013）、李心合等（2014）对企业债务融资中金融性负债（*FDebt*）和经营性负债（*ODebt*）进行划分。其中，金融性负债主要是指带息的公司负债，包括短期借款、交易性金融负债、衍生金融负债、应付利息、长期借款、独立账户负债、应付债券、长期应付款；经营性负债则是指在公司日常生产经营中产生的不带息负债，包括应付票据、应付账款、预收账款、应付职工薪酬、其他应付款、应付股利、专项应付款、递延所得税负债。由于企业的负债会计科目非常复杂，部分科目如保户储金及投资款、代理买卖证券款、预计负债等，是否确认为经营负债存在一定争议，因此本章没有将之计入。

（三）企业精准扶贫行为变量

参考易玄等（2020）的做法，采用企业精准扶贫总投入额加 1 取对数（ln*FP*）来衡量企业精准扶贫的行为。ln*FP* 越大，代表企业精准扶贫投入越高，企业精准扶贫实施越积极。

（四）企业精准扶贫文本信息含量变量

本章参考李晓溪、杨国超和饶品贵（2019）的做法，采用 Python Stanford 中文 NER 模块识别命名实体①，从而构建企业精准扶贫文本信息含量变量。具体而言，企业年报文本信息主要包括时间、地点、机构、货币等不同类别的文本信息，通过 Python Stanford 中文 NER 模块采用 Python 软件对企业年报文本信息进行处理，能够将年报文本信息按照时间、地点、机构、人名、货币、百分比、日期、设备和其他信息进行分类显示。进一步将所选取的有效信息字符总数进行统计，计算有效信息占文本信息总字符数的比例，既能构建本文企业精准扶贫文本信息含量 *SpcFP*，又能以此作为衡量精准扶贫文本信息披露有效性的代理变量。需要注意的是李晓溪等（2019）并未将 NER 模块识别出的"设备"信息纳入文本信息含量计算。但由于企业精准扶贫投入中，将企业精准扶贫的资金投入按照现金投入和物资折价进行计算，本章认为，"设备"模块能够在一定程度上反映企业精准扶贫物资投入的相关信息，因此本章将"设备"信息也纳入精准扶贫文本有效信息的考量。

具体计算方式如式（3 - 1）所示：

---

① 基于北京大学提供的训练资料所得，详见 https：//nlp. stanford. edu/software/CRF - NER. shtml。

$$SpcFP = \frac{time + location + person + organization + money + percent + date + facility}{Total}$$

$$(3-1)$$

其中，$Total$ 表示企业年度报告中精准扶贫段落总字符数；$time$ 表示时间模块信息；$location$ 表示地点模块信息；$person$ 表示人名模块信息；$organization$ 表示机构模块信息；$money$ 表示货币模块信息；$percent$ 表示百分比模块信息；$date$ 表示日期模块信息；$facility$ 表示设备模块信息。

（五）控制变量

参考已有相关精准扶贫和企业捐赠的研究（Borghesi，Houston & Naranjo，2014；Boubakri et al.，2016；潘越等，2019；邓博夫等，2020），本章从公司特征、市场表现、治理结构、产权性质等层面设置控制变量。主要包括：企业规模（$Size$）；资产负债率（Lev）；企业年龄（Age）；公司业绩（Roa）；成长性（$Growth$）；有形资产占比（$Fixed$）；偿债能力（$Lipay$）；权益筹资能力（$Offernum$）；股市表现（$Yretnd$）；第一大股东持股比例（$Top1$）；两职合一（$Dual$）；董事会独立性（$Indep$）和产权性质（SOE）。各变量定义见表 3-1。

表 3-1　　　　　　　　　　　　　变量定义

变量类型	变量符号	变量衡量方式
被解释变量	lnDebt	企业期初期末带息债务均值加 1 取对数
	Floan	企业 $t+1$ 年新增借款总额占期初资产的比值与第 t 年这一比值的差额
	LDebt	长期负债总额在公司负债总额中的比重
	FDebt	金融性负债总额在公司负债总额中的比重
	ODebt	经营性负债总额在公司负债总额中的比重
解释变量	lnFP	扶贫支出总金额加 1 的自然对数
	SpcFP	企业精准扶贫文本信息含量，即时间、地点、机构、人名、货币、百分比、日期和设备等八类信息占企业精准扶贫文本段落总字符数的比重
公司特征控制变量	Size	公司总资产加 1 后的自然对数值
	Lev	公司负债与资产的比值
	Age	企业自上市以来的年限
	Roa	上市公司年度净利润与总资产余额的比值

变量类型	变量符号	变量衡量方式
公司特征 控制变量	*Growth*	（企业当年营业收入－上年营业收入）／上年营业收入
	Fixed	固定资产净额与总资产的比值
	Lipay	息税前利润与负债合计的比值
市场表现 控制变量	*Offernum*	本年配股和增发募集资金金额的总和，单位为亿元
	Yretnd	个股回报率年末值
治理结构 控制变量	*Top*1	第一大股东的持股比例
	Dual	董事长与总经理兼任时取值为 1，否则取值为 0
	Indep	独立董事人数与董事人数的比值
产权性质 控制变量	*SOE*	国有企业取 1，否则取 0

三、模型设计

为验证假设 H3 - 1，本章借鉴已有文献（张敏和黄继承，2013；邓博夫等，2020；甄红线和王三法，2021），构建以下模型，见式（3 - 2）：

$$\ln Debt(FLoan)_{i,t+1} = \alpha + \beta_1 \ln FP(SpcFP)_{i,t} + \sum \beta_j Control_{i,t}$$
$$+ \sum Year + \sum Ind + \varepsilon_{i,t} \qquad (3-2)$$

为验证假设 H3 - 2，本章借鉴已有文献（杨玉龙等，2020；张海亮等，2020），构建以下模型，见式（3 - 3）：

$$LDebt(FDebt/ODebt)_{i,t+1} = \alpha + \beta_1 \ln FP(SpcFP)_{i,t} + \beta_j Control_{i,t}$$
$$+ \sum Year + \sum Ind + \varepsilon_{i,t} \qquad (3-3)$$

由于企业精准扶贫的披露主要在年报中，因此精准扶贫信息在 $t+1$ 年才能被市场广泛、精确地获知，同时为了缓解可能的内生性问题，本章均以 $t+1$ 年的债务融资获取变量作为被解释变量。

第三节 回 归 分 析

一、描述性统计

本章主要变量的描述性统计见表 3 – 2。如样本选择所述，为避免极端异常值对本章实证结果产生的影响，表 3 – 2 中报告的是缩尾（Winsorize）后的结果。首先，由于被解释变量 lnDebt 和 FLoan 在本章采用滞后一期的变量进行回归分析，因此 lnDebt 和 FLoan 样本数相比于解释变量和控制变量而言较多。被解释变量 lnDebt 的均值为 18.033，最大值为 26.919，最小值为 0，中位数为 19.980。这一结果说明，企业债务融资规模的差异比较明显，且样本的中位数与均值差异不明显，样本分布偏态性不强。同时，另一被解释变量 FLoan 的均值为 – 0.001，表示从平均水平上看，企业债务融资能力呈现逐年下降的趋势。因此，对于本章的解释变量而言，企业精准扶贫投入变量 lnFP 的最大值为 8.808，最小值为 0，标准差为 2.184，说明不同企业在精准扶贫行为实施策略上存在较大的差别。同时，企业精准扶贫文本信息披露变量 SpcFP 的均值为 0.112，说明对于全样本而言，企业精准扶贫文本信息的有效性平均为 11.2%，也就是说上市公司精准扶贫文本信息从整体而言并未提供较多的有效信息。这一情况出现的原因可能是源于我国大部分上市公司并未参与精准扶贫。因此，在其年报中有关精准扶贫的文本信息披露有效性为 0，导致整体样本的 SpcFP 是有偏的。结合后文检验的结果，未参与精准扶贫的共 9724 个有效样本，参与精准扶贫的共 3215 个有效样本，并且参与精准扶贫组中，SpcFP 的均值为 0.450，可以认为，参与精准扶贫的上市公司在披露其精准扶贫行为实施状况时，有效信息占总文本的 45%，符合现实状况。

其次，对于企业债务融资结构来说，从被解释变量 LDebt 来看，企业长期负债的均值为 0.120，证明企业长期债务占总负债的比率在 12% 左右，从而也就证明，企业的短期负债水平在 88% 左右。这就表明，平均而言，企业较难获得长期债务融资，主要使用短期债务融资。而企业金融性负债 FDebt 和经营性负债 ODebt 的均值分别为 0.304 和 0.550，表示企业的金融性负债和经营性负债持有比例分别在 30.4% 和 55% 的水平上。上述结果与杨玉龙等（2020）的结果基本一致，证明了变量使用的可行性。

最后，对于控制变量而言，资产负债率 Lev 均值为 0.418，最大值为 0.934，最小值为 0.062，样本企业资产负债率最大值和最小值差异较大；企业成长性 *Growth* 均值为 0.195，最大值为 2.733，最小值为 −0.628，也显示了样本企业在成长性上差异较大；另外，权益筹资能力 *Offernum* 均值为 1.595，标准差为 6.197，也充分说明了样本企业中，不同的企业在权益筹资能力上具有较大的差异。参考邓博夫等（2020）和甄红线等（2021）的研究，本章的其他控制变量描述性统计结果也基本相似，符合正常预期。

表 3 − 2　　　　　　　　　　　　　描述性统计

变量	N	均值	标准差	最小值	中位数	最大值
ln*Debt*	12939	18.033	6.559	0	19.980	26.919
FLoan	12939	−0.001	0.134	−0.545	0	0.443
LDebt	12939	0.120	0.160	0	0.096	0.666
FDebt	12939	0.304	0.235	0	0.296	0.804
ODebt	12939	0.550	0.238	0.027	0.539	0.981
ln*FP*	12939	1.126	2.184	0	0	8.808
SpcFP	12939	0.112	0.220	0	0	1.000
Size	12939	13.022	1.357	0	12.870	19.426
Lev	12939	0.418	0.205	0.062	0.405	0.934
Age	12939	10.338	7.859	0	8.000	29.000
Roa	12939	0.040	0.076	−0.330	0.040	0.302
Growth	12939	0.195	0.440	−0.628	0.117	2.733
Fixed	12939	0.201	0.156	0	0.167	0.672
Libpay	12939	0.193	0.305	−0.412	0.109	1.907
Offernum	12939	1.595	6.197	0	0	42.824
Yretnd	12939	−0.127	0.630	−8.194	−0.149	1.000
SOE	12939	0.340	0.474	0	0.312	1.000
*Top*1	12939	0.335	0.146	0.030	0	0.891
Dual	12939	0.300	0.458	0	0.364	1.000
Indep	12939	0.378	0.056	0.200	0	0.800

二、均值差异检验和相关系数分析

(一) 均值差异检验

非精准扶贫组和精准扶贫组均值差异检验见表3 – 3。非精准扶贫组 ln*Debt* 的均值为 17.570,相比于精准扶贫组的均值 19.440,非精准扶贫组的债务融资规模明显低于精准扶贫组,且在 1% 的水平上显著。这一结果可以在一定程度上说明,企业进行精准扶贫能够获取更多的债务融资。而对于另一被解释变量 *FLoan* 而言,非精准扶贫组与精准扶贫组的均值差异不大,且差异并不显著,因此企业精准扶贫行为实施对于债务融资能力的影响还需在后文进行进一步的实证检验。对于解释变量 ln*FP* 和 *SpcFP* 而言,由于非精准扶贫组不会进行精准扶贫投入以及有效的精准扶贫行为实施信息披露,因此解释变量在两组不同样本之间存在极为显著的差异也符合正常预期。

另外,从企业债务期限 *LDebt* 上来看,非精准扶贫组的长期债务均值为 0.105,明显低于精准扶贫企业的长期债务均值 0.163,且组间差异系数为 – 18.236,在 1% 的水平上显著。也就表示,精准扶贫组企业的长期债务比率显著高于未参与精准扶贫的企业,在一定程度上验证了本章的假设 H3 – 2a 和假设 H3 – 2b。对于企业金融负债 *FDebt* 而言,参与精准扶贫企业的均值同样显著高于未参与精准扶贫组的均值,且差异系数均在 1% 的水平上显著,而经营性负债 *ODebt* 则相反,精准扶贫组的均值为 0.524,显著低于非精准扶贫组均值 0.584,并且差异系数仍在 1% 的水平上显著,上述结果也能在一定程度上验证本章假设 H3 – 2c 和假设 H3 – 2d。

表3 – 3　　　　　　　　　　　　　　　　均值差异检验

变量	非精准扶贫组		精准扶贫组		组间差异 T 检验
	N	均值	N	均值	
ln*Debt*	9724	17.570	3215	19.440	– 14.123 ***
FLoan	9724	– 0.001	3215	– 0.001	– 0.179
LDebt	9724	0.105	3215	0.163	– 18.236 ***
FDebt	9724	0.296	3215	0.340	– 9.168 ***
ODebt	9724	0.584	3215	0.524	12.439 ***
ln*FP*	9724	0	3215	4.531	– 229.924 ***

续表

变量	非精准扶贫组		精准扶贫组		组间差异 T 检验
	N	均值	N	均值	
SpcFP	9724	0	3215	0.450	−214.247 ***
Size	9724	12.790	3215	13.740	−36.112 ***
Lev	9724	0.404	3215	0.460	−13.588 ***
Age	9724	9.526	3215	12.800	−20.792 ***
Roa	9724	0.038	3215	0.046	−4.990 ***
Growth	9724	0.202	3215	0.176	2.910 ***
Fixed	9724	0.186	3215	0.245	−18.593 ***
Libpay	9724	0.196	3215	0.186	1.600
Offernum	9724	1.465	3215	1.987	−4.139 ***
Yretnd	9724	−0.133	3215	−0.107	−2.083 **
*Top*1	9724	0.326	3215	0.362	−12.253 ***
Dual	9724	0.325	3215	0.224	10.889 ***
Indep	9724	0.378	3215	0.377	1.026
SOE	9724	0.276	3215	0.531	−27.183 ***

注：*** 、 ** 和 * 分别表示在 1%、5% 和 10% 的水平上显著。

（二）相关系数分析

本章主要变量的皮尔森（Pearson）相关系数检验结果如表 3 - 4 所示。观察解释变量与被解释变量之间的相关系数可以发现，首先，企业债务融资规模 $\ln FP$ 与 $\ln Debt$ 的相关系数为 0.154，在 1% 的水平上显著为正；$SpcFP$ 与 $\ln Debt$ 的相关系数为 0.102，同样在 1% 的水平上显著为正。这说明，在一定程度上企业精准扶贫投入和精准扶贫文本信息披露有效性均与债务融资规模正相关，支持了本章的假设 H3 - 1a 与假设 H3 - 1c。但 $FLoan$ 与解释变量之间的相关关系并不显著，因此具体关系如何，仍需后文验证。

与均值差异检验结果类似，企业精准扶贫投入 $\ln FP$ 与企业债务融资期限 $LDebt$ 之间的相关系数为 0.185，与金融性负债 $FDebt$ 和经营性负债 $ODebt$ 之间的相关系数分别为 0.098、−0.128，且均在 1% 的水平上显著，从一定程度上说明了本章的假设 H3 - 2a 和假设 H3 - 2c 成立。另外，企业精准扶贫信息披露有效性 $SpcFP$ 与被解释变量之间的相关系数依次为 0.127、0.070 和 −0.091，且同样均在 1% 的水平上显著，也支持了本章的假设 H3 - 2b 和假设 H3 - 2d。

表 3 - 4

Pearson 相关系数检验

变量	lnDebt	Loan	LDebt	FDebt	ODebt	lnFP	SpcFP	Size	Lev	Age	Roa	Growth	Fixed	Libpay	Offernum	Yretnd	Top1	Dual	Indep	SOE
lnDebt	1																			
Loan	-0.072***	1																		
LDebt	0.387***	-0.184***	1																	
FDebt	0.593***	-0.257***	0.626***	1																
ODebt	-0.530***	0.227***	-0.531***	-0.788***	1															
lnFP	0.154***	-0.009	0.185***	0.098***	-0.128***	1														
SpcFP	0.102***	-0.003	0.127***	0.070***	-0.091***	0.794***	1													
Size	0.500***	-0.125***	0.410***	0.305***	-0.312***	0.396***	0.255***	1												
Lev	0.499***	-0.211***	0.333***	0.413***	-0.370***	0.156***	0.095***	0.480***	1											
Age	0.210***	-0.051***	0.217***	0.149***	-0.188***	0.170***	0.144***	0.378***	0.339***	1										
Roa	-0.154***	-0.070***	-0.086***	-0.204***	0.187***	0.049***	0.047***	0.009	-0.359***	-0.207***	1									
Growth	0.064***	-0.002	0.033***	0.019***	-0.012	-0.021***	-0.018***	0.048***	0.031***	-0.031***	0.227***	1								
Fixed	0.144***	-0.011	0.231***	0.268***	-0.264***	0.163***	0.134***	0.113***	0.062***	0.083***	-0.037***	-0.071***	1							
Libpay	-0.343***	-0.092***	-0.192***	-0.317***	0.234***	-0.019***	-0.006	-0.162***	-0.517***	-0.282***	0.612***	0.089***	-0.028***	1						
Offernum	0.121***	-0.010	0.100***	0.070***	-0.072***	0.061***	0.034***	0.226***	0.050***	0.066***	0.038***	0.248***	0.00200	-0.030***	1					
Yretnd	0.007	-0.013	0.025***	0.002	-0.006	0.016*	0.014	0.041***	0.025***	-0.024***	0.037***	-0.016*	0.020***	0.041***	0.017*	1				
Top1	0.003	-0.021***	0.053***	-0.049***	0.049***	0.124***	0.078***	0.041***	0.031***	-0.057***	0.167***	-0.0100	0.094***	0.091***	0.021***	0.048***	1			
Dual	-0.103***	-0.004	-0.100***	-0.057***	0.068***	-0.091***	-0.071***	0.193***	-0.129***	-0.244***	0.051***	0.021***	-0.083***	0.087***	-0.032***	-0.014	-0.027***	1		
Indep	0.007	0.003	-0.009	0.005	-0.008	0.007	-0.013	-0.007	0.002	-0.028***	-0.028***	-0.009	-0.047***	-0.022***	-0.003	-0.007	0.048***	0.107***	1	
SOE	0.141***	-0.033***	0.198***	0.099***	-0.115***	0.213***	0.182***	0.345***	0.255***	0.439***	-0.076***	-0.051***	0.180***	-0.175***	0.034***	0.009	0.208***	-0.285***	-0.034***	1

注：***、** 和 * 分别表示在 1%、5% 和 10% 的水平上显著。

三、企业精准扶贫的言行与债务融资规模结构回归分析

（一）企业精准扶贫的言行与债务融资规模

企业精准扶贫言行与债务融资规模的回归结果如表 3-5 所示。

表 3-5　　　　　　　企业精准扶贫言行与债务融资规模

变量	(1)	(2)	(3)	(4)	(5)	(6)	(7)	(8)
	F. lnDebt	F. lnDebt	FLoan	FLoan	F. lnDebt	F. lnDebt	FLoan	FLoan
lnFP	0.463*** (17.749)	0.163*** (6.900)	-0.001 (-1.075)	0.002*** (2.577)				
SpcFP					3.026*** (11.609)	1.050*** (4.595)	-0.002 (-0.291)	0.011** (2.009)
Lev		8.465*** (27.336)		-0.127*** (-16.229)		13.602*** (44.796)		-0.127*** (-16.235)
Size		1.937*** (41.866)		-0.007*** (-6.386)		1.882*** (41.920)		-0.007*** (-6.143)
Age		0.016** (2.118)		0.000 (1.568)		0.018** (2.298)		0.000 (1.533)
Roa		9.565*** (11.260)		0.120*** (5.864)		9.833*** (11.585)		0.121*** (5.884)
Growth		0.470*** (3.961)		-0.056*** (-19.767)		0.451*** (3.799)		-0.056*** (-19.805)
Fixed		4.431*** (12.038)		0.053*** (6.053)		4.538*** (12.334)		0.054*** (6.123)
Libpay		-4.026*** (-18.157)		0.000 (0.086)		-4.006*** (-18.050)		0.001 (0.107)
Offernum		0.085*** (10.469)		-0.000** (-2.406)		0.088*** (10.751)		-0.000** (-2.413)
Yretnd		0.009 (0.109)		0.009*** (4.888)		0.010 (0.122)		0.009*** (4.880)

续表

变量	(1) F. lnDebt	(2) F. lnDebt	(3) FLoan	(4) FLoan	(5) F. lnDebt	(6) F. lnDebt	(7) FLoan	(8) FLoan
Top1		-1.224 *** (-3.413)		-0.002 (-0.264)		-1.128 *** (-3.145)		0.007 ** (2.291)
Dual		-0.392 *** (-3.496)		0.000 (0.148)		-0.399 *** (-3.564)		-0.002 (-0.220)
Indep		1.675 * (1.924)		0.010 (0.502)		1.796 ** (2.062)		0.000 (0.147)
SOE		-0.493 *** (-3.951)		0.007 ** (2.288)		-0.470 *** (-3.759)		0.011 (0.552)
year	No	Yes	No	Yes	No	Yes	No	Yes
ind	No	Yes	No	Yes	No	Yes	No	Yes
cons	17.512 *** (273.220)	-8.865 *** (-12.133)	-0.001 (-0.431)	0.160 *** (8.655)	17.694 *** (275.027)	11.033 *** (18.731)	-0.001 (-1.056)	0.154 *** (8.461)
N	12939	12939	12931	12939	12939	12939	12939	12939
adj. R^2	0.024	0.383	0.000	0.095	0.010	0.298	0.002	0.094
F	315.042	237.572	1.156	40.708	134.775	167.605	0.082	40.623

注：***、** 和 * 分别表示在1%、5%和10%的水平上显著。

表3-5 的第（1）和第（2）列显示，当采用 lnFP 为主要解释变量时，lnFP 与下一期债务融资规模 F. lnDebt 的回归系数分别为0.463和0.163，并且均在1%水平上显著。这一结果说明，随着企业精准扶贫投入的增加，企业债务融资的规模将逐渐提升。从企业债务规模变化的角度而言，如表3-5 的第（4）列所示，lnFP 的回归系数为0.002，同样在1%的水平上显著为正。也就是说，本章的假设 H3-1a 成立，即企业精准扶贫投入越多，企业获得的债务融资规模越大。

根据以上主回归结果，本书认为，企业实施积极的精准扶贫行为策略，能提升企业未来债务融资的能力。从资源基础观的角度出发（Penrose，1959；Wernerfelt，1984；Barney，1991），企业精准扶贫帮助企业获取政府资源，进而转化为企业难以被竞争对手复制的自身资源，提升企业竞争力。而高效的企业精准扶贫信息披露则有效地缓解了企业内外部信息不对称的情况。从债权人的角度来看，企业精准扶贫为企业带来的声誉提升和政治资源获取能够帮助债权人提升对企业未来偿债能力的信心。即便精准扶贫的投入造成了企业部分自由现金流的占用（Friedman，1970），但这类公益性投资带来的间接收益被债权人所看重，并最终体现为债权人为企业进行债权融资的意愿提升。

观察表 3－5 的第（5）和第（6）列可以发现，在加入控制变量前后，*SpcFP* 与 ln*Debt* 的回归系数分别为 3.026 和 1.050，均在 1% 的水平上显著。也就是说，企业精准扶贫信息披露有效性越高，企业越能够获得更大规模的债务融资。表 3－5 的第（8）列显示，*SpcFP* 与 *FLoan* 的回归系数为 0.011，且在 5% 的水平上显著为正，这一结果说明，企业精准扶贫文本信息披露有效性越高，债务融资规模增长速度越快，进一步说明企业精准扶贫文本信息披露的有效性与企业债务融资规模的正相关关系，与本章假设 H3－1c 一致。

（二）企业精准扶贫的言行与债务融资结构

表 3－6 列示了企业精准扶贫的言行对债务融资结构的回归结果。其中，第（1）和第（2）列显示，在不进行控制前，ln*FP* 的系数为 0.014，在加入控制变量以及固定行业年度效应后，ln*FP* 的系数变为 0.005，且均在 1% 的水平上显著为正。这一结果表示，企业精准扶贫投入越高，企业获得的长期债务融资会明显提升，验证了本章的假设 H3－2a。另外观察表 3－6 的第（3）和第（4）列，在加入控制变量前后，精准扶贫的信息披露有效性 *SpcFP* 的系数同样在 1% 的水平上显著为正，分别为 0.922 和 0.039，也就证明，企业精准扶贫信息披露的有效性与企业长期债务比率正相关，与本章假设 H3－2b 一致。

从金融性负债 *FDebt* 的角度而言，表 3－6 的第（5）和第（6）列显示，ln*FP* 的系数为 0.001，*SpcFP* 的回归系数为 0.017，但 ln*FP* 的系数并不显著，仅 *SpcFP* 的系数在 5% 的水平上显著为正。而企业精准扶贫的行为实施 ln*FP* 与信息披露有效性 *SpcFP* 与经营性负债 *ODebt* 的回归系数分别为 －0.004 和 －0.034，二者均在 1% 的水平上显著为负。综上所述，除精准扶贫投入提升能够增加企业金融性负债比率外，本章假设 H3－2c 和假设 H3－2d 基本得到验证。

表 3－6　　　　　　　　　　**企业精准扶贫言行与债务融资结构**

变量	(1)	(2)	(3)	(4)	(5)	(6)	(7)	(8)
	F. L*Debt*	F. L*Debt*	F. L*Debt*	F. L*Debt*	F. F*Debt*	F. F*Debt*	F. O*Debt*	F. O*Debt*
ln*FP*	0.014 *** (21.387)	0.005 *** (9.044)			0.001 (1.237)		－0.004 *** (－4.767)	

续表

变量	(1) F. LDebt	(2) F. LDebt	(3) F. LDebt	(4) F. LDebt	(5) F. FDebt	(6) F. FDebt	(7) F. ODebt	(8) F. ODebt
SpcFP			0. 922 *** (14. 553)	0. 039 *** (6. 727)		0. 017 ** (1. 993)		− 0. 034 *** (− 3. 914)
Lev		0. 174 *** (22. 386)		0. 179 *** (23. 086)	0. 391 *** (34. 226)	0. 391 *** (34. 415)	− 0. 328 *** (− 27. 962)	− 0. 030 *** (− 16. 331)
Size		0. 026 *** (21. 006)		0. 026 *** (21. 943)	0. 026 *** (14. 476)	0. 025 *** (14. 055)	− 0. 030 *** (− 16. 060)	0. 036 *** (20. 496)
Age		0. 000 (0. 068)		0. 000 (0. 263)	− 0. 002 *** (− 6. 430)	0. 103 *** (3. 227)	− 0. 000 (− 0. 763)	− 0. 000 (− 0. 840)
Roa		0. 136 *** (6. 263)		0. 144 *** (6. 629)	0. 104 *** (3. 254)	0. 012 *** (2. 716)	0. 049 (1. 493)	0. 044 (1. 332)
Growth		0. 004 (1. 193)		0. 003 (1. 000)	0. 012 *** (2. 712)	0. 298 *** (21. 665)	− 0. 016 *** (− 3. 588)	− 0. 016 *** (− 3. 497)
Fixed		0. 153 *** (16. 341)		0. 156 *** (16. 677)	0. 299 *** (21. 666)	− 0. 074 *** (− 8. 894)	− 0. 268 *** (− 18. 970)	− 0. 271 *** (− 19. 141)
Libpay		− 0. 016 *** (− 2. 835)		− 0. 015 *** (− 2. 723)	− 0. 074 *** (− 8. 897)	0. 002 *** (6. 044)	0. 017 ** (1. 967)	0. 016 * (1. 913)
Offernum		0. 001 *** (6. 900)		0. 001 *** (7. 245)	0. 002 *** (6. 026)	− 0. 002 (− 0. 548)	− 0. 002 *** (− 6. 225)	− 0. 002 *** (− 6. 401)
Yretnd		0. 001 (0. 387)		0. 001 (0. 395)	− 0. 002 (− 0. 537)	− 0. 121 *** (− 9. 000)	0. 001 (0. 274)	0. 001 (0. 273)
Top1		− 0. 024 *** (− 2. 633)		− 0. 021 ** (− 2. 286)	− 0. 121 *** (− 9. 012)	0. 009 ** (2. 061)	0. 119 *** (8. 610)	0. 116 *** (8. 444)
Dual		0. 002 (0. 555)		0. 001 (0. 464)	0. 009 ** (2. 068)	0. 073 ** (2. 251)	− 0. 006 (− 1. 383)	− 0. 006 (− 1. 337)
Indep		0. 029 (1. 296)		0. 033 (1. 485)	0. 072 ** (2. 220)	0. 027 *** (− 5. 768)	0. 094 *** (− 2. 806)	0. 097 *** (− 2. 907)
SOE		0. 000 (0. 005)		0. 001 (0. 173)	− 0. 027 *** (− 5. 693)	− 0. 002 *** (− 6. 481)	0. 020 *** (4. 222)	0. 020 *** (4. 164)

变量	(1)	(2)	(3)	(4)	(5)	(6)	(7)	(8)
	F. LDebt	F. LDebt	F. LDebt	F. LDebt	F. FDebt	F. FDebt	F. ODebt	F. ODebt
year	No	Yes	No	Yes	Yes	Yes	Yes	Yes
ind	No	Yes	No	Yes	Yes	Yes	Yes	Yes
_cons	0. 104 (66. 976)	0. 010 (0. 669)	0. 109 (69. 712)	0. 006 (0. 373)	0. 215 *** (9. 757)	0. 214 *** (9. 716)	0. 688 *** (30. 354)	0. 691 *** (30. 515)
N	12393	12393	12393	12393	12939	12939	12939	12939
adj. R^2	0. 034	0. 259	0. 016	0. 257	0. 235	0. 235	0. 207	0. 207
F	457. 713	135. 827	211. 581	134. 337	119. 269	119. 366	101. 549	101. 266

注: *** 、** 和 * 分别表示在1%、5%和10%的水平上显著。

四、内生性与稳健性检验

(一) PSM 处理样本自选择问题

企业参与精准扶贫可能并非是随机的,而是由某些特定的因素决定的。因此,为缓解样本自选择的问题,本章采取逐年一比一、无放回的倾向得分匹配法 (PSM) 对回归样本进行处理。本章参考魏志华等 (2014)、潘越等 (2019) 和邓博夫等 (2020) 的做法,从公司特征、市场表现、治理结构和所属行业层面的相关影响因素进行匹配,最终得到2183 个参与精准扶贫的样本企业以及2193 个未精准扶贫的样本企业。

表3-7 报告了平衡性检验结果,匹配后的变量标准化偏差均小于10%,且 t 检验结果不拒绝处理组与控制组无系统差异的原假设,说明匹配结果符合 PSM 平衡性假设。匹配样本回归结果如表3-8 所示,其中 lnFP 和 SpcFP 的回归系数均在不同显著水平上显著为正,与本章假设 H3-1a 和假设 H3-1c 的主回归结果一致。对于本章假设 H3-2 的重新回归检验结果,与本书主回归不同的是,经过 PSM 匹配以后,精准扶贫行为实施 lnFP 与金融性负债 FDebt 的回归系数为 0.003,且在 1% 的水平上显著为正,这与本章的假设 H3-2c 一致,证明企业增加精准扶贫投入,以更积极的方式参与精准扶贫,能够提升企业的金融性负债比率。表3-8 中解释变量的其他回归系数基本在 1% 的水平上显著,与主回归结果一致。

表 3 - 7　　　　　　　　　　内生性检验——PSM 平衡性检验结果

变量	匹配前（U）	均值		标准化偏差	t - test	
	匹配后（M）	实验组	控制组	（%）	t	P > |t|
Lev	U	0.460	0.404	27.7	13.59	0.000
	M	0.460	0.459	0.3	0.10	0.916
Size	U	13.736	12.786	69.2	36.11	0.000
	M	13.730	13.699	2.2	0.82	0.413
Age	U	12.796	9.526	42.2	20.79	0.000
	M	12.791	12.804	− 0.2	− 0.07	0.946
Roa	U	0.046	0.038	10.7	4.99	0.000
	M	0.046	0.047	− 1.2	− 0.54	0.590
Growth	U	0.176	0.202	− 6.1	− 2.91	0.004
	M	0.176	0.185	− 2.1	− 0.90	0.368
Fixed	U	0.245	0.186	36.0	18.59	0.000
	M	0.244	0.253	− 5.5	− 2.01	0.044
Libpay	U	0.186	0.196	− 3.4	− 1.60	0.110
	M	0.186	0.193	− 2.2	− 0.90	0.366
Offnum	U	1.987	1.465	7.9	4.14	0.000
	M	1.989	2.013	− 0.4	− 0.13	0.897
Yretnd	U	− 0.107	− 0.133	4.4	2.08	0.037
	M	− 0.107	− 0.121	2.4	1.02	0.309
Top1	U	0.362	0.326	24.2	12.25	0.000
	M	0.362	0.360	1.6	0.63	0.530
Dual	U	0.223	0.325	− 22.8	− 10.89	0.000
	M	0.224	0.227	− 0.8	− 0.36	0.720
Indep	U	0.377	0.378	− 2.1	− 1.03	0.305
	M	0.377	0.376	1.0	0.40	0.688
SOE	U	0.531	0.276	53.8	27.18	0.000
	M	0.530	0.528	0.5	0.20	0.842

表 3-8　内生性检验——PSM 匹配

变量	(1) F.lnDebt	(2) FLoan	(3) F.lnDebt	(4) FLoan	(5) F.LDebt	(6) F.FDebt	(7) F.ODebt	(8) F.LDebt	(9) F.FDebt	(10) F.ODebt
lnFP	0.172*** (5.740)	0.092*** (2.744)			0.006*** (7.352)	0.003*** (3.000)	-0.005*** (-4.608)			
SpcFP			1.010*** (3.582)	0.031** (2.503)				0.039*** (5.121)	0.028*** (2.679)	-0.036*** (-3.251)
Control	Yes	Yes	Yes	Yes	Yes	Yes	Yes	Yes	Yes	Yes
year	Yes	Yes	Yes	Yes	Yes	Yes	Yes	Yes	Yes	Yes
ind	Yes	Yes	Yes	Yes	Yes	Yes	Yes	Yes	Yes	Yes
_cons	9.712*** (11.258)	0.100*** (4.810)	9.623*** (11.100)	0.099*** (4.764)	0.032 (1.374)	0.257*** (8.036)	0.632*** (19.078)	0.030 (1.271)	0.254*** (7.916)	0.634*** (19.062)
N	4376	4376	4376	4376	4522	4522	4522	4522	4522	4522
adj. R^2	0.324	0.092	0.321	0.092	0.298	0.277	0.232	0.294	0.277	0.230
F	72.600	16.166	71.670	16.166	63.731	57.738	45.664	62.499	57.658	45.229

注：***、** 和 * 分别表示在 1%、5% 和 10% 的水平上显著。

（二）改变精准扶贫投入的衡量方式

由于不同规模的企业自身资源禀赋、自由资金等存在较大的差别，因此不同规模的企业在进行精准扶贫投入时，会考虑自身规模状况进行不同程度的精准扶贫投入，这也会使得不同规模的企业精准扶贫投入资金的绝对数差异较大。为消除这一影响，本章参考甄红线和王三法（2021）的做法，借鉴张敏等（2013）对企业慈善捐赠研究的定义，采用企业精准扶贫总投入乘 100 后占当年总资产的份额（TPA）对企业精准扶贫投入去规模化后进行稳健性检验。具体稳健性检验结果如表 3-9 所示。

表 3-9　　　　　　　　稳健性检验——改变精准扶贫投入的衡量方式

变量	(1)	(2)	(3)	(4)	(5)	(6)	(7)
	F. lnDebt	F. lnDebt	FLoan	FLoan	F. LDebt	F. FDebt	F. ODebt
TPA	1.513 *** (4.719)	2.186 *** (4.132)	0.024 *** (2.566)	0.022 *** (1.383)	0.141 *** (4.074)	0.037 * (1.705)	−0.094 * (−1.757)
Control	No	Yes	No	Yes	Yes	Yes	Yes
year	No	Yes	No	Yes	Yes	Yes	Yes
ind	No	Yes	No	Yes	Yes	Yes	Yes
_cons	18.019 *** (303.276)	11.086 *** (18.787)	0.001 *** (10.176)	0.150 *** (8.292)	0.002 (0.164)	0.214 *** (9.681)	0.693 *** (30.529)
N	12939	12939	12939	12939	12939	12939	12939
adj. R^2	0.018	0.297	0.333	0.094	0.256	0.235	0.206
F	216.852	166.799	25.483	40.509	133.583	119.228	100.798

注：*** 、** 和 * 分别表示在 1%、5% 和 10% 的水平上显著。

表 3-9 的回归结果显示，在去规模化后，企业精准扶贫投入（TPA）与不同的债务融资规模衡量变量 F. lnDebt 和 FLoan 仍在 1% 的水平上显著正相关，增加控制变量前后，回归系数分别为 1.513、2.186、0.024 和 0.022，这一结果表明本章表 3-5 对假设 H3-1a 的检验结果是稳健的。其中，除第（6）和第（7）列，TPA 的回归系数分别为 0.037 和 −0.094，相较于主回归结果，TPA 系数的显著性在一定程度上有所下降外，其他回归系数均在 1% 的显著水平上显著，且与主回归结果一致，可以认为，本章的主回归结论具有一定的稳健性。

第四节　进一步研究

一、企业精准扶贫的言行模式与债务融资规模结构

沈洪涛等（2014）和李哲等（2018）发现，企业在社会责任信息披露中存在着"言行不一"的情况，即企业社会责任投资与社会责任信息披露存在不一致的情况。本章在采用 Python 软件对企业精准扶贫信息披露进行文本信息提取后，在现有学者的研究基础上，进一步对企业的言行模式进行划分。参考李哲（2018）的做法，本章按照企业精准扶贫的"言"，即精准扶贫文本信息披露的信息含量 $SpcFP$，与企业精准扶贫的"行"，即企业精准扶贫投入 $\ln FP$，将参与精准扶贫的企业按照同年同行业的"言""行"均值进行划分，构造四象限矩阵（见图 3–1）。在进行矩阵划分后，本章将不同象限的样本进行行为模式的定义。当企业精准扶贫投入高于同年同行业均值时，定义为企业的"多行"，反之则为"寡行"；当企业精准扶贫文本信息含量高于同年同行业均值时，定义为企业的"多言"；反之则为"寡言"。在此情况下，本章构建企业精准扶贫言行模式哑变量："多言多行"（$mode1$）、"多言寡行"（$mode2$）、"寡言寡行"（$mode3$）和"寡言多行"（$mode4$）。

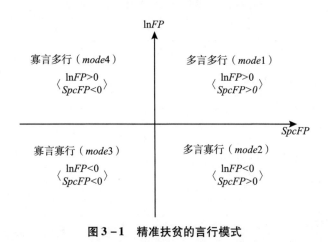

图 3–1　精准扶贫的言行模式

表 3–10 列示了企业精准扶贫不同的言行模式对企业债务融资规模的回归结

果。表 3-10 的第（1）列和第（4）列的结果显示，$mode1$、$mode4$ 与 $F. \ln Debt$ 的回归系数分别为 0.836 和 0.616，均在 1% 的水平上显著为正。这一结果说明，企业通过"多言多行"和"寡言多行"的言行模式能够提升企业的债务融资规模。相反，表 3-10 的第（2）列和第（3）列则出现了明显相反的结果，"多言寡行"（$mode2$）和"寡言寡行"（$mode3$）两种言行模式与债务融资规模的回归系数在 1% 的水平上显著为负，二者系数分别为 -0.602 和 -0.828。

分析以上回归结果，可以得出以下结论：第一，企业债务融资规模变化主要取决于企业精准扶贫的行为实施策略。上述回归结果表明，无论精准扶贫信息披露有效性高或者低（即"多言"或"寡言"），企业债务融资规模均会呈现增长的趋势；相反，在精准扶贫投入较少（即"寡行"）的前提下，提升精准扶贫文本信息披露的有效性并不能改变企业因为精准扶贫的"寡行"带来的负面效应。第二，精准扶贫信息披露的有效性能够改善不同精准扶贫行为实施策略对债务融资规模的影响。分别对比表 3-10 第（1）列和第（4）列，第（2）列和第（3）列的回归系数可以发现，"多言多行"（$mode1$）的回归系数高于"寡言多行"（$mode4$）的回归系数，也就是说，当企业积极地实施精准扶贫行为时，提升精准扶贫文本信息披露的有效性能帮助企业获取更高规模的债务融资；同时，"多言寡行"（$mode2$）的回归系数相较于"寡言寡行"（$mode3$）而言更接近于 0，也就是说，即便企业通过"寡行"的方式进行精准扶贫，提升企业精准扶贫文本信息的有效性，即"多言"，能够降低因为"寡行"造成的债务融资规模降低。

表 3-10　　　　　　　　　企业精准扶贫行为模式与债务融资规模

变量	（1）	（2）	（3）	（4）
	$F. \ln Debt$	$F. \ln Debt$	$F. \ln Debt$	$F. \ln Debt$
$mode1$（多言多行）	0.836 *** (4.153)			
$mode2$（多言寡行）		-0.602 *** (-3.081)		
$mode3$（寡言寡行）			-0.828 *** (-4.133)	
$mode4$（寡言多行）				0.616 *** (3.116)

续表

变量	(1)	(2)	(3)	(4)
	F. lnDebt	F. lnDebt	F. lnDebt	F. lnDebt
Control	Yes	Yes	Yes	Yes
year	Yes	Yes	Yes	Yes
ind	Yes	Yes	Yes	Yes
_cons	− 8.824 *** (− 7.253)	− 9.085 *** (− 7.476)	− 8.952 *** (− 7.401)	− 8.736 *** (− 7.151)
N	3061	3061	3061	3061
adj. R^2	0.386	0.388	0.387	0.386
F	61.766	61.375	61.757	61.386

注：***、**和*分别表示在1%、5%和10%的水平上显著。

另外，表3-11列示了不同企业精准扶贫行为模式对债务融资期限的回归结果。表3-11的第（1）列和第（4）列显示，mode1（多言多行）和mode4（寡言多行）的回归系数分别为0.026和0.014，且分别在1%和5%的水平上显著。而表3-11的第（2）列和第（3）列的结果则恰好相反，mode2（多言寡行）和mode3（寡言寡行）的回归系数分别为−0.026和−0.015，也分别在1%和5%的水平上显著。以上结果表明，企业通过寡言多行和多言多行的方式进行精准扶贫，能够帮助其在未来获得更多的长期债务融资。相反，企业就算增加精准扶贫文本信息披露的有效性，降低企业内外信息不对称程度，决定未来长期债务融资的因素仍侧重于企业精准扶贫的行为实施。换言之，企业精准扶贫文本信息披露，并非是改变企业债务融资的决定性因素，而更倾向于在精准扶贫行为实施与长期债务之间起到"锦上添花"的作用。

表3-11　　　　　　　　企业精准扶贫的言行模式与债务融资期限

变量	(1)	(2)	(3)	(4)
	F. LDebt	F. LDebt	F. LDebt	F. LDebt
mode1（多言多行）	0.026 *** (4.357)			
mode2（多言寡行）		− 0.026 *** (− 4.213)		

续表

变量	(1)	(2)	(3)	(4)
	F. LDebt	*F. LDebt*	*F. LDebt*	*F. LDebt*
mode3（寡言寡行）			-0.015 ** (-2.493)	
mode4（寡言多行）				0.014 ** (2.349)
Control	Yes	Yes	Yes	Yes
year	Yes	Yes	Yes	Yes
ind	Yes	Yes	Yes	Yes
_cons	0.110 *** (4.036)	0.128 *** (4.646)	0.117 *** (4.265)	0.112 *** (4.117)
N	3202	3202	3202	3202
adj. R^2	0.362	0.362	0.360	0.360
F	57.874	57.813	57.245	57.211

注：*** 、** 和 * 分别表示在 1%、5% 和 10% 的水平上显著。

表 3 - 12 报告了企业精准扶贫的言行模式与债务融资结构之间的关系。首先对比表 3 - 12 的第（1）列和第（2）列，对于金融性负债而言，只有多言多行（即 *mode*1）和多言寡行（即 *mode*2）两种言行模式会对其产生影响。具体而言，*mode*1 的回归系数为 0.017，在 5% 的水平上显著为正；*mode*2 的系数为 - 0.015，在 10% 的水平上显著。这就表示，"多言寡行"的企业精准扶贫言行模式会被债权人所摒弃，而"多言多行"会极大地增加债权人对企业的信任。正如本章理论分析中提到的，从精准扶贫行为实施的角度而言，企业能够通过精准扶贫行为带来"声誉提升"和"政策迎合"两种效应，进而降低债权人风险。进一步地，企业通过提升精准扶贫信息披露的有效性，即"多言"，在一定程度上缓解了精准扶贫行为上企业内外部信息的不对称。"寡行"的企业信息披露有效性越高，债权人了解到有关企业"寡行"的信息越多，越有可能认为企业精准扶贫行为仅仅是为了被迫完成扶贫任务，因此企业精准扶贫行为失去了在企业社会责任范畴下的企业"声誉提升"效应，从而被债权人所摒弃。反言之，信息有效披露为企业积极的精准扶贫实施行为带来了增量效用，结合本书第二章"企业精准扶贫行为实施—信息披露两阶段模型"，该增量效用在此得到了验证。更为重要的是，在"寡言"的前提下，企业精准扶贫行为实施的不同策略对企业金融性负债的规

模影响并不显著，更进一步证明了债权人对于混淆信息过多从而降低对企业行为实施状况的信任程度，突出了高效精准扶贫信息披露的必要性。

进一步地，观察表 3 – 12 的第（5）列和第（6）列，结合本章假设 H3 – 2c 和假设 H3 – 2d，经营性负债 $ODebt$ 结果与金融性负债 $FDebt$ 反向变化，$mode1$ 的回归系数为 – 0.020，$mode2$ 的回归系数为 0.019，均在 5% 的水平上显著，进一步证明企业精准扶贫投入越高，获得金融性负债比例越高，同时经营性负债会下降。

表 3 – 12 企业精准扶贫的言行模式与债务融资结构的关系

变量	(1)	(2)	(3)	(4)	(5)	(6)	(7)	(8)
	F. FDebt	F. FDebt	F. FDebt	F. FDebt	F. ODebt	F. ODebt	F. ODebt	F. ODebt
$mode1$ （多言多行）	0.017 ** (2.170)				– 0.020 ** (– 2.485)			
$mode2$ （多言寡行）		– 0.015 * (– 1.916)				0.019 ** (2.337)		
$mode3$ （寡言寡行）			– 0.004 (– 0.474)				0.010 (1.202)	
$mode4$ （寡言多行）				0.002 (0.197)				– 0.009 (– 1.046)
Control	Yes	Yes	Yes	Yes	Yes	Yes	Yes	Yes
year	Yes	Yes	Yes	Yes	Yes	Yes	Yes	Yes
ind	Yes	Yes	Yes	Yes	Yes	Yes	Yes	Yes
_cons	0.291 *** (8.108)	0.302 *** (8.321)	0.293 *** (8.137)	0.292 *** (8.128)	0.625 *** (16.759)	0.611 *** (16.221)	0.620 *** (16.567)	0.623 *** (16.698)
N	3202	3202	3202	3202	3202	3202	3202	3202
adj. R^2	0.317	0.317	0.316	0.316	0.252	0.252	0.251	0.251
F	47.412	47.364	47.205	47.196	34.775	34.745	34.575	34.561

注：*** 、** 和 * 分别表示在 1%、5% 和 10% 的水平上显著。

二、企业精准扶贫类型与债务融资规模结构

按照沪深两市交易所的指引，企业精准扶贫被分类为产业发展脱贫、转移就业脱贫、易地搬迁脱贫、教育扶贫、健康扶贫、生态保护扶贫、兜底保障、社会

扶贫和其他项目9类。邓博夫等（2020）认为，在不同种类的企业精准扶贫行为中，产业发展脱贫是效果最明显、持续时间最久、政府大力推崇的扶贫类型。并且不同于其他类型的扶贫，产业扶贫兼具社会责任的"慈善性"以及企业经营的"收益性"。因此，相较于其他形式的扶贫，产业扶贫将会受到债权人更多的关注。

表3-13报告了产业扶贫与非产业扶贫组精准扶贫行为实施与信息披露对债务融资规模影响的回归结果。一方面，对比第（1）列和第（2）列的回归结果发现，lnFP的回归系数分别为0.136和0.246，系数均在不同的水平上显著为正。并且组间差异系数均不显著。因此，企业精准扶贫行为实施提升未来融资规模不会因为企业精准扶贫的类别改变产生变化。另一方面，分析第（3）列和第（4）列中SpcFP的系数可以发现，在不同的组别之间差异系数均不明显，这一结果也说明，企业精准扶贫信息披露有效性的提升为企业带来的债务融资规模上升不会因为精准扶贫类型的不同而产生差异。

表 3 – 13　　　　　　　　　　企业精准扶贫的类型与债务融资规模

变量	（1）	（2）	（3）	（4）
	产业扶贫组	非产业扶贫组	产业扶贫组	非产业扶贫组
	F. lnDebt	F. lnDebt	F. lnDebt	F. lnDebt
lnFP	0.136 ** (2.576)	0.246 *** (3.060)		
SpcFP			1.841 * (1.670)	0.543 (0.594)
Control	Yes	Yes	Yes	Yes
year	Yes	Yes	Yes	Yes
ind	Yes	Yes	Yes	Yes
_cons	11.412 *** (10.989)	9.912 *** (5.133)	11.488 *** (10.735)	10.390 *** (5.298)
N	1706	1576	1706	1576
adj. R^2	0.347	0.379	0.345	0.375
F	29.358	30.986	29.072	30.516
组间差异系数	0.082		0.543	

注：***、**和*分别表示在1%、5%和10%的水平上显著。

　　表3-14的第（1）列和第（2）列显示，从精准扶贫行为实施角度来说，ln*FP*在产业扶贫组与非产业扶贫组对长期债务融资的回归系数分别为0.004和0.003，且显著为正。这一结果说明，对于企业精准扶贫投入方式，在精准扶贫行为实施方面，不会因为精准扶贫的类型不同而产生差异。但是表3-14的第（3）列和第（4）列中，产业扶贫组*SpcFP*的系数为0.048，在5%的水平上显著为正，相比而言，非产业扶贫组中*SpcFP*的回归系数并不显著。同时，组间差异检验显示，两组之间的组间差异系数为3.83，在10%的水平上显著，也就表示，企业通过产业扶贫的方式进行精准扶贫，并且以更高效的文本信息披露有关信息，能够比非产业扶贫的企业获取更高的长期债务融资。

表3-14　　　　　　　　企业精准扶贫的类型与债务融资期限

变量	(1)	(2)	(3)	(4)
	产业扶贫组	非产业扶贫组	产业扶贫组	非产业扶贫组
	F. LDebt	*F. LDebt*	*F. LDebt*	*F. LDebt*
ln*FP*	0.004 ** (1.987)	0.003 *** (3.734)		
SpcFP			0.048 ** (2.417)	0.002 (0.106)
Control	Yes	Yes	Yes	Yes
year	Yes	Yes	Yes	Yes
ind	Yes	Yes	Yes	Yes
_cons	0.145 *** (4.093)	0.008 (0.156)	0.130 *** (3.578)	0.015 (0.289)
N	1701	1567	1701	1567
adj. R^2	0.351	0.356	0.352	0.353
F	29.718	28.102	29.810	27.723
组间差异系数	0.71		3.83 *	

注：***、** 和 * 分别表示在1%、5%和10%的水平上显著。

　　相比于不同精准扶贫类型下，精准扶贫文本信息披露对企业债务期限带来的不同影响，表3-15的回归结果显示，金融性负债*FDebt*和经营性负债*ODebt*在不同精准扶贫类型下并没有出现显著的差异。因此，综上所示，不同的企业精准扶贫类型，对企业债务融资结构带来的差异性影响，仅存在于企业精准扶贫文本信息披露的有效性（$SpcFP$）与债务融资期限（$LDebt$）之间。

表 3 – 15　　　　　　　　企业精准扶贫的类型与债务融资结构

变量	（1）	（2）	（3）	（4）	（5）	（6）	（7）	（8）
	产业扶贫	非产业扶贫	产业扶贫	非产业扶贫	产业扶贫	非产业扶贫	产业扶贫	非产业扶贫
	F. FDebt	F. FDebt	F. FDebt	F. FDebt	F. ODebt	F. ODebt	F. ODebt	F. ODebt
lnFP	0.001 (0.385)	− 0.004 (− 1.228)			− 0.006 *** (− 2.586)	0.000 (0.091)		
SpcFP			0.068 *** (2.714)	0.021 (1.025)			− 0.076 *** (− 2.954)	0.002 (0.095)
Control	Yes	Yes	Yes	Yes	Yes	Yes	Yes	Yes
year	Yes	Yes	Yes	Yes	Yes	Yes	Yes	Yes
ind	Yes	Yes	Yes	Yes	Yes	Yes	Yes	Yes
_cons	0.385 *** (8.661)	0.104 (1.470)	0.355 *** (7.770)	0.086 (1.204)	0.599 *** (13.199)	0.673 *** (8.955)	0.621 *** (13.311)	0.672 *** (8.824)
N	1701	1567	1701	1567	1701	1567	1701	1567
adj. R^2	0.328	0.298	0.331	0.298	0.271	0.224	0.272	0.224
F	26.973	21.783	27.315	21.762	20.715	15.159	20.804	15.159
组间差异系数	1.55		2.11		2.75 *		5.61 **	

注：*** 、** 和 * 分别表示在1%、5%和10%的水平上显著。

三、产权性质、企业精准扶贫的言行与债务融资规模结构

相对于民营企业来说，国有企业如同一个基层的准行政组织，承担了政府发包的大量的行政和社会责任，导致国有企业存在更大的"政治迎合"倾向（周黎安，2008）。大量证据也表明政府干预影响着国有企业的行为，使得国有企业承担着政策性负担（林毅夫和李志赟，2004；Lin et al. , 1998）。现有文献研究发现国有企业会因政府干预而导致过度投资（程仲鸣等，2008；白俊和连立帅，2014；孙晓华和李明珊，2016）和冗余雇员（薛云奎和白云霞，2008；马连福等，2013；刘行，2016）。由于地方政府官员受到严格的精准扶贫成效考核，因此，地方政府很有可能驱动国有企业参与精准扶贫，承担社会职能。相较于民营

企业，国有企业更容易获得政府资源以及政府信用背书，使得国有企业债务融资更为容易。因此，国有企业精准扶贫更可能是出于承担社会职能的动机，而非获取更多债务融资的动机。

表 3-16 列示了不同产权性质下，精准扶贫行为实施以及信息披露对债务融资规模的回归结果。首先，针对企业精准扶贫行为实施与债务融资规模而言，表 3-16 的第（1）列和第（2）列 lnFP 的回归系数分别为 0.165 与 0.151，系数均在 1% 的水平上显著。组间差异检验系数为 0.108，表示无论是国有企业还是民营企业，提升精准扶贫资金投入，均能够显著帮助其提升债务融资的规模，且这一效果不会因为产权性质的不同发生改变。同理，精准扶贫信息披露有效性的回归系数如表 3-16 的第（3）列和第（4）列所示，分别为 1.098 和 0.942，且均在 1% 的水平上显著为正，组间差异系数依旧不显著。以上结果充分说明，企业精准扶贫的行为实施与信息披露对企业债务融资规模提升的影响具有"公平性"，不同产权性质的企业在这一效应上不会出现明显的不同效果。

表 3-16　　　　　产权性质、企业精准扶贫的言行与债务融资规模

变量	（1）	（2）	（3）	（4）
	国有企业	民营企业	国有企业	民营企业
	F. ln$Debt$	F. ln$Debt$	F. ln$Debt$	F. ln$Debt$
lnFP	0.165 *** (5.071)	0.151 *** (4.557)		
$SpcFP$			1.098 *** (3.360)	0.942 *** (3.053)
$Control$	Yes	Yes	Yes	Yes
$year$	Yes	Yes	Yes	Yes
ind	Yes	Yes	Yes	Yes
_cons	10.381 *** (12.509)	11.197 *** (13.751)	10.086 *** (12.153)	11.208 *** (13.756)
N	4393	8546	4393	8546
adj. R^2	0.321	0.286	0.319	0.285
F	70.342	107.954	69.633	107.452
组间差异系数	0.108		0.132	

注：*** 、** 和 * 分别表示在 1%、5% 和 10% 的水平上显著。

表 3 - 17 报告了按照产权性质分组后，企业精准扶贫的言行与债务融资期限的回归结果。其中，第 (1) 列和第 (2) 列显示，lnFP 的回归系数均为 0.002，且均在 5% 的水平上显著为正，组间差异系数为 0.14。也就是说，不同产权性质下，企业精准扶贫投入的提升均能帮助企业在未来获得更多的长期债务融资。另外，在表 3 - 17 的第 (3) 列和第 (4) 列中 $SpcFP$ 的回归系数分别为 0.026 和 0.013，且分别在 1% 和 10% 的水平上显著。进一步而言，组间差异系数为 1.02。说明无论是国有企业还是民营企业，企业提升精准扶贫文本信息披露的有效性，都能帮助企业提升未来的长期债务融资规模。总而言之，不管是企业精准扶贫行为实施，抑或是企业精准扶贫文本信息有效性提升，对企业长期债务带来的影响并不会因为产权性质的不同产生显著的差异。

表 3 - 17　　　　　　　产权性质、企业精准扶贫的言行与债务融资期限

变量	(1)	(2)	(3)	(4)
	国有企业	民营企业	国有企业	民营企业
	$F. LDebt$	$F. LDebt$	$F. LDebt$	$F. LDebt$
lnFP	0.002 ** (2.195)	0.002 ** (2.075)		
$SpcFP$			0.026 *** (2.732)	0.013 * (1.848)
$Control$	Yes	Yes	Yes	Yes
$year$	Yes	Yes	Yes	Yes
ind	Yes	Yes	Yes	Yes
$\_cons$	-0.192 *** (-6.349)	-0.294 *** (-11.159)	-0.201 *** (-6.860)	-0.298 *** (-11.400)
N	4334	8365	4334	8365
adj. R^2	0.398	0.172	0.398	0.172
F	93.278	53.631	93.421	53.598
组间差异系数	0.14		1.02	

注：*** 、** 和 * 分别表示在 1% 、5% 和 10% 的水平上显著。

对于金融性负债，表 3 - 18 的第 (3) 列显示，仅国有企业精准扶贫文本信息有效性 $SpcFP$ 的回归系数在 10% 的水平上显著，具体值为 0.024，而民营企业

SpcFP 的回归系数并不显著。但组间差异检验结果显示，国有企业与民营企业组 *SpcFP* 的组间差异系数仅为 0.30。这也证明，即使国有企业与民营企业 *SpcFP* 的系数在显著水平上有所不同，也不能说明国有企业精准扶贫信息披露的有效性在提升企业金融性负债比率上比民营企业更为显著。而针对其他被解释变量，回归系数与主回归基本一致，且组间差异检验系数均不显著，说明不同产权性质对本章主回归的结果并不能产生差异性的影响。

表 3 – 18　　　　　产权性质、企业精准扶贫的言行与债务融资结构

变量	(1)	(2)	(3)	(4)	(5)	(6)	(7)	(8)
	国有企业	民营企业	国有企业	民营企业	国有企业	民营企业	国有企业	民营企业
	F. FDebt	*F. FDebt*	*F. FDebt*	*F. FDebt*	*F. ODebt*	*F. ODebt*	*F. ODebt*	*F. ODebt*
ln*FP*	0.001 (0.718)	0.002 (1.607)			−0.005 *** (−3.879)	−0.004 *** (−3.040)		
SpcFP			0.024 * (1.947)	0.015 (1.351)			−0.040 *** (−3.083)	−0.030 *** (−2.580)
Control	Yes	Yes	Yes	Yes	Yes	Yes	Yes	Yes
year	Yes	Yes	Yes	Yes	Yes	Yes	Yes	Yes
ind	Yes	Yes	Yes	Yes	Yes	Yes	Yes	Yes
_*cons*	0.265 *** (8.327)	0.160 *** (5.296)	0.262 *** (8.263)	0.160 *** (5.297)	0.670 *** (20.058)	0.720 *** (23.378)	0.679 *** (20.365)	0.720 *** (23.372)
N	4334	8365	4334	8365	4334	8365	4334	8365
adj. R^2	0.338	0.195	0.339	0.195	0.290	0.170	0.289	0.170
F	74.818	64.176	74.984	64.146	60.083	54.471	59.822	54.374
组间差异系数	0.43		0.30		0.57		0.40	

注：*** 、** 和 * 分别表示在 1%、5% 和 10% 的水平上显著。

四、房地产企业精准扶贫的言行与债务融资规模结构

近几年，房地产市场严重的区域分化给经济社会带来了严重的不良影响，也为我国经济结构调整带来了困难与阻碍，房地产企业的融资结构调整无疑成为中国经济结构调整的关键因素（刘东姝，2017）。

房地产市场具有投资与消费的双重属性，房地产业是典型的资金密集型产

业。房地产业的开发、经营、管理和服务都需要国家和银行的支持，与银行借贷密切相关。因此，房地产企业的偿债能力与盈利能力关乎于银行业与中国金融系统的稳定发展。房地产业的波动，一方面，会导致房地产贷款的质量下降；另一方面，增加了银行贷款风险，增加了银行成本，影响银行资产的安全，留下许多安全隐患。因此，房地产企业的经营绩效对于中国金融系统的稳定发展至关重要（康俊，2017）。

随着房地产上市公司盈利放缓、盈利能力下降情况的出现，房地产企业大规模举债而导致企业资产负债率普遍上升。根据 2018 年世界房地产前 100 家企业年度报告数据分析，世界房地产前 100 家企业平均资产负债率高达 84% 以上，远远超过了高负债企业的水平。而现阶段普通上市企业的资产负债率大约在 50% ~ 70% 之间，这个资产负债率的水平远远高于正常水平（刘玉和盛宇华，2018）。

从整体房地产上市公司融资结构上来说，众多文献集中于研究房地产债务融资对偿债能力的影响。我国学者认为负债融资可以提高企业的偿债能力，西方学者认为负债融资与偿债能力负相关。这是由于东西方资本市场发展程度不同，债务融资发挥的公司治理效应也不同。以沪市 100 家上市公司为样本研究负债融资结构对企业偿债能力的影响表明，不同的负债期限结构对公司偿债能力的影响均起到负面效应，不同的债务类型表现出对偿债能力产生较显著的负面影响。有学者研究在紧缩性货币政策下，负债融资与国有企业绩效呈正相关。

本章按照《中国证监会上市公司行业分类指引》（2012 年修订）中的行业分类，选取了沪深两市 A 股主板上市公司中的主营业务为房地产业的上市企业为研究样本，在样本的选取过程中剔除了：（1）在 2011 ~ 2016 年被特殊处理（ST）、特殊转移（PT）的企业；（2）管理者个人特征、财务数据指标缺失的样本企业；（3）数据异常的企业。样本所涉及的财务数据、公司数据均来自 CS-MAR 数据库。

表 3 - 19 显示了房地产企业与非房地产企业精准扶贫的言行分别对其债务融资规模产生的影响。从精准扶贫的行为实施层面而言，表 3 - 19 的第（1）列和第（2）列显示，房地产企业 $\ln FP$ 的回归系数为 0.200，非房地产企业的系数为 0.168，且均在 1% 的水平上显著。也就是说，无论企业是否属于房地产行业，提升企业精准扶贫投入均能帮助企业获取更大规模的债务融资，且组间差异系数为 0.567，说明不同组别之间的显著性差距并不明显。同样的结果也在企业精准扶贫信息披露有效性上得到了反映。表 3 - 19 的第（3）列和第（4）列显示，$SpcFP$ 的回归系数分别为 1.462 和 1.033，均显著为正。因此，无论是否为房地产企业，提升企业精准扶贫信息披露的有效性均能提升企业债务融资规模。

表 3 – 19 房地产企业精准扶贫的言行与债务融资规模

变量	(1) 房地产企业 F. ln*Debt*	(2) 非房地产企业 F. ln*Debt*	(3) 房地产企业 F. ln*Debt*	(4) 非房地产企业 F. ln*Debt*
ln*FP*	0.200 *** (3.195)	0.168 *** (6.048)		
SpcFP			1.462 ** (2.190)	1.033 *** (4.022)
Control	Yes	Yes	Yes	Yes
year	Yes	Yes	Yes	Yes
ind	No	No	No	No
_cons	8.831 *** (3.514)	11.498 *** (19.017)	8.366 *** (3.319)	11.393 *** (18.832)
N	699	12240	699	12240
adj. R^2	0.390	0.289	0.385	0.287
F	24.451	151.465	23.979	150.596
组间差异系数	0.567		0.497	

注: ***、**和*分别表示在1%、5%和10%的水平上显著。

从企业长期债务融资的角度而言,表3–20的结果反映了房地产企业与非房地产企业精准扶贫的言行对长期债务融资影响的差异。一方面,房地产企业提升企业精准扶贫投入与长期债务融资的回归系数为0.002,并不显著;另一方面,非房地产企业 ln*FP* 的回归系数为0.003,且在5%的水平上显著为正,且组间差异检验系数为3.568,同样在5%的水平上显著。上述回归结果说明,即便精准扶贫投入对企业债务融资规模的影响在房地产与非房地产企业之间差异并不显著,但对于风险更高的房地产企业而言,债权人对这一风险的判断结果反映在债务融资的结构中。非房地产企业能够通过提升精准扶贫投入,释放企业经营状况良好和社会责任履行优秀的信号,改善债权人对企业的风险评价,从而获取更多的、风险补偿更高的长期债务融资。相反,对于房地产企业而言,由于高风险的特质,精准扶贫投入提升并不能作为改善企业风险评价的工具,用以帮助房地产企业获得更多的长期债务融资。这一解释通过企业精准扶贫信息披露的回归结果能够得到佐证。表3–20的第(3)列和第(4)列回归结果显示,房地产企业

SpcFP 的回归系数为 0.260，而非房地产企业 *SpcFP* 的回归系数为 0.191，且在 1% 的水平上显著。同时，组间差异检验系数为 2.841，在 10% 的水平上显著。回归结果表明，房地产企业通过企业精准扶贫信息披露有效性改善企业内外信息不对称，改善债权人对企业风险的评价，提升债权人信息，以获取更多的长期债务融资的目的并不能实现。综上所述，对于高风险的房地产企业，精准扶贫言行的工具效应并不存在，债权人对房地产企业的风险判断难以通过企业精准扶贫相关的措施而改变。

表 3 - 20　　　　　　　房地产企业精准扶贫的言行与债务融资结构

变量	(1)	(2)	(3)	(4)
	房地产企业	非房地产企业	房地产企业	非房地产企业
	F. LDebt	*F. LDebt*	*F. LDebt*	*F. LDebt*
ln*FP*	0.002 (0.842)	0.003 ** (2.014)		
SpcFP			0.260 (0.971)	0.191 *** (3.063)
Control	Yes	Yes	Yes	Yes
year	Yes	Yes	Yes	Yes
ind	No	No	No	No
_cons	- 0.257 ** (- 2.493)	- 0.260 *** (- 12.980)	- 0.258 *** (- 2.585)	- 0.265 *** (- 13.425)
N	685	12013	685	12013
adj. R^2	0.215	0.275	0.215	0.275
F	10.847	138.796	10.848	138.873
组间差异系数	3.568 **		2.841 *	

注：***、** 和 * 分别表示在 1%、5% 和 10% 的水平上显著。

　　表 3 - 21 显示了企业金融负债和经营性负债相关的回归结果。值得注意的是，一方面，在企业精准扶贫行为实施的维度，房地产企业 ln*FP* 的回归系数并不显著，但非房地产企业的回归系数为 0.002 且显著为正。组间差异检验表明，两组之间虽然在回归系数上显著性差别明显，但是组间差异系数的差别并不显著。另一方面，从企业精准扶贫信息披露的维度而言，表 3 - 21 的第 (7) 列和

第（8）列显示，房地产企业和非房地产企业 $SpcFP$ 分别为 -0.009 和 -0.039，且只有非房地产企业的回归系数在 1% 的水平上显著，但组间差异系数同样不显著。也就是说，在金融性负债和经营性负债的结构上，房地产与非房地产企业的债务融资结构差异并不显著。

表 3-21　　　　　　　房地产企业精准扶贫的言行与债务融资结构

变量	(1)	(2)	(3)	(4)	(5)	(6)	(7)	(8)
	房地产企业	非房地产企业	房地产企业	非房地产企业	房地产企业	非房地产企业	房地产企业	非房地产企业
	$F.\ FDebt$	$F.\ FDebt$	$F.\ FDebt$	$F.\ FDebt$	$F.\ ODebt$	$F.\ ODebt$	$F.\ ODebt$	$F.\ ODebt$
$\ln FP$	0.001 (0.718)	0.002*** (2.934)			-0.006** (-2.114)	-0.005*** (-5.708)		
$SpcFP$			0.136 (0.482)	0.024** (2.733)			-0.009 (-0.287)	-0.039*** (-4.232)
$Control$	Yes	Yes	Yes	Yes	Yes	Yes	Yes	Yes
$year$	Yes	Yes	Yes	Yes	Yes	Yes	Yes	Yes
ind	No	No	No	No	No	No	No	No
$\_cons$	0.265*** (8.327)	0.160*** (5.296)	0.262*** (8.263)	0.160*** (5.297)	0.670*** (20.058)	0.720*** (23.378)	0.679*** (20.365)	0.720*** (23.372)
N	4334	8365	4334	8365	4334	8365	4334	8365
$adj.\ R^2$	0.338	0.195	0.339	0.195	0.290	0.170	0.289	0.170
F	74.818	64.176	74.984	64.146	60.083	54.471	59.822	54.374
组间差异系数	1.742		1.954		0.103		0.801	

注：***、** 和 * 分别表示在 1%、5% 和 10% 的水平上显著。

本 章 小 结

本章以 2016~2019 年我国 A 股非金融类上市公司为研究样本，研究企业精准扶贫的"行"（即企业精准扶贫投入）和"言"（即企业精准扶贫文本信息披露有效性）对企业债务融资规模、期限和结构的影响。研究发现：首先，企业精准扶贫投入越多，表示企业更加积极地参与精准扶贫，其未来债务融资规模和长期负债会相应提升；其次，企业越高效地进行精准扶贫文本信息披露，未来债务融资规模的增长越高、金融性负债获取的能力越强，而与此同时，经营性负债的融资比例相对有所下降，以帮助企业平衡债务结构风险；再次，进一步研究表明，针对不同的企业精准扶贫言行模式而言（包括"多言多行""多言寡行""寡言多行"和"寡言寡行"四种不同的模式），债权人在债务融资规模决策上更加关注企业精准扶贫的行为实施，"多行"的模式更受债权人青睐。同时，提升精准扶贫信息披露有效性，即"多言"，能够帮助企业提高由"多行"带来的债务融资规模提升效应，降低由"寡行"造成的企业债务融资规模下降程度。同时，"多言多行"和"寡言多行"的企业能够显著提升长期债务的规模。另外，精准扶贫信息披露的有效性，决定了企业的金融性融资的水平。"多言多行"和"多言寡行"的企业能够提升企业金融性融资的获取水平，而在企业"寡言"的情况下，企业金融性融资的水平会有所下降。最后，精准扶贫的行为实施与信息披露对债务融资规模和结构的影响不会随着企业产权性质的不同发生改变。然而，精准扶贫信息披露的有效性对产业扶贫的企业在长期债务融资的获取上能够起到比非产业扶贫企业更为显著的促进作用；从长短期债务而言，非房地产企业精准扶贫投入越大，精准扶贫文本信息披露有效性越高，企业获得的长期贷款越多，但从其他债务结构层面而言，房地产企业与非房地产企业差异并不明显。

第四章

企业精准扶贫的言行与债务融资成本

在第二章理论模型推导的指导下，本书已经验证了企业精准扶贫的言行对债务融资规模和债务融资结构的影响，其中，成本更高的长期债务会随着企业精准扶贫投入提升和文本信息披露有效性的提升而增加。那么进一步而言，企业精准扶贫的行为实施与信息披露会对企业整体的债务融资成本产生什么样的影响？为探究这一问题，本章采用 2016～2019 年我国非金融类上市公司为研究样本，对企业精准扶贫的言行对债务融资成本的影响进行分析。

本章的研究内容如下：首先，明确研究对象，将银行作为信息接收者，讨论精准扶贫信息披露对银行的影响，从而说明精准扶贫信息披露与企业债务融资成本之间的逻辑关系；其次，构建银行—企业博弈框架，采用博弈模型推导银行、企业多方稳定策略均衡点，并通过均衡点的变化提出实证研究的假设；最后，通过 Python Stanford 软件模块构建企业精准扶贫文本信息有效性参数，采用实证研究的方法，对假设进行检验。

第一节　模型求解与研究假设

一、决策框架

本章主要观测参与精准扶贫的企业与银行之间的行为互动过程（见图 4 - 1）。中国人民银行制定了相应的贷款基准利率，而实际合同利率可参照该值进行适当调整。本书认为，企业扶贫的积极程度是银行调节贷款利率的重要依据。首先，企业社会责任反映了企业高管的道德水平，具有较高道德水平的企业管理层做出贷款违约决策的可能性更低。因此，从违约风险的角度来看，高质量的企业精准扶贫行为能够降低银行的调查成本。其次，扶贫收益中的政府支持隐含了政府对企业的信用背书，这一收益也能帮助银行增强对企业的信任，降低贷款的调查成本。最后，当企业以更高的信息含量去披露精准扶贫相关信息时，通常会因为不同行为实施高质量信息披露的信息更迭，付出更高的信息披露成本。高效的信息披露能够帮助银企之间缓解信息不对称，从而降低银行对于贷款的调查成本。最终，调查成本的降低，结合银行帮助为精准扶贫企业提供便利的附加收益决定了银行对企业发放贷款的利率选择。

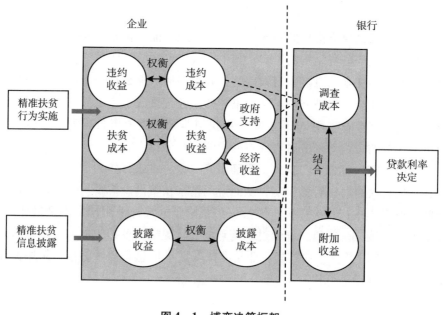

图 4 - 1　博弈决策框架

二、模型假设

假设1：假设参与精准扶贫的企业和银行为决策主体，决策双方均是有限理性，仅追求自身利益最大化，对方的收益状况不会影响自身决策。

假设2：参考本书第二章的分析，假设参与精准扶贫的企业积极扶贫和消极扶贫的概率分别为 x 和 $1-x$。[①] 扶贫信息披露的有效性为 Ω，假设 Ω 的取值范围

---

① 此处的积极与消极概率与本书第二章中信息披露决策阶段的概率调整分析一致。即：$x = \dfrac{1}{2+2\theta} + \dfrac{1-P}{4-2P-2\theta P}$；$(1-x) = \dfrac{1-\theta P}{4-2P-2\theta P} + \times \dfrac{\theta}{2+2\theta}$。

在 0~1 之间。取值越大，企业的精准扶贫信息披露的有效性越高。银行发放低利率贷款和高利率贷款的概率分别为 y 和 $1-y$。

三、模型变量及定义

（一）与扶贫企业收益相关的变量

企业精准扶贫投资 I。参考林艳丽和杨童舒（2020）、付江月和陈刚（2018），闫东东和付华（2015）的研究，本章假设上市公司的项目投入为 I。

企业精准扶贫投资的经济收益 R。结合本书第二章的参数假设，此处采用 R 来衡量企业精准扶贫的经济收益。

企业精准扶贫信息披露成本 C。结合本书第二章的参数假设，企业进行经营活动的信息披露，需要投入一定的人力、物力与财力，这类成本本书采用信息披露成本 C 作为参数。

政府支持 G。此处延续本书第二章参数假设中的政府支持参数 G。

企业形象提升 F。参考林艳丽等（2020）的研究，企业参与精准扶贫这一具有公益性质的社会责任活动中，将会受到社会广泛认可，企业形象提升 F 可帮助企业获得投资者与消费者好感，从而带来附加收益。

企业精准扶贫策略系数 μ。当企业采用不同的策略参与精准扶贫时，投入与经济收益将会出现不同程度的改变。龙文滨等（2018）在分析企业环境表现时，将环境收益内化为与产量正相关的函数。为便于分析，本章将策略效果以系数 μ 的形式体现。当企业选择消极扶贫时，企业会降低扶贫项目的投入，此时投资和收益分别为 μI 和 μU（$0 < \mu < 1$）。同时，政策收益、形象提升以及银行贷款规模均会受到该因素的影响。

企业贷款利息支出 W。若企业获得高利率贷款时，需付出利息支出 W，若企业获得低利率贷款时，利息支出为 βW，其中 β 为低利率和高利率之比（$0 < \beta < 1$）。

企业贷款挪用收益 D。当企业获得银行大力支持（即获得低利率贷款时），仍选择消极扶贫，相应的款项被用于其他项目会给企业带来额外收益 D。

企业惩罚风险 γ。当企业挪用银行贷款时，面临着被惩治的风险。假设企业挪用扶贫专款被发现的概率为 γ，罚金为 P，理论上 γP 需大于 D，才能强制企业遵循专款专用的原则。

企业精准扶贫信息披露效率系数 Ω。虽然证券交易所强制要求上市公司披露扶贫行为的履行情况，但并未强制统一披露文本信息内容标准。因此，企业可自愿选择信息披露的程度，此时需对上述部分变量的取值进行调整。基于信号传递理论可知，企业政策收益程度以及形象提升幅度均与 Ω 正相关。因此，企业积极扶贫时，实际的政策收益和形象提升应调整为 ΩG 和 ΩF；消极扶贫时，其值应为 $\mu\Omega G$ 和 $\mu\Omega F$。当企业信息披露意愿较低时，披露中的有效信息含量降低，此时企业积极扶贫和消极扶贫的信息披露成本应分别调整为 ΩC 和 $\mu\Omega C$。

（二）与银行收益相关的变量

银行利息收益 W。银行的利息收入受到贷款规模和利率影响。由前文可知，企业积极扶贫时，即贷款需求更大时，银行发放高利率和低利率贷款的利息收入分别为 W 和 βW；当企业消极扶贫时，贷款规模降低，银行的利息收入分别为 μW 和 $\mu\beta W$。

银行调查成本 S。参考叶莉和房颖（2020）的研究，银行为了调查企业的经营状况和专款专用使用情况需对企业进行调查。当企业的贷款金额越大或者信息披露越模糊时，银行需付出更多的人力。假设企业积极扶贫时银行的调查成本为 S/Ω，则企业消极扶贫时银行的调查成本为 $\mu S/\Omega$。

银行附加收益 M。当银行向积极扶贫的企业发放低利率贷款时，银行可获得公信力的提升 M_1，企业信息披露程度越高，该信号的传递速度越快。因此，该变量应调整为 ΩM_1。而无论是银行向积极扶贫的企业发放高利率贷款，还是向消极扶贫的企业发放低利率贷款，银行的公信力均会受到不同程度的下降，该现象分别用 ΩM_2 及 ΩM_3 表示。为了遏制银行的此类行为，ΩM_2 需大于 W，ΩM_3 需大于 $\mu\beta W$。

四、模型推导与研究假设

根据以上参数假设，很容易就能得到企业与银行在各个不同策略下的收益矩阵[①]，如表 4 - 1 所示。

表 4 - 1 企业与银行收益矩阵

项目		银行	
		低利率	高利率
企业精准扶贫决策	积极	$R + \Omega G + \Omega F - I - \Omega C - \beta W$ $\beta W + \Omega M_1 - S/\Omega$	$R + \Omega G + \Omega F - I - \Omega C - W$ $W - S/\Omega - \Omega M_2$

---

① 收益矩阵中，每个策略组合中，上方表示企业的收益，下方表示银行的收益。

续表

项目		银行	
		低利率	高利率
企业精准扶贫决策	消极	$\mu R + \mu\Omega G + \mu\Omega F + D - \mu I - \mu\Omega C - \mu\beta W - \gamma P$ $\mu\beta W - \mu S/\Omega - \Omega M_3$	$\mu R + \mu\Omega G + \mu\Omega F - \mu I - \mu\Omega C - \mu W$ $\mu W - \mu S/\Omega$

令企业选择积极扶贫和消极扶贫时的期望收益分别为 E_{11}、E_{12}，企业选择混合策略时的平均期望收益为 E_1。由表 4-1 可知：

$$
\begin{aligned}
E_{11} &= y(R + \Omega G + \Omega F - I - \Omega C - \beta W) + (1 - y)(R + \Omega G + \Omega F - I - \Omega C - W) \\
&= R + \Omega G + \Omega F - I - \Omega C - W + y(W - \beta W)
\end{aligned}
$$

$$
\begin{aligned}
E_{12} &= y(\mu R + \mu\Omega G + \mu\Omega F + D - \mu I - \mu\Omega C - \mu\beta W - \gamma P) + (1 - y)(\mu R \\
&\quad + \mu\Omega G + \mu\Omega F - \mu I - \mu\Omega C - \mu W) = \mu(R + \Omega G + \Omega F - I - \Omega C - W) \\
&\quad + y(D - \gamma P + \mu W - \mu\beta W)
\end{aligned}
$$

$$
\begin{aligned}
E_1 &= xE_{11} + (1 - x)E_{12} = x[R + \Omega G + \Omega F - I - \Omega C - W + y(W - \beta W)] \\
&\quad + (1 - x)[\mu(R + \Omega G + \Omega F - I - \Omega C - W) + y(D - \gamma P + \mu W - \mu\beta W)] \\
&= \mu(R + \Omega G + \Omega F - I - \Omega C - W) + y(D - \theta P + \mu W - \mu\beta W) \\
&\quad + x(1 - \mu)(R + \Omega G + \Omega F - I - \Omega C - W) + xy[\theta P - D + W(1 - \beta)(1 - \mu)]
\end{aligned}
$$

企业的复制动态方程为：

$$
\begin{aligned}
F(x) &= \mathrm{d}x/\mathrm{d}t = x(E_{11} - E_1) = x(1 - x)(E_{11} - E_{12}) = x(1 - x)\{(1 - \mu)(R \\
&\quad + \Omega G + \Omega F - I - \Omega C - W) + y[R(1 - \beta)(1 - \mu) + \gamma P - D]\}
\end{aligned}
$$

$$
\begin{aligned}
\partial F(x)/\partial x &= (1 - 2x)\Big\{(1 - \mu)(R + \Omega G + \Omega F - I - \Omega C - W) \\
&\quad + y\Big[\begin{array}{l} R(1 - \beta)(1 - \mu) \\ + \gamma P - D \end{array}\Big]\Big\}
\end{aligned}
$$

当企业的策略达到均衡时，需满足以下条件：

$$
\begin{cases} F(x) = 0 \\ \partial F(x)/\partial x < 0 \end{cases}
$$

当 $R + \Omega G + \Omega F - I - \Omega C - W > 0$ 时，$y = y^* = (\mu - 1)(R + \Omega G + \Omega F - I - \Omega C - W)/[R(1 - \beta)(1 - \mu) + \gamma P - D]$ 恒小于 0，此时 E_{11} 恒大于 E_{12}，企业只会选择积极扶贫。当银行发放高利率贷款时，企业的两种策略均可获得正向收益，但企业会倾向采用积极扶贫的策略。

当 $R + \Omega G + \Omega F - I - \Omega C - W < 0$，若 $y = y^*$，$F(x) \equiv 0$，此时所有的 x 均为

稳定状态，企业的扶贫倾向不会因时间而改变，只会延续既定策略。若 $0 < y < y^*$，$\partial F(x)/\partial x \big|_{x=0} < 0$，$\partial F(x)/\partial x \big|_{x=1} > 0$，此时 $x=0$ 为稳定点，企业演化稳定策略将是消极扶贫。若 $0 < y^* < y$，$\partial F(x)/\partial x \big|_{x=0} > 0$，$\partial F(x)/\partial x \big|_{x=1} < 0$，此时 $x=1$ 为稳定点，企业演化的稳定策略是积极扶贫。

通过上述分析，可得出以下四点结论：

（1）政策对于企业扶贫支持力度越大（即 G 越大），企业越倾向在下一期采用积极的策略扶贫；

（2）银行贷款的低利率与高利率数值差额越大，企业越倾向积极扶贫；

（3）当企业利用低利率贷款从事扶贫以外的事项获得的收益远小于期望受到的惩罚时，企业更倾向积极扶贫；

（4）企业下一期的精准扶贫投入策略受到信息披露程度的影响。

令银行选择发放低利率贷款和高利率贷款时的期望收益分别为 E_{21}、E_{22}，银行选择混合策略时的平均期望收益为 E_2，由表 4-1 可知：

$$E_{21} = x(\beta W + \Omega M_1 - S/\Omega) + (1-x)(\mu\beta W - \mu S/\Omega - \Omega M_3) = \mu\beta W - \mu S/\Omega$$
$$- \Omega M_3 + x(\beta W - \mu\beta W + \mu S/\Omega - S/\Omega + \Omega M_1 + \Omega M_3)$$

$$E_{22} = x(W - S/\Omega - \Omega M_2) + (1-x)(\mu W - \mu S/\Omega) = \mu W - \mu S/\Omega + x(W - \mu W$$
$$+ \mu S/\Omega - S/\Omega - \Omega M_2)$$

$$E_2 = yE_{21} + (1-y)E_{22} = y[\mu\alpha R - \mu S/\lambda - \lambda M_3 + x(\alpha R - \mu\alpha R + \mu S/\lambda - S/\lambda$$
$$+ \lambda M_1 + \lambda M_3)] + (1-y)[\mu R - \mu S/\lambda + x(R - \mu R + \mu S/\lambda - S/\lambda - \lambda M_2)]$$
$$= \mu R - \mu S/\lambda + x(R - \mu R + \mu S/\lambda - S/\lambda - \lambda M_2) + y(\mu\alpha R - \mu R - \lambda M_3)$$
$$+ xy[R(1-\mu)(\alpha-1) + \lambda(M_1 + M_2 + M_3)]$$

银行的复制动态方程为：

$$F(y) = \frac{dy}{dt} = y(E_{21} - E_2) = y(1-y)(E_{21} - E_{22}) = y(1-y)\{\mu W(\beta-1)$$
$$- \Omega M_3 + x[\Omega(M_1 + M_2 + M_3) - R(1-\beta)(1-\mu)]\}$$

$$\partial F(y)\partial y = (1-2y)\{\mu W(\beta-1) - \Omega M_3 + x[\Omega(M_1 + M_2 + M_3)$$
$$- R(1-\beta)(1-\mu)]\}$$

当银行的策略达到均衡时，需满足以下条件：

$$\begin{cases} F(y) = 0 \\ \partial F(y)/\partial y < 0 \end{cases}$$

当 $x = x^* = [\Omega M_3 + \mu W(1-\beta)]/[\Omega(M_1 + M_2 + M_3) - R(1-\beta)(1-\mu)]$ 时，$F(y) \equiv 0$，此时所有的 y 均为稳定状态，银行发放贷款的倾向不会因时间而改变。若 $0 < x < x^*$，$\partial F(y)/\partial y \big|_{y=0} > 0$，$\partial F(y)/\partial y \big|_{y=1} < 0$，此时 $y=0$ 为稳定点，

银行将选择发放高利率贷款。若 $0 < x^* < x$，$\partial F(y)/\partial y\big|_{y=0} > 0$，$\partial F(y)/\partial y\big|_{y=1} < 0$，此时 $y = 1$ 为稳定点，银行将选择发放低利率贷款。

通过上述分析，可得出以下结论：

（1）当企业对于扶贫信息披露的有效性较高时，银行更倾向发放低利率贷款；

（2）当企业选择积极扶贫策略时，扶贫行为实施的覆盖面越大，银行越倾向发放低利率贷款；

（3）当银行对参与精准扶贫的企业发放贷款时，获得的附加收益越高，银行越倾向发放低利率贷款。

在目前的制度背景下，政府拥有对重要资源分配权及企业经营活动的行政审批权和管理权（戴亦一等，2014；杜勇和陈建英，2016），这也决定了政府是影响企业融资的重要主体（卢盛峰和陈思霞，2017）。已有研究发现，企业参与符合政策导向的行为（如绿色技术、"一带一路"建设等）和建立政治关联都可以改善企业的融资环境，缓解融资约束（李维安等，2015；徐思等，2019）。这也在一定程度上支持了上述模型中，提高企业的政治资源 G 以降低企业融资成本的推论。邓博夫等（2020）认为，企业参与精准扶贫的行为能够有效缓解融资约束，那么结合上述模型推导，本章进一步提出以下假设：

H4-1：企业精准扶贫投入越高，企业债务融资成本越低。

H4-2：企业精准扶贫信息披露有效性越高，企业债务融资成本越低。

第二节　研究设计

一、数据来源与样本选择

本章所选取的研究样本与第三章基本相同，以中国 2016～2019 年沪深两市 A 股上市公司作为研究样本，得到初始样本。同时剔除以下情况样本：（1）金融行业样本；（2）ST 样本；（3）变量缺失样本，最终得到 12939 个有效样本。所需的精准扶贫数据从年报中手工收集，其余财务数据均来自国泰安（CSMAR）数据库、万德（Wind）数据库和中国研究数据服务平台（CNRDS）。为了消除极端值的影响，本章对连续变量分别进行 1% 和 99% 水平的缩尾（Winsorize）处理。

二、变量定义

（一）企业债务融资成本变量

对于企业债务融资成本的衡量，本章参考姚立杰等（2018）和刘佳伟等（2019）的做法，用利息支出除以期初与期末有息负债的均值来衡量债务融资成本（$Cost$），并且用第 t 年到第 $t+1$ 年债务融资成本的变化哑变量（$\Delta Cost\_dum$）衡量债务融资成本的变化。

（二）精准扶贫投入变量

与第三章相同，本章参考易玄等（2020）的做法，用企业精准扶贫总投入额加 1 取对数（$\ln FP$）来衡量企业精准扶贫的行为。$\ln FP$ 越大，代表企业精准扶贫投入越高，企业精准扶贫实施越积极。

（三）企业精准扶贫文本信息含量变量

同样类似于第三章的做法，本章参考李晓溪、杨国超和饶品贵（2019）和霍普等（Hope et al.，2016）的研究，采用 Python Stanford 中文 NER 模块识别命名实体，其中经过命名的实体信息包括：时间、地点、机构、人名、货币、百分比、日期和设备等八类信息。[①] 本章根据上述八类信息占企业精准扶贫文本段落总字符数的比重来衡量企业精准扶贫文本信息含量 $SpcFP$，并以此作为衡量精准扶贫文本信息披露有效性的代理变量。[②]

（四）控制变量

参考已有精准扶贫和企业捐赠相关的研究（潘越等，2019；邓博夫等，2020），本章从公司特征、市场表现、治理结构、产权性质等层面设置控制变量，主要包括：企业规模（$Size$）；资产负债率（Lev）；企业年龄（Age）；公司业绩（Roa）；成长性（$Growth$）；有形资产占比（$Fixed$）；偿债能力（$Lipay$）；权益筹资能力（$Offernum$）；股市表现（$Yretnd$）；第一大股东持股比例（$Top1$）；两职合一（$Dual$）；董事会独立性（$Indep$）和产权性质（SOE）。各变

---

① 基于北京大学提供的训练资料所得，详见 https：//nlp. stanford. edu/software/CRF – NER. shtml。

② SpcFP 具体计算方法详见本书第三章第二节中"二、变量定义"。

量定义见表 4 - 2。

表 4 - 2　　　　　　　　　　　　　　　变量定义

变量类型	变量符号	变量衡量方式
被解释变量	Cost	利息支出除以期初与期末有息负债的均值
	ΔCost_dum	若第 t 年到第 t + 1 年企业债务融资成本增加则取 1，否则取 0
解释变量	lnFP	扶贫支出总金额加 1 的自然对数
	SpcFP	企业精准扶贫文本信息含量，即时间、地点、机构、人名、货币、百分比、日期和设备等八类信息占企业精准扶贫文本段落总字符数的比重
公司特征控制变量	Size	公司总资产加 1 后的自然对数值
	Lev	公司负债与资产的比值
	Age	企业自上市以来的年限
	Roa	上市公司年度净利润与总资产余额的比值
	Growth	(企业当年营业收入 - 上年营业收入)/上年营业收入
	Fixed	固定资产净额与总资产的比值
	Lipay	息税前利润与负债合计的比值
市场表现控制变量	Offernum	本年配股和增发募集资金金额的总和，单位亿元
	Yretnd	个股回报率年末值
治理结构控制变量	Top1	第一大股东的持股比例
	Dual	董事长与总经理兼任时取值为 1，否则取值为 0
	Indep	独立董事人数与董事人数的比值
产权性质控制变量	SOE	国有企业取 1，否则取 0

三、模型设计

为验证假设 H4 - 1，本章借鉴已有文献（张敏和黄继承，2013；邓博夫等，2020；甄红线和王三法，2021），构建以下模型，见式（4 - 1）：

$$Cost(\Delta Cost_{dum})_{i,t+1} = \alpha + \beta_1 \ln FP_{i,t} + \beta_j Control_{i,t} + \sum Year + \sum Ind + \varepsilon_{i,t}$$

$$(4 - 1)$$

若假设 H4 - 1 成立，即精准扶贫投入提升能够降低企业未来债务融资成本，则 β_1 显著为负。

为验证假设 H4 – 2，本章构建以下模型，见式（4 – 2）：

$$Cost(\Delta Cost_{dum})_{i,t+1} = \alpha + \beta_1 SpcFP_{i,t} + \beta_j Control_{i,t} + \sum Year + \sum Ind + \varepsilon_{i,t}$$

$$(4-2)$$

若假设 $H4 – 2$ 成立，即企业精准扶贫文本信息有效性越高，企业债务融资成本越低，则 β_1 显著为负。由于企业精准扶贫的披露主要在年报中，因此精准扶贫信息在 $t + 1$ 年才能被市场广泛、精确地获知，同时为了缓解可能的内生性问题，本章均以 $t + 1$ 年的债务融资成本变量作为被解释变量。

第三节　回归分析

一、描述性统计

表 4 – 3 为全样本描述性统计结果。从表 4 – 3 中可以看出，主要被解释变量债务融资成本（$Cost$）的均值为 0.052，说明本章的研究样本平均债务资本成本为 5.2%。对比甄红线和王三法（2021）的变量描述性统计结果，本章的债务融资成本 $Cost$ 均值与现有研究并未出现较大偏差，因此，债务融资成本 $Cost$ 的样本取值具有一定的可信性。① 另外，企业债务融资成本 $Cost$ 的标准差为 0.053，最小值为 0，最大值为 0.409。由于企业债务融资成本最大值偏大，可能造成本章回归的偏差，因此本章报告了 $Cost$ 的 75% 分位数，具体取值为 0.061，取值均在合理范围之内且与现有研究基本一致，说明本章计算企业债务资本成本的指标 $Cost$ 比较稳健。另外，企业债务融资成本变化指标 $\Delta Cost\_dum$ 均值为 0.592，标准差为 0.491，最大值为 1，最小值为 0，说明从整体平均水平而言，企业债务融资成本呈现逐年增长的大趋势。对于本章的解释变量以及控制变量，基本统计结果与前文一致，在此不再赘述。

---

① 正常情况下，企业债务融资成本一般在 7% ~ 10% 的水平下波动。由于本书对债务融资成本的计算方式不同，会对企业债务融资成本的均值造成一定偏差，但参考现有研究，本书的变量取值仍处于合理范围之内。

表 4 – 3　　　　　　　　　　　　描述性统计

变量	N	均值	标准差	最小值	P50	P75	最大值
Cost	12939	0.052	0.053	0	0.047	0.061	0.409
Δ*Cost_dum*	12939	0.592	0.491	0	1.000	1.000	1.000
ln*FP*	12939	1.126	2.184	0	0	0	8.808
SpcFP	12939	0.112	0.220	0	0	0	1.000
Lev	12939	0.418	0.205	0.062	0.405	13.770	0.934
Size	12939	13.022	1.357	0	12.870	0.564	19.426
Age	12939	10.338	7.859	0	8.000	18.000	29.000
Roa	12939	0.040	0.076	−0.330	0.040	0.074	0.302
Growth	12939	0.195	0.440	−0.628	0.117	0.281	2.733
Fixed	12939	0.201	0.156	0	0.167	0.286	0.672
Libpay	12939	0.193	0.305	−0.412	0.109	0.246	1.907
Offernum	12939	1.595	6.197	0	0	0	42.824
Yretnd	12939	−0.127	0.630	−8.194	−0.149	0.242	1.000
*Top*1	12939	0.335	0.146	0.030	0.030	0.430	0.891
Dual	12939	0.300	0.458	0	0	1.000	1.000
Indep	12939	0.378	0.056	0.200	0.364	0.429	0.800
SOE	12939	0.340	0.474	0	0	1.000	1.000

二、均值差异检验和相关系数分析

（一）均值差异检验

表 4 – 4 为未参与精准扶贫组与参与精准扶贫组样本均值差异检验结果。观察表 4 – 4 可以发现，非精准扶贫组样本债务融资成本 *Cost* 均值高于精准扶贫组，且在 5% 的水平上显著，这就说明，企业参与精准扶贫能够帮助企业以更低的成本获得债务融资，与基本常识一致，且初步验证了本章的假设 H4 – 1。从控制变量上看，可以发现，参与精准扶贫的企业规模更大，存续时间更长，收益能力更强，股票市场表现更好，股权集中度更高，且国有企业更有可能参与精准扶贫。

表 4 - 4 均值差异检验

变量	非精准扶贫组		精准扶贫组		组间差异 T 检验
	N	均值	N	均值	
Cost	9724	0.053	3215	0.051	2.371 **
ΔCost_dum	9724	0.473	3215	0.752	-38.284 ***
lnFP	9724	0	3215	4.531	-229.924 ***
SpcFP	9724	0	3215	0.450	-214.247 ***
Size	9724	12.790	3215	13.740	-36.112 ***
Lev	9724	0.404	3215	0.460	-13.588 ***
Age	9724	9.526	3215	12.800	-20.792 ***
Roa	9724	0.038	3215	0.046	-4.990 ***
Growth	9724	0.202	3215	0.176	2.910 ***
Fixed	9724	0.186	3215	0.245	-18.593 ***
Libpay	9724	0.196	3215	0.186	1.600
Offernum	9724	1.465	3215	1.987	-4.139 ***
Yretnd	9724	-0.133	3215	-0.107	-2.083 **
Top1	9724	0.326	3215	0.362	-12.253 ***
Dual	9724	0.325	3215	0.224	10.889 ***
Indep	9724	0.378	3215	0.377	1.026
SOE	9724	0.276	3215	0.531	-27.183 ***

注: *** 、 ** 和 * 分别表示在 1%、5% 和 10% 的水平上显著。

(二) 相关系数分析

表 4 - 5 列示了本章主要变量的 Pearson 相关系数。其中，Cost 与 lnFP 在 5% 的水平上显著负相关，说明企业精准扶贫投入越多，企业债务融资成本越低，这与本章假设 H4 - 1 的预期方向基本一致。同时，Cost 与 SpcFP 的相关系数为 -0.018，并且也在 5% 的水平上显著，这一数据表明，企业精准扶贫文本信息披露有效性越高，企业债务融资成本越低，在一定程度上支持了本章的假设 H4 - 2。并且，另一被解释变量 ΔCost_dum 与 lnFP 和 SpcFP 之间的相关系数分别为 -0.026 和 -0.025，且均在 1% 的水平上显著，这一结论也与本章假设一致。值得注意的是，Cost 和 ΔCost_dum 与 SOE 的相关系数分别为 -0.030 和 -0.033，二者都在 1% 的水平上显著。也就是说，国有企业债务融资成本更低，债务融资成

表 4-5　Pearson 相关系数检验

序号	变量	(1)	(2)	(3)	(4)	(5)	(6)	(7)	(8)	(9)	(10)	(11)	(12)	(13)	(14)	(15)	(16)	(17)
(1)	Cost	1																
(2)	ΔCost_dum	-0.141***	1															
(3)	lnFP	-0.022**	-0.026***	1														
(4)	SpcFP	-0.018**	-0.025***	0.794***	1													
(5)	Size	0.024***	0.064***	0.396***	0.255***	1												
(6)	Lev	0.112***	0.095***	0.156***	0.095***	0.480***	1											
(7)	Age	0.072***	0.010	0.170***	0.144***	0.378***	0.339***	1										
(8)	Roa	-0.108***	-0.070***	0.049***	0.047***	0.009	-0.359***	-0.207***	1									
(9)	Growth	0.049***	-0.002	-0.021**	-0.018**	0.048***	0.031***	-0.031***	0.227***	1								
(10)	Fixed	0.024***	-0.011	0.163***	0.134***	0.113***	0.062***	0.083***	-0.037***	-0.071***	1							
(11)	Libpay	-0.102***	-0.092***	-0.019**	-0.006	-0.162***	-0.517***	-0.282***	0.612***	0.089***	-0.028***	1						
(12)	Offernum	0.033***	-0.010	0.061***	0.034***	0.226***	0.050***	0.066***	0.038***	0.248***	0.002	-0.030***	1					
(13)	Yretrad	0.024***	-0.013	0.016*	0.014	0.041***	0.025***	-0.024***	0.037***	-0.016*	0.020***	0.041***	0.017***	1				
(14)	Top1	-0.060***	-0.021**	0.124***	0.078***	0.193***	0.031***	-0.057***	0.167***	-0.01	0.094***	0.091***	0.021**	0.048***	1			
(15)	Dual	-0.017*	-0.004	-0.091***	-0.071***	-0.189***	-0.129***	-0.244***	0.051***	0.021*	-0.083***	0.087***	-0.032***	-0.014	-0.027***	1		
(16)	Indep	-0.021**	0.003	0.007	-0.0130	-0.007	0.002	-0.028***	-0.028***	-0.009	-0.047***	-0.022***	-0.003	-0.007	0.048***	0.107***	1	
(17)	SOE	-0.030***	-0.033***	0.213***	0.182***	0.345***	0.255***	0.439***	-0.076***	-0.051***	0.180***	-0.175***	0.034***	0.009	0.208***	-0.285***	-0.034***	1

注：***、** 和 * 分别表示在 1%、5% 和 10% 的水平上显著。

本总体呈现下降的趋势。*Cost* 和 Δ*Cost_dum* 与 *Roa* 的相关系数分别为 - 0.108 和 - 0.070，均在 1% 的水平上显著负相关，表明企业收益状况越好，债务融资成本越低。以上结论基本符合现实逻辑，其余变量之间的相关系数解释在此不再进行赘述。

三、企业精准扶贫的言行与债务融资成本回归分析

(一) 企业精准扶贫投入与债务融资成本

表 4 - 6 报告了企业精准扶贫投入与融资成本的回归结果。由于本章选用的债务融资成本变化 Δ*Cost_dum* 为哑变量，因此采用 Logit 回归，并且通过 Probit 回归进一步加强稳健性。

表 4 - 6 的第 (1) 列和第 (2) 列显示，无论是否加入控制变量，ln*FP* 与 *Cost* 的回归系数均为 - 0.001，且在 1% 的水平上显著。而从债务融资成本变化的角度而言，表 4 - 6 第 (3) 列和第 (5) 列单变量回归结果显示，企业精准扶贫投入与未来债务融资成本变化均在 1% 的显著水平上负相关，ln*FP* 的回归系数分别为 - 0.024 和 - 0.015。在增加控制变量并且控制行业和年度效应后，回归结果依旧显著，第 (4) 列和第 (6) 列中 ln*FP* 的系数分别为 - 0.040 与 - 0.025，且仍旧在 1% 的水平上显著。以上回归结果说明，企业精准扶贫投入越高，企业未来债务融资成本越低，本章的主假设 H4 - 1 得到验证，也与现有研究一致 (邓博夫等，2020)。从控制变量上看，产权性质 *SOE* 与债务融资成本负相关，回归系数分别为 - 0.011、 - 0.310 和 - 0.192，且均在 1% 的水平上显著，可以从一定程度上认为，相比于民营企业，国有企业未来债务融资成本更低，这样的结论也符合现实状况。

表 4 - 6　　　　　　　　　　　企业精准扶贫投入与债务融资成本

变量	(1)	(2)	(3)	(4)	(5)	(6)
	OLS		Logit		Probit	
	F. Cost	*F. Cost*	Δ*F. Cost_dum*	Δ*F. Cost_dum*	Δ*F. Cost_dum*	Δ*F. Cost_dum*
ln*FP*	- 0.001 *** (- 3.573)	- 0.001 *** (- 3.575)	- 0.024 *** (- 2.991)	- 0.040 *** (- 4.312)	- 0.015 *** (- 2.994)	- 0.025 *** (- 4.317)

续表

变量	（1）	（2）	（3）	（4）	（5）	（6）
	OLS		Logit		Probit	
	F. Cost	*F. Cost*	$\Delta F.\ Cost\_dum$	$\Delta F.\ Cost\_dum$	$\Delta F.\ Cost\_dum$	$\Delta F.\ Cost\_dum$
Lev		0. 025 *** (7. 757)		0. 533 *** (4. 314)		0. 330 *** (4. 319)
Size		0. 000 (0. 505)		0. 144 *** (7. 752)		0. 089 *** (7. 756)
Age		0. 000 *** (6. 434)		− 0. 005 * (− 1. 663)		− 0. 003 * (− 1. 667)
Roa		− 0. 059 *** (− 7. 030)		− 0. 812 ** (− 2. 507)		− 0. 509 ** (− 2. 541)
Growth		0. 002 (1. 447)		− 0. 062 (− 1. 401)		− 0. 038 (− 1. 397)
Fixed		0. 001 (0. 406)		− 0. 047 (− 0. 340)		− 0. 029 (− 0. 342)
Libpay		− 0. 001 (− 0. 687)		− 0. 387 *** (− 4. 447)		− 0. 231 *** (− 4. 391)
Offernum		− 0. 000 (− 0. 310)		− 0. 010 *** (− 3. 178)		− 0. 006 *** (− 3. 180)
Yretnd		0. 000 (0. 278)		− 0. 027 (− 0. 908)		− 0. 017 (− 0. 912)
*Top*1		− 0. 005 (− 1. 565)		− 0. 198 (− 1. 466)		− 0. 121 (− 1. 443)
Dual		− 0. 001 (− 0. 934)		− 0. 019 (− 0. 448)		− 0. 012 (− 0. 477)
Indep		− 0. 017 ** (− 2. 000)		0. 059 (0. 181)		0. 040 (0. 198)
SOE		− 0. 011 *** (− 8. 897)		− 0. 310 *** (− 6. 591)		− 0. 192 *** (− 6. 609)
year	No	Yes	No	Yes	No	Yes

续表

变量	（1）	（2）	（3）	（4）	（5）	（6）
	OLS		Logit		Probit	
	F. Cost	*F. Cost*	Δ*F. Cost_dum*	Δ*F. Cost_dum*	Δ*F. Cost_dum*	Δ*F. Cost_dum*
ind	*No*	*Yes*	*No*	*Yes*	*No*	*Yes*
_cons	− 1. 895 *** （− 63. 449）	− 10. 400 *** （− 17. 027）	− 2. 143 *** （− 65. 263）	− 9. 540 *** （− 14. 941）	− 0. 073 *** （− 5. 844）	− 1. 256 *** （− 6. 924）
N	12699	12699	12699	12699	12699	12699
adj. R^2 （*Pseudo R^2*）	0. 001	0. 038	0. 001	0. 034	0. 001	0. 034
F	12. 768	15. 808	—	—	—	—

注： ***、**和*分别表示在1%、5%和10%的水平上显著。

（二） 企业精准扶贫信息披露与债务融资成本

表4－7列示了企业精准扶贫信息披露对企业债务融资的影响，回归控制了行业和年度固定效应（*Petersen*，2009）。与企业精准扶贫投入对债务融资成本影响的回归类似，当被解释变量为 Δ*Cost_dum* 时，此处依然使用 Logit 与 Probit 模型进行回归。表4－7的第（1）列、第（3）列和第（5）列显示，在不对其他因素进行控制时，*SpcFP* 的回归系数分别为 − 0. 007、− 0. 233 和 − 0. 145，且均在1%的水平上显著。在增加控制变量和行业年度固定效应后，*SpcFP* 的系数依然在1%的水平上显著为负，依次为 − 0. 006、− 0. 259 和 − 0. 159。回归结果证明，企业精准扶贫文本信息披露有效性越高，企业债务融资成本越低，本章的假设 H4－2 得到验证。

表4－7 　　　　　　　　企业精准扶贫信息披露与债务融资成本

变量	（1）	（2）	（3）	（4）	（5）	（6）
	OLS		Logit		Probit	
	F. Cost	*F. Cost*	Δ*Cost_dum*	Δ*Cost_dum*	Δ*Cost_dum*	Δ*Cost_dum*
SpcFP	− 0. 007 *** （− 3. 210）	− 0. 006 *** （− 2. 877）	− 0. 233 *** （− 2. 890）	− 0. 259 *** （− 2. 970）	− 0. 145 *** （− 2. 893）	− 0. 159 *** （− 2. 957）

续表

变量	(1)	(2)	(3)	(4)	(5)	(6)
	OLS		Logit		Probit	
	F. Cost	F. Cost	$\Delta Cost\_dum$	$\Delta Cost\_dum$	$\Delta Cost\_dum$	$\Delta Cost\_dum$
Lev		0.025 *** (7.764)		0.535 *** (4.334)		0.332 *** (4.341)
Size		−0.000 (−0.079)		0.129 *** (7.198)		0.080 *** (7.199)
Age		0.000 *** (6.477)		−0.005 (−1.614)		−0.003 (−1.620)
Roa		−0.059 *** (−7.055)		−0.827 ** (−2.554)		−0.519 *** (−2.592)
Growth		0.002 (1.494)		−0.059 (−1.334)		−0.037 (−1.327)
Fixed		0.001 (0.318)		−0.066 (−0.478)		−0.041 (−0.478)
Libpay		−0.002 (−0.713)		−0.390 *** (−4.487)		−0.233 *** (−4.426)
Offernum		−0.000 (−0.302)		−0.010 *** (−3.161)		−0.006 *** (−3.163)
Yretnd		0.000 (0.290)		−0.027 (−0.899)		−0.017 (−0.905)
Top1		−0.006 (−1.629)		−0.207 (−1.535)		−0.127 (−1.514)
Dual		−0.001 (−0.933)		−0.019 (−0.451)		−0.012 (−0.478)
Indep		−0.017 ** (−2.073)		0.033 (0.100)		0.025 (0.123)
SOE		−0.011 *** (−8.881)		−0.311 *** (−6.619)		−0.193 *** (−6.636)

续表

变量	(1)	(2)	(3)	(4)	(5)	(6)
	OLS		Logit		Probit	
	$F. Cost$	$F. Cost$	$\Delta Cost\_dum$	$\Delta Cost\_dum$	$\Delta Cost\_dum$	$\Delta Cost\_dum$
$year$	No	Yes	No	Yes	No	Yes
ind	No	Yes	No	Yes	No	Yes
$\_cons$	0.054 *** (101.00)	0.054 *** (7.366)	-0.117 *** (-5.923)	-1.841 *** (-6.404)	-0.073 *** (-5.928)	-1.146 *** (-6.431)
N	12699	12699	12699	12699	12699	12699
$adj. R^2$ ($Pseudo\ R^2$)	0.001	0.038	0.001	0.034	0.005	0.033
F	10.303	15.670	——	——	——	——

注：***、**和*分别表示在1%、5%和10%的水平上显著。

四、内生性与稳健性检验

（一）倾向得分匹配法

为了缓解样本选择偏误对实证结果造成的影响，本章采用倾向匹配得分（PSM）进行稳健性测试。本章首先采用倾向得分匹配法（PSM）基于样本可观测特征进行匹配，得到可供比较的实验组和对照组。具体步骤如下：

第一步，以式（4-2）为基础，采用 Logit 方法估计出企业参与精准扶贫行动状态变化的条件概率，即每个样本的倾向得分：

$$p(X) = P_r(Treat = 1 \mid x)$$

第二步，本章将所有控制变量设为协变量，然后按照逐年 1:1、无放回的匹配方法构建回归样本，最终得到 2280 个控制组样本和 2242 个实验组样本。匹配样本回归结果如表 4-8 所示，其中 lnFP 和 $SpcFP$ 的回归系数均在不同显著水平上显著为负，与本章主回归结果一致。

表 4 - 8 内生性检验—PSM

变量	(1)	(2)	(3)	(4)	(5)	(6)
	OLS		Logit		Probit	
	F. Cost	F. Cost	$\Delta Cost\_dum$	$\Delta Cost\_dum$	$\Delta Cost\_dum$	$\Delta Cost\_dum$
$\ln FP$	-0.001 *** (-2.599)		-0.034 *** (-2.717)		-0.021 *** (-2.716)	
$SpcFP$	(-6.576)	-0.005 * (-1.874) (-6.524)	(-4.256)	-0.111 ** (-1.978) (-4.152)	(0.836)	-0.067 * (-1.957) (-4.177)
Control	year	Yes	Yes	Yes	Yes	year
year	Yes	Yes	Yes	Yes	Yes	Yes
ind	Yes	Yes	Yes	Yes	Yes	Yes
_cons	0.081 *** (7.702)	0.084 *** (7.959)	-2.186 *** (-4.680)	-2.056 *** (-4.415)	-1.362 *** (-4.709)	-1.284 *** (-4.449)
N	4522	4522	4522	4522	4522	4522
adj. R^2 (Pseudo R^2)	0.035	0.035	0.035	0.034	0.035	0.034
F	5.814	5.845	—	—	—	—

注：*** 、** 和 * 分别表示在 1% 、5% 和 10% 的水平上显著。

（二）工具变量 2SLS

虽然本章主回归得到了企业精准扶贫投入 $\ln FP$ 与精准扶贫信息披露有效性 $SpcFP$ 和企业债务融资成本之间的负相关关系。但被解释变量与解释变量之间可能由于某些共同因素影响，从而导致遗漏变量的内生性问题产生。因此，本章参考甄红线和王三法（2021）的做法，采用剔除本公司后同年同行业的企业精准扶贫投入平均水平 $\ln FP\_mean$ 以及剔除本公司后同年同行业的企业精准扶贫文本信息披露有效性平均水平 $SpcFP\_mean$ 分别作为 $\ln FP$ 与 $SpcFP$ 的工具变量进行两阶段回归。表 4 - 9 的第（1）列和第（3）列显示，$\ln FP\_mean$ 与 $\ln FP$ 在 1% 的水平上显著正相关，$SpcFP\_mean$ 与 $SpcFP$ 也在 1% 的水平上显著正相关，且二者的弱工具变量检验的 F 值（Cragg - Donald Wald F）均大于 10，表示本章选取的工具变量通过了检验。在第二阶段的回归中，$\ln FP\_mean$ 和 $SpcFP\_mean$ 的系数分别为 -0.003 和 -0.036，且分别在 1% 和 5% 的水平上显著，这一结果也与本章主回归结果一致。

表4-9 内生性检验——工具变量2SLS

变量	(1) 第一阶段回归 lnFP	(2) 第二阶段回归 F. Cost	(3) 第一阶段回归 SpcFP	(4) 第二阶段回归 F. Cost
lnFP_mean	0.498 *** (3.512)			
lnFP		-0.003 *** (-2.352)		
SpcFP_mean			4.787 *** (2.999)	
SpcFP				-0.036 ** (-2.072)
Control	Yes	Yes	Yes	Yes
year	Yes	Yes	Yes	Yes
ind	Yes	Yes	Yes	Yes
_cons	-7.421 *** (-21.904)	0.038 (0.745)	-7.385 *** (-20.915)	0.044 * (1.886)
N	12939	12699	12939	12699
adj. R^2	0.201	0.034	0.201	0.024
F	96.890	15.365	96.767	15.219
Cragg-Donald Wald F	12.536		15.704	

注：***、** 和 * 分别表示在1%、5%和10%的水平上显著。

(三) 互为因果的内生性检验

参考邓博夫等（2020）的做法，企业精准扶贫投入和信息披露的有效性和企业债务融资成本之间可能存在互为因果的关系。为此，本章将样本分别按照企业债务融资成本 Cost 第 t 期的中位数分为债务融资成本高的组和债务融资成本低的组。若参与精准扶贫的公司都是债务融资成本较低的公司，则精准扶贫与 t+1 期公司的债务融资成本之间的显著负相关关系只存在于债务融资成本低的样本中；反之则说明债务融资成本高的公司提升精准扶贫投入以及信息披露的有效性也能降低公司的债务融资成本。表4-10的回归结果显示，在债务融资成本高的组中，企业精准扶贫投入的提升以及提高精准扶贫信息披露的有效性同样可以降低未来公司的债务融资成本。

表4-10　　　　　　　　　　内生性检验——互为因果

变量	(1)	(2)	(3)	(4)
	债务融资成本高	债务融资成本低	债务融资成本高	债务融资成本低
	F. Cost	F. Cost	F. Cost	F. Cost
lnFP	−0.001** (−2.155)	−0.002*** (−3.165)		
SpcFP			−0.001** (−2.317)	−0.006*** (−2.601)
Control	Yes	Yes	Yes	Yes
year	Yes	Yes	Yes	Yes
ind	Yes	Yes	Yes	Yes
_cons	0.087*** (6.362)	0.029*** (3.526)	0.089*** (6.632)	0.031*** (3.802)
N	5064	7635	5064	7635
adj. R^2	0.046	0.023	0.045	0.023
F	8.342	6.184	8.295	6.247

注：***、**和*分别表示在1%、5%和10%的水平上显著。

（四）替换解释变量

采用企业精准扶贫投入总金额加1取对数 lnFP 来衡量企业精准扶贫行为实施可能存在由于企业规模因素造成的精准扶贫投入水平差异。因此，参考甄红线和王三法（2021）的做法，本章采用企业精准扶贫投入总金额（单位：元）乘100除以企业总资产的方法构造 TPA 作为企业精准扶贫投入程度的衡量变量替换 lnFP 进行稳健性检验。回归结果如表4-11所示，TPA 的回归系数均在不同程度上显著为负，与本章主回归的结果一致。

表 4 –11   稳健性检验——替换企业精准扶贫投入变量

变量	(1)	(2)	(3)	(4)	(5)	(6)
	OLS		Logit		Probit	
	F. Cost	*F. Cost*	Δ*F. Cost_dum*	Δ*F. Cost_dum*	Δ*F. Cost_dum*	Δ*F. Cost_dum*
TPA	– 0. 017 ** (– 2. 274)	– 0. 017 ** (– 2. 264)	– 4. 583 *** (– 8. 784)	– 0. 930 * (– 1. 768)	– 2. 831 *** (– 8. 981)	– 0. 576 * (– 1. 767)
Control	No	Yes	No	Yes	No	Yes
year	No	Yes	No	Yes	No	Yes
ind	No	Yes	No	Yes	No	Yes
_cons	0. 053 *** (28. 769)	0. 056 *** (7. 711)	0. 406 *** (25. 364)	– 1. 748 *** (– 6. 118)	0. 254 *** (25. 505)	– 1. 088 *** (– 6. 144)
N	12699	12699	12699	12937	12699	12937
adj. R^2 (*Pseudo* R^2)	0. 001	0. 037	0. 004	0. 033	0. 003	0. 033
F	11. 623	15. 466	—	—	—	—

注： *** 、 ** 和 * 分别表示在1% 、5% 和 10% 的水平上显著。

第四节　进一步研究

一、企业精准扶贫的言行模式与债务融资成本

沿袭本书第三章对企业精准扶贫言行模式的定义，在分别研究了企业精准扶贫的行为实施与信息披露对企业债务融资成本的影响后，本节进一步研究不同的企业精准扶贫言行模式对企业债务融资成本的作用。如表 4 – 12 所示，在分别对企业"多言多行"（ *mode*1）、"多言寡行"（ *mode*2）、"寡言寡行"（ *mode*3）和"寡言多行"（ *mode*4）四种不同的精准扶贫言行模式回归后的结果显示，仅"多言多行"（ *mode*1）一种行为模式能够对企业债务融资成本产生显著影响。表 4 – 12 的第（1）列显示， *mode*1 的回归系数为 – 0. 004，在 10% 的水平上显著。这就表示，企业"多言多行"，即积极地实施精准扶贫行为，并且采用高效的文本信息进行披露，能够明显降低企业未来的债务融资成本。

表 4 – 12　　　　　　　　　精准扶贫的言行模式与债务融资成本

变量	(1)	(2)	(3)	(4)
	F. Cost	F. Cost	F. Cost	F. Cost
mode1（多言多行）	− 0.004 * (− 1.940)			
mode2（多言寡行）		0.002 (1.042)		
mode3（寡言寡行）			0.002 (0.866)	
mode4（寡言多行）				0.000 (0.041)
Control	Yes	Yes	Yes	Yes
year	Yes	Yes	Yes	Yes
ind	Yes	Yes	Yes	Yes
_cons	0.068 *** (7.928)	0.066 *** (7.672)	0.067 *** (7.806)	0.068 *** (7.902)
N	3203	3203	3203	3203
adj. R^2	0.035	0.035	0.034	0.034
F	4.664	4.577	4.566	4.541

注：***、** 和 * 分别表示在 1%、5% 和 10% 的水平上显著。

二、企业精准扶贫类型与债务融资成本

精准扶贫项目共有九类：产业发展脱贫、转移就业脱贫、易地搬迁扶贫、教育扶贫、健康扶贫、生态保护扶贫、兜底扶贫、社会扶贫及其他项目。那么，对于不同类型的精准扶贫，其对上市公司债务融资成本的降低效应是否存在差异？相对于其他类型的扶贫项目，产业发展脱贫和转移就业脱贫与企业生产经营联系紧密，更易实现企业发展与扶贫的统一，而且需要企业持续、大量投入资金，企业参与产业发展脱贫更能向市场传递公司稳健的财务状况信息。此外，产业发展脱贫是政府大力支持的扶贫类型，企业参与产业发展脱贫更能获得政治资源（邓博夫等，2020），对企业未来发展更具利好作用，投资者要求的风险溢价更低。

表 4 – 13 的第（1）列和第（2）列的回归结果对此进行了证实。其中，非产业扶贫组样本 $\ln FP$ 的系数并不显著，而产业扶贫组 $\ln FP$ 的系数为 – 0.002，且在 5% 的水平上显著。进一步的，两组样本之间 $\ln FP$ 的组间差异系数为 3.82，说明相比于非产业扶贫，产业扶贫投入的方式能够帮助企业显著地降低债务融资成本。表 4 – 13 的第（3）列和第（4）列则显示，仅非产业扶贫组 $SpcFP$ 的回归系数显著为负。这就表示，相比于产业扶贫，非产业扶贫文本信息披露的有效性能够更显著地帮助企业降低债务融资成本。综上所述，本书认为，债权人对产业扶贫企业的行为实施状况更为关注，而对非产业扶贫企业的文本信息披露更为重视。

表 4 –13　　　　　　　　　精准扶贫类型与债务融资成本

变量	(1) 非产业扶贫组 F. Cost	(2) 产业扶贫组 F. Cost	(3) 非产业扶贫组 F. Cost	(4) 产业扶贫组 F. Cost
$\ln FP$	0.000 (0.333)	– 0.002 ** (– 2.453)		
$SpcFP$			– 0.012 ** (– 2.065)	0.005 (1.009)
Control	Yes	Yes	Yes	Yes
year	Yes	Yes	Yes	Yes
ind	Yes	Yes	Yes	Yes
_cons	0.087 *** (6.362)	0.029 *** (3.526)	0.089 *** (6.632)	0.031 *** (3.802)
N	1702	1567	1702	1567
adj. R^2	0.077	0.030	0.079	0.026
F	5.312	2.446	5.451	2.288
组间差异系数	3.82 ***		4.53 ***	

注：***、** 和 * 分别表示在 1%、5% 和 10% 的水平上显著。

三、产权性质、企业精准扶贫的言行与债务融资成本

已有文献认为捐赠通常是民营企业用来构建维系政治关联的手段。研究发现民营企业的慈善捐赠水平显著高于国有企业（唐跃军等，2014；陈丽红等，2015；戴亦一等，2014；祝继高等，2017）。而有关精准扶贫经济后果的研究一

致认为，民营企业进行精准扶贫为其带来的效用提升会更加明显，包括融资约束的降低（邓博夫等，2020），政府补贴增加、税收优惠增加和投资效率提升（王帆等，2020），企业绩效增加（张曾莲和董志愿，2020），市场反应更积极（易玄等，2020）。因此，为检验国有企业与非国有企业精准扶贫信息披露对企业债务融资成本调节作用的差异，本书将样本按照国有企业与非国有企业进行分组，并对不同的分组分别进行检验。

与现有研究一致（邓博夫等，2020），表 4 – 14 的第（1）列和第（2）列中，lnFP 的回归系数均显著为负，且组间差异系数为 0.63，表示无论国有企业还是民营企业，精准扶贫的投入都能帮助其降低债务融资成本。而表 4 – 14 的第（3）列和第（4）列则显示，仅国有企业样本 SpcFP 的回归系数显著，为 – 0.010，且与民营企业组差异明显，组间差异系数为 2.18。由于国有企业在精准扶贫行动中是民营企业的表率，因此债权人不仅关注国有企业精准扶贫如何做，也在乎国有企业对其精准扶贫实施状况如何说。国有企业高效地进行精准扶贫相关文本信息的披露，能够帮助其降低未来的债务融资成本。

表 4 – 14　　　　　产权性质、企业精准扶贫的言行与债务融资成本

变量	(1)	(2)	(3)	(4)
	国有企业	民营企业	国有企业	民营企业
	F. Cost	F. Cost	F. Cost	F. Cost
$\ln FP$	– 0.001 *** (– 3.399)	– 0.001 ** (– 2.067)		
$SpcFP$			– 0.010 *** (– 3.498)	– 0.004 (– 1.279)
Control	Yes	Yes	Yes	Yes
year	Yes	Yes	Yes	Yes
ind	Yes	Yes	Yes	Yes
_cons	0.054 *** (5.727)	0.038 *** (3.417)	0.059 *** (6.464)	0.041 *** (3.646)
N	4334	8365	4334	8365
adj. R^2	0.026	0.045	0.026	0.044
F	4.734	12.851	4.757	12.767
组间差异系数	0.63		2.18 *	

注：*** 、** 和 * 分别表示在 1%、5% 和 10% 的水平上显著。

四、重污染企业精准扶贫与债务融资成本

现有研究表明，重污染企业会通过社会责任行为的实施改善企业自身在利益相关者心目中的形象（宋献中等，2013；李百兴等，2018）。那么，精准扶贫作为我国特殊的企业社会责任实施方式之一，较传统的社会责任行为更具社会关注度，重污染企业是否能够通过精准扶贫积极的行为实施和高效的信息披露来降低自身债务融资成本，实现自身利益提升？为此，本书对原有研究样本按照是否属于重污染企业进行分组回归，以探究这一问题。

表4-15的第（1）列和第（2）列是精准扶贫行为实施在重污染与非重污染企业样本中的不同结果。重污染企业样本 lnFP 的系数为 -0.001，但并不显著；相反，非重污染企业样本 lnFP 的回归系数在1%的水平上显著为负，说明仅非重污染企业精准扶贫投入增加能够降低债务融资成本。换句话说，重污染企业并不能通过精准扶贫行为实施达到降低债务融资成本的目的。表4-15的第（3）列和第（4）列对精准扶贫文本信息披露 $SpcFP$ 的回归结果也基本类似，仅非重污染企业能够通过有效的精准扶贫文本信息披露，降低债务融资成本。

表4-15　　　　　　　　　　　重污染企业精准扶贫与债务融资成本

变量	(1)	(2)	(3)	(4)
	重污染企业	非重污染企业	重污染企业	非重污染企业
	F. Cost	F. Cost	F. Cost	F. Cost
lnFP	-0.001 (-1.304)	-0.001*** (-3.328)		
$SpcFP$			-0.006 (-1.497)	-0.007** (-2.503)
Control	Yes	Yes	Yes	Yes
year	Yes	Yes	Yes	Yes
ind	No	No	No	No
_cons	0.054*** (5.727)	0.038*** (3.417)	0.059*** (6.464)	0.041*** (3.646)
N	0.063*** (4.878)	0.047*** (5.461)	0.064*** (5.073)	0.051*** (6.057)
adj. R^2				

续表

变量	(1)	(2)	(3)	(4)
	重污染企业	非重污染企业	重污染企业	非重污染企业
	F. Cost	*F. Cost*	*F. Cost*	*F. Cost*
F	3083	9616	3083	9616
组间差异系数	0.00		0.31	

注：*** 、** 和 * 分别表示在 1% 、5% 和 10% 的水平上显著。

五、房地产企业精准扶贫的言行与债务融资成本

参考本书第三章第四节的做法，本章进一步对房地产企业精准扶贫言行对债务融资成本的影响进行了检验。从企业精准扶贫行为实施的层面而言，表 4 - 16 的第（1）列和第（2）列回归结果显示，ln FP 的系数均为 - 0.001，且分别在 10% 和 1% 的水平上显著为负。也就是说，无论是否属于房地产企业，精准扶贫投入越高，企业能够获得债务融资成本越低；组间差异系数不显著，也反映了这一结论。从企业精准扶贫的信息披露层面而言，表 4 - 16 的第（3）列和第（4）列显示，房地产企业 $SpcFP$ 的系数为 - 0.003，并不显著；非房地产企业 $SpcFP$ 的系数为 - 0.006，且在 1% 的水平上显著为负。组间差异系数为 3.35，在 1% 的水平上显著。这一结果说明，房地产企业精准扶贫信息披露有效性的提升，并不能帮助其获得更低成本的债务融资；相反，非房地产企业能够通过高效披露精准扶贫相关信息达到这一效果。上述结果进一步说明，对于高风险的房地产企业而言，精准扶贫的言行，并不能起到改善债权人对其风险评价的工具作用。

表 4 - 16　　　　　　　　　房地产企业精准扶贫与债务融资成本

变量	(1)	(2)	(3)	(4)
	房地产企业	非房地产企业	房地产企业	非房地产企业
	F. Cost	*F. Cost*	*F. Cost*	*F. Cost*
lnFP	- 0.001 * (- 1.942)	- 0.001 *** (- 3.083)		
$SpcFP$			- 0.003 (- 0.524)	- 0.006 *** (- 2.671)

续表

变量	(1) 房地产企业 F. Cost	(2) 非房地产企业 F. Cost	(3) 房地产企业 F. Cost	(4) 非房地产企业 F. Cost
Control	Yes	Yes	Yes	Yes
year	Yes	Yes	Yes	Yes
ind	No	No	No	No
_cons	0. 041 (1. 271)	0. 053 *** (5. 849)	0. 056 * (1. 761)	0. 056 *** (6. 278)
N	515	8883	515	8883
adj. R^2	0. 071	0. 036	0. 063	0. 036
F	3. 062	11. 060	2. 827	10. 951
组间差异系数	2. 24		3. 35 ***	

注: ***、** 和 * 分别表示在1%、5%和10%的水平上显著。

六、机制检验

(一) 政府资源机制

政治资源是关乎企业生存和发展的关键资源 (王维安等, 2015), 是企业取得成功的重要基础 (田志龙等, 2004)。现有研究已证实, 政治资源可以为企业提供合法性 (潘红波等, 2008)、商业准入 (张建军, 2013)、融资 (Chan et al., 2012; Khwaja et al., 2005)、税收 (李增福等, 2016)、财政补贴 (Faccio et al., 2006) 等方面的便利。一些学者的研究表明拥有政治资源有利于增加企业的价值 (Feng et al., 2016; Li et al., 2006; 余明桂和潘红波, 2008; 李健等, 2012)。刘慧龙等 (2010) 指出政治关联为企业搭建了获得政府保护和帮助的通道, 从而降低经营中可能出现的各种不确定性。企业履行社会责任被视为接近和获取政治资源的重要途径。根据资源依赖理论 (Pfeffer et al., 1978), 企业要不断与拥有关键资源的组织进行互动, 从而寻求能够稳定获取关键资源的方法, 来抵抗外部环境变化带来的冲击。企业精准扶贫与其他企业社会责任行为最大的不同就是其政策属性。政治资源价值也会影响到企业精准扶贫行为表现。政治资源价值越高, 企业从中获取的收益越大, 政府对企业的精准扶贫支出期望随之上升, 那么维系它的成本也会越高 (贾明和张喆, 2010)。企业将会通过更高的扶贫支出水平来获取更多的政府资源累积。结合本书第二章的理论分析，上述理论中的政府资源就是企业精准扶贫投入的政府资源累积 G。在行为实施阶段，企业进行精准扶贫，可以更好地履行社会责任，从而起到"政策迎合"的作用（戴亦一等，2014），以获取债务融资成本的优惠；而在信息披露阶段，为进一步缓解企业与政府之间的信息不对称，企业将通过高质量的信息披露来实现这一目标。

为验证这一机制，本书借鉴罗宏等（2014）、甄红线和王三法（2021）的做法，采用企业扶贫下一年度获得的政府补助的金额加 1 取对数的方法构建变量 $F\ln Subsidy$，衡量企业政府资源获取能力。表 4 - 17 的第（1）列和第（2）列显示，$\ln FP$ 的回归系数分别为 0.187 和 0.133，且均在 1% 的水平上显著为正。这一结果表明，企业增加精准扶贫的投入能够在未来获取更多的政府补助。从表 4 - 17 的第（3）列和第（4）列可以看到，$SpcFP$ 的回归系数分别为 1.052 和 0.717，且分别在 1% 和 5% 的水平上显著。这就表明，企业通过提升精准扶贫文本信息披露的有效性，能够有效帮助企业进一步获得更多的政府补助。

表 4 - 17　　　　　　　　　　　影响机制检验

变量	(1)	(2)	(3)	(4)	(5)	(6)	(7)	(8)
	F. Subsidy	F. Subsidy	F. Subsidy	F. Subsidy	Media	Media	Media	Media
$\ln FP$	0.187 *** (6.375)	0.133 *** (4.324)			0.111 *** (26.956)	0.049 *** (12.433)		
$SpcFP$			1.052 *** (3.616)	0.717 ** (2.421)			0.664 *** (16.006)	0.271 *** (7.358)
Control	No	Yes	No	Yes	No	Yes	No	Yes
year	No	Yes	No	Yes	No	Yes	No	Yes
ind	No	Yes	No	Yes	No	Yes	No	Yes
_cons	6.936 *** (96.399)	6.713 *** (8.796)	7.028 *** (97.880)	6.610 *** (8.662)	4.026 *** (399.105)	- 0.153 (- 1.239)	4.076 *** (398.296)	- 0.385 *** (- 3.166)
N	12939	12939	12939	12939	12939	12939	12939	12939
adj. R^2	0.003	0.046	0.001	0.045	0.053	0.312	0.019	0.307
F	40.637	19.974	13.078	19.565	726.638	173.514	256.179	169.261

注：*** 、** 和 * 分别表示在 1% 、5% 和 10% 的水平上显著。

（二）声誉机制

新闻媒体作为信息的传播者，在社会公众与企业之间起到信息桥梁的作用。对于媒体而言，需要追求的是社会生活中的话语权。因此，需要不断传出企业社会责任利好消息（黄金波等，2021）。信息不对称使得利益相关者在与企业的关系中处于相对劣势的地位，因此，利益相关者对企业具有强烈的信息需求。媒体通过发布企业社会责任信息，为利益相关者的决策提供信息支持；利益相关者为了获取更多的信息，选择持续关注媒体；媒体通过发布企业社会责任信息，与企业的利益相关者形成利益共同体。同时，企业社会责任的"声誉保险"作用，能够转移公众对其不当行为的关注，降低企业未来可能发生的经济损失（冯丽艳等，2016）。因此，企业可以通过积极参与精准扶贫，达到获取利益相关者青睐，提升企业声誉的目的，从而降低企业风险，以更低的风险补偿获得更低成本的债务融资。

根据本书第二章的理论分析并结合上述推论，本书认为，首先，企业精准扶贫行为的实施状况会影响媒体对企业的评价。本质上来说，企业精准扶贫是属于企业社会责任范畴下的具体实施方式之一。从企业的责任性角度来看，企业精准扶贫的信息可以通过内部和外部两个机制传导：内部机制是企业的自身信息披露，外部机制则是第三方媒体的报道。本书第二章提出，精准扶贫能够为企业带来形象的提升（F），增加精准扶贫投入是企业责任性的体现。媒体为满足社会公众的信息需求，会对高质量的企业社会责任新闻进行报道。因此，媒体评价能够反映企业精准扶贫责任性高低。其次，媒体报道的内容，也需要通过企业自身的信息披露作为依据。高质量的企业精准扶贫信息披露能够降低企业与媒体之间的信息壁垒，帮助提升媒体对企业精准扶贫相关信息的可获取性和可理解性。因此，企业更有效地披露精准扶贫相关信息，能够缓解企业内外部信息的不对称，提升媒体对企业的评价，从而提升企业声誉。

为验证声誉机制的存在，本书参考叶康涛等（2010）的做法，以企业每年网络新闻媒体和报刊新闻媒体正面报道次数之和加 1 取自然对数（$Media$）度量企业声誉。表 4-17 的第（5）列和第（6）列显示，在加入控制变量前后，$\ln FP$ 对 $Media$ 的回归系数分别为 0.111 和 0.049，二者均在 1% 的水平上显著，这也证明了企业精准扶贫行为实施能够为企业带来声誉提升。而在表 4-17 的第（7）列和第（8）列中，加入控制变量前后，$SpcFP$ 的回归系数分别为 0.664 和 0.271，且同样都在 1% 的水平上显著。这就表明，企业通过提升精准扶贫文本信息的有效性，能够帮助外部媒体清晰获取企业精准扶贫相关信息，从而对企业进行更为积极和正面的报道。

本 章 小 结

　　基于前述理论分析和上市公司精准扶贫信息披露两阶段模型的理论指导，本章采用博弈模型探讨了在上市公司精准扶贫文本信息披露增量效应的分配阶段，上市公司与银行之间的博弈过程，最终以上市公司精准扶贫信息披露降低债务融资成本作为研究假设，展开了本章的实证研究。本章以 2016～2019 年的 A 股上市公司为研究样本，验证了精准扶贫的言（即信息披露）行（即精准扶贫投入）对债务融资成本的影响。研究表明，上市公司精准扶贫投入越高，债务融资成本越低，这一结论与现有研究一致。进一步研究表明，当企业披露信息的有效性更高时，同样也能帮助企业降低债务融资成本。

　　通过异质性检验，本书发现：第一，产业扶贫的企业精准扶贫投入能显著降低企业债务融资成本，而非产业扶贫这一效果并不显著；同时，非产业扶贫企业的信息披露有效性对债务融资成本降低的影响更为突出。第二，企业精准扶贫行为实施带来的债务融资成本降低，对国有企业和民营企业来说并无明显差别。但相比于民营企业，国有企业有关信息披露的有效性能够显著降低其债务融资成本。第三，精准扶贫的言行对债务融资成本降低的影响仅对非重污染企业有效。第四，提升企业精准扶贫信息披露有效性能够帮助非房地产企业降低债务融资成本，但从行为实施层面而言，企业提升精准扶贫投入为企业带来的债务融资成本降低效果在房地产与非房地产企业之间差异并不明显。

　　对于不同的企业精准扶贫言行模式来说，只有当企业采取"多言多行"的模式进行精准扶贫时，才能使企业债务融资成本显著降低。在机制检验中，本章进一步验证了精准扶贫的言行能够通过提升企业声誉和增强政府资源获取能力两种方式影响企业债务融资成本，验证了本书第二章理论模型中，政府资源 G 和企业声誉 F 两个参数的合理性。

第五章

企业精准扶贫的言行与债务违约风险

本书的第三章和第四章已经验证，企业精准扶贫能够帮助企业在未来获得更多的债务融资，并且高质量的企业精准扶贫文本信息披露同样能够帮助企业扩大债务融资规模，同时降低企业债务融资成本。那么，企业精准扶贫为企业在债务融资方面带来诸多便利的同时，是否会造成企业债务违约风险的增加？企业精准扶贫的行为和信息披露是否能够帮助债权人识别企业债务违约风险？为研究这类问题，本章在第四章的研究结论上，进一步以2016～2019年我国A股非金融类上市公司为研究样本，研究企业精准扶贫的行为实施以及精准扶贫信息披露的有效性与企业债务违约风险之间的关系。

本章结构安排如下：第一节为理论分析与假设提出，对本章的行文逻辑进行阐述；第二节借鉴已有研究进行研究设计，包括样本选择、变量选取和模型设计等；第三节为实证结果回归分析；第四节分别从企业精准扶贫的言行模式与债务违约风险、企业债务融资成本的中介效应、不同经济周期以及不同产权性质分组对本章的主回归结论进行进一步研究；最后为本章小结。

第一节　理论分析与假设提出

一、企业精准扶贫的行为与债务违约风险

本书第三章已经验证，企业精准扶贫的行为实施能够帮助企业获得更大规模的债务融资，而这一结果很有可能是因为企业精准扶贫行为的实施提升了企业的抗风险能力，降低了企业发生债务违约的可能性，从而增强了债权人对企业的信心，给予企业更大规模的债务融资。

现有社会责任相关的研究发现，企业社会责任的实施能够帮助企业获得融资

规模的提升（李姝和谢晓嫣，2014）、债务融资能力的加强（沈艳和蔡剑，2009；Cheng et al.，2014）和债务融资成本的降低（Oikonomou et al.，2014；Goss & Roberts，2011）。精准扶贫行为作为企业社会责任之一，本身具有企业社会责任的性质。从企业自身出发，企业精准扶贫行为的实施意味着企业占用部分有限的自由现金流-（Friedman，1970），但在一定程度上，这一行为也反映了企业自由现金流充足。另外，企业精准扶贫行为的"政策迎合"效应帮助企业增强了与政府之间的联系，企业在此基础上获得更有利的资源倾斜和经营环境的改善（余明桂和潘红波，2008；李维安等，2015）。也就是说，企业经营环境的改善能够帮助企业在未来拥有更强的盈利能力，提升企业偿债能力，降低企业债务违约风险。

基于以上分析，本章提出假设 H5 – 1：

H5 – 1：企业精准扶贫投入越高，企业债务违约风险越低。

二、企业精准扶贫信息披露与债务违约风险

委托代理理论认为，企业的经营决定权与所有权相互分离，职业经理人掌握着企业的经营决定权。由于管理者机会主义倾向的存在，企业社会责任的承担可能是管理者自私的体现，其目的并不是帮助企业提升声誉，而是在于提升管理者自身的社会影响力和声誉，从而占用企业资源投入到与企业战略发展方向不一致的社会活动中（Cespa & Cestone，2007；Barnea & Rubin，2010）。因此，如何降低企业在社会责任行为实施过程中，由于管理者自利动机出现的管理层自利行为甚至企业社会责任实施进行的"掏空"行为，成为学术界与实务界共同关注的话题，提升信息披露质量成为有效缓解代理冲突的途径之一（董小红等，2020）。企业信息披露相关的研究发现，高效且充分的信息披露能够有效抑制管理层自利行为（Hunton et al.，2004）。从会计信息的相关性和可靠性而言，企业信息披露得越详细，分析师跟踪越多，也就是说高效的信息披露能够缓解企业内外部信息不对称，减少代理冲突（董小红等，2017）。

2016 年 12 月，上交所和深交所先后发布了《关于进一步完善上市公司扶贫工作信息披露的通知》和《关于做好上市公司扶贫工作信息披露的通知》，对进一步完善上市公司扶贫工作信息披露提出要求。根据深交所发布的《关于做好上市公司扶贫工作信息披露的通知》，上市公司在年度报告全文"重要事项"章节中，需要充分披露公司年度精准扶贫概要、扶贫工作具体成果、后续精准扶贫计划等内容。在企业精准扶贫行为实施状况强制性信息披露的要求下，企业进行高

效的文本信息披露，反映出企业自身行为实施是出于自愿性动机，而非企业管理层出于自利动机而进行的政策实施行为。也就说明，高质量的精准扶贫文本信息披露，反映出企业精准扶贫行为实施过程中使用的企业自有资金并未对企业正常经营产生严重影响，而在此过程中获得的企业声誉提升和政治资源积累能在未来提升企业的经营能力，降低债务违约风险。

基于以上分析，本章提出假设 H5-2：

H5-2：企业精准扶贫文本信息披露有效性越高，债务违约风险越低。

第二节　研　究　设　计

一、数据来源与样本选择

与第四章类似，本章所选取的研究样本与第四章基本相同，以中国 2016~2019 年沪深两市 A 股上市公司作为研究样本，得到初始样本，同时剔除以下情况样本：（1）金融行业样本；（2）ST 样本；（3）变量缺失样本，最终得到12939 个有效样本。本章所需的精准扶贫文本数据从年报中手工收集，其余财务数据均来自国泰安（CSMAR）数据库、万德（Wind）数据库和中国研究数据服务平台（CNRDS）。为了消除极端值的影响，本章对连续变量进行 1% 和 99% 水平的缩尾（Winsorize）处理。

二、变量定义

（一）企业债务违约风险变量

根据本章建立的假设，企业债务违约风险与企业未来经营能力紧密相关（Tinoco & Wilson，2013）。因此，企业进行债务融资时，必须保证当期的资本收益至少能够超过当期的各项实际成本之和，否则将面临资本亏损，产生债务违约风险。基于此，本章参考丁志国等（2021）的做法，将企业债务违约风险产生的时间节点和临界状态纳入考虑中。具体而言，根据乔根森（Jorgenson，1963）的企业投资模型，通过企业资本收益和资本支出函数，确定企业资本收支的临界状态，用以定义企业债务违约边界。如果企业资本收益大于资本支出，则企业可以

进行持续经营；反之，企业则会面临资不抵债的情形，面临债务违约风险。而企业持续经营的均衡关系如式（5-1）所示：[①]

$$R^* = (CostDebt - \delta) \times L + \delta + A \qquad (5-1)$$

式（5-1）中，R^* 是资本收支均衡条件下企业所应达到的最低经营效率水平；L 表示企业的资产负债率；δ 为单位净资产所实际支付的成本；A 为单位资本的生产成本。

在式（5-1）的基础上，进一步计算企业实际的运营效率 R，[②] 再用企业债务违约临界条件下的最低效率水平 R^* 与实际运营效率 R 相减，即可得出描述企业与债务违约边界间距离的效率缺口指标 Gap。具体计算方法如式（5-2）所示：

$$Gap = R^* - R \qquad (5-2)$$

该指标取值为正，说明企业实际运营效率低于债务违约边界上的效率值，数值越大意味着企业资本亏损越多，违约风险越高；该指标取值为负，说明企业实际运营效率高于债务违约边界上的效率值，数值越小意味着企业距离债务违约边界的安全空间越大，违约风险越低。

同时，本章采用（Lemmon et al.，2009）的做法，通过构建财务困境虚拟变量的方法计算企业违约风险代理变量 FD_dum，替换原方程的违约概率指标。具体而言，在当期息税前利润小于上期利息支出的80%时赋值为1，意味着企业存在债务违约风险，否则为0，表明企业没有债务违约风险。

（二）企业精准扶贫行为变量

与第四章相同，本章参考易玄等（2020）的做法采用企业精准扶贫总投入额加1取对数（lnFP）来衡量企业精准扶贫的行为。lnFP 越大，代表企业精准扶贫投入越高，企业精准扶贫实施越积极。

（三）企业精准扶贫文本信息含量变量

同样类似于第四章的做法，本章参考李晓溪、杨国超、饶品贵（2019）和霍普等（Hope et al.，2016）的做法，采用 Python Stanford 中文 NER 模块识别命名实体，其中经过命名的实体信息包括：时间、地点、机构、人名、货币、百分比、日期和设备等八类信息。[③] 本章根据上述八类信息占企业精准扶贫文本段落总字符数的比重来衡量企业精准扶贫文本信息含量 $SpcFP$，并以此作为衡量精准

[①] 具体模型建立和推导过程参考丁志国（2021）。

[②] 单位资本回报率体现了企业将每单位资本转化为收入的能力，反映了企业的运营效率。

[③] 基于北京大学提供的训练资料所得，详见 https://nlp.stanford.edu/software/CRF-NER.shtml。

扶贫文本信息披露有效性的代理变量。[①]

（四）控制变量

参考已有有关精准扶贫和企业债务融资结构的相关研究（杨玉龙等，2020；张海亮等，2020），本章从公司特征、市场表现、治理结构、产权性质等层面设置控制变量，主要包括：企业规模（Size）、资产负债率（Lev）、企业年龄（Age）、公司业绩（Roa）、成长性（Growth）、有形资产占比（Fixed）、偿债能力（Lipay）、权益筹资能力（Offernum）、股市表现（Yretnd）、第一大股东持股比例（Top1）、两职合一（Dual）、董事会独立性（Indep）和产权性质（SOE）。各变量定义见表 5 – 1。

表 5 – 1   **变量定义**

变量类型	变量符号	变量衡量方式
被解释变量	Gap	企业债务违约临界条件下的最低效率水平 R^* 减实际运营效率 R
	FD_dum	当期息税前利润小于上期利息支出的 80% 时赋值为 1，否则为 0
解释变量	lnFP	扶贫支出总金额加 1 的自然对数
	SpcFP	企业精准扶贫文本信息含量，即时间、地点、机构、人名、货币、百分比、日期和设备等八类信息占企业精准扶贫文本段落总字符数的比重
公司特征控制变量	Size	公司总资产加 1 后的自然对数值
	Lev	公司负债与资产的比值
	Age	企业自上市以来的年限
	Roa	上市公司年度净利润与总资产余额的比值
	Growth	（企业当年营业收入 – 上年营业收入）/上年营业收入
	Fixed	固定资产净额与总资产的比值
	Lipay	息税前利润与负债合计的比值
市场表现控制变量	Offernum	本年配股和增发募集资金金额的总和，单位为亿元
	Yretnd	个股回报率年末值
治理结构控制变量	Top1	第一大股东的持股比例
	Dual	董事长与总经理兼任时取值为 1，否则取值为 0
	Indep	独立董事人数与董事人数的比值

---

① SpcFP 具体计算方法详见本书第三章第二节中"二、变量定义"。

续表

变量类型	变量符号	变量衡量方式
产权性质控制变量	SOE	国有企业取1，否则取0

三、模型设计

本章借鉴已有文献（甄红线和王三法，2021；杨玉龙等，2020；张海亮等，2020），为验证假设 H5 - 1，构建以下模型，见式（5 - 3）：

$$Gap(FD_{dum})_{i,t+1} = \alpha + \beta_1 \ln FP_{i,t} + \sum \beta_j Control_{i,t} + \sum Year + \sum Ind + \varepsilon_{i,t}$$

$$(5-3)$$

为验证假设 H5 - 2，本章构建以下模型，见式（5 - 4）：

$$Gap(FD_{dum})_{i,t+1} = \alpha + \beta_1 SpcFP_{i,t} + \sum \beta_j Control_{i,t} + \sum Year + \sum Ind + \varepsilon_{i,t}$$

$$(5-4)$$

由于企业精准扶贫的披露主要在年报中，因此精准扶贫信息在 $t+1$ 年才能被市场广泛、精确地获知，同时为了缓解可能的内生性问题，本章均以 $t+1$ 年的债务违约风险作为被解释变量。同时，当被解释变量为 FD_dum 时，采用 Logit 模型和 Probit 模型进行检验。

第三节 回归分析

一、描述性统计

本章主要变量的描述性统计如表 5 - 2 所示。

表 5 - 2   描述性统计

变量	N	均值	标准差	min	P50	max
Gap	12939	- 0. 103	0. 109	- 0. 619	- 0. 075	0. 082
FD_dum	12939	0. 023	0. 148	0	0	1. 000

续表

变量	N	均值	标准差	min	P50	max
ln*FP*	12939	1.126	2.184	0	0	8.808
SpcFP	12939	0.112	0.220	0	0	1.000
Size	12939	13.022	1.357	0	12.870	19.426
Lev	12939	0.418	0.205	0.062	0.405	0.934
Age	12939	10.338	7.859	0	8.000	29.000
Roa	12939	0.040	0.076	−0.330	0.040	0.302
Growth	12939	0.195	0.440	−0.628	0.117	2.733
Fixed	12939	0.201	0.156	0	0.167	0.672
Libpay	12939	0.193	0.305	−0.412	0.109	1.907
Offernum	12939	1.595	6.197	0	0	42.824
Yretnd	12939	−0.127	0.630	−8.194	−0.149	1.000
SOE	12939	0.340	0.474	0	0.312	1.000
Top1	12939	0.335	0.146	0.030	0	0.891
Dual	12939	0.300	0.458	0	0.364	1.000
Indep	12939	0.378	0.056	0.200	0	0.800

　　如前文样本选择所述，为避免极端异常值对本章实证结果产生影响，表 5 − 2 中报告的是缩尾（Winsorize）后的结果。首先，被解释变量 *Gap* 和 *FD_dum* 在本章采用滞后一期的变量进行回归分析。*Gap* 的均值为 −0.103，标准差为 0.109，最小值为 −0.619，中位数为 −0.075，最大值为 0.082，这一结果与丁志国等（2021）的结果[①]差异并不大。而描述性统计的结果中，*Gap* 的均值和中位数均小于 0，这就表明，在一般情况下，大部分企业进行债务违约的可能性都较小，这也与实际情况相符。这一结果可以从另一个被解释变量 *FD_dum* 中得到同样的反映。*FD_dum* 的均值为 0.023，标准差为 0.148，最小值和中位数均为 0，这一结果与 *Gap* 的描述性统计类似。本章解释变量与控制变量的描述性统计已经在第四章进行详细叙述，因此，本章不再赘述。

---

　　① 丁志国等（2021）的描述性统计中，*Gap* 的均值为 −0.116，标准差为 0.090，最小值为 −0.456，最大值为 0.060。

二、均值差异检验和相关系数分析

(一) 均值差异检验

表 5 - 3 为本章主要变量的均值差异检验结果。

表 5 - 3 均值差异检验

变量	非精准扶贫组		精准扶贫组		组间差异 T 检验
	N	均值	N	均值	
Gap	9724	- 0.077	3215	- 0.091	7.024 ***
FD_dum	9724	0.024	3215	0.004	1.415
lnFP	9724	0	3215	4.531	- 229.924 ***
SpcFP	9724	0	3215	0.450	- 214.247 ***
Size	9724	12.790	3215	13.740	- 36.112 ***
Lev	9724	0.404	3215	0.460	- 13.588 ***
Age	9724	9.526	3215	12.800	- 20.792 ***
Roa	9724	0.038	3215	0.046	- 4.990 ***
Growth	9724	0.202	3215	0.176	2.910 ***
Fixed	9724	0.186	3215	0.245	- 18.593 ***
Libpay	9724	0.196	3215	0.186	1.600
Offernum	9724	1.465	3215	1.987	- 4.139 ***
Yretnd	9724	- 0.133	3215	- 0.107	- 2.083 **
Top1	9724	0.326	3215	0.362	- 12.253 ***
Dual	9724	0.325	3215	0.224	10.889 ***
Indep	9724	0.378	3215	0.377	1.026
SOE	9724	0.276	3215	0.531	- 27.183 ***

注: *** 、** 和 * 分别表示在 1% 、5% 和 10% 的水平上显著。

由于解释变量和控制变量的均值差异结果已经在第四章中详细报告,因此本章主要报告被解释变量之间的差异检验结果。从表 5 - 3 的两个被解释变量 Gap 和 FD_dum 来看,未参与精准扶贫企业 Gap 的均值为 - 0.077,较参与精准扶贫企业的债务违约风险 Gap 均值 -0.091 明显增高，且组间差异 T 检验系数为 7.024，在 1% 的水平上显著。这也就表明，参与精准扶贫的企业相较于未参与精准扶贫的企业而言，债务违约的风险更低。FD_dum 的均值差异检验结果显示，虽然未参与精准扶贫企业 FD_dum 的均值 0.024 明显高于参与精准扶贫企业 FD_dum 的均值 0.004，但组间差异系数并不显著。因此，对于被解释变量 FD_dum 的结果仍需在后文进一步验证。

（二）相关系数分析

本章主要变量的 Pearson 相关系数检验结果如表 5 - 4 所示。

从表 5 - 4 看，被解释变量 Gap 与 FD_dum 之间的相关系数为 0.045，且在 1% 的水平上显著为正。在有关企业债务违约风险和财务危机的研究中，FD_dum 作为衡量指标之一，使用比 Gap 更为广泛。因此，此处通过相关系数检验发现，Gap 与 FD_dum 显著正相关，说明了本章选取的衡量指标 Gap 的可行性[①]。另外，Gap 与 lnFP 和 $SpcFP$ 的相关系数分别为 -0.059 和 -0.045，且均在 1% 的水平上显著为负，这一结果在一定程度上支持了本章的假设 H5 - 1 和 H5 - 2。而另一被解释变量 FD_dum 与 lnFP 的相关系数为 -0.011，并不显著，但与 $SpcFP$ 的相关系数为 -0.016，在 10% 的水平上显著为负，同样支持了本章的假设 H5 - 2。

三、企业精准扶贫的言行与债务违约风险回归分析

（一）企业精准扶贫投入与债务违约风险

表 5 - 5 列示了企业精准扶贫行为与债务违约风险的回归结果。

首先，观察表 5 - 5 的第（1）列和第（2）列，结果显示，当被解释变量为 Gap 时，加入控制变量前后 lnFP 的回归系数分别为 -0.003 和 -0.001，且均在 1% 的水平上显著。这说明，企业精准扶贫投入越高，企业未来的债务违约风险越小。在更换被解释控制变量为 FD_dum 后，虽然表 5 - 5 的第（3）列和第（5）列 lnFP 的回归系数均不显著，但在加入控制变量以及固定了年度和行业效应后，采用 logit 模型的回归结果如表 5 - 5 第（4）列所示，lnFP 的系数为 -0.093，且

[①] 企业债务违约风险衡量指标 Gap 的可行性在丁志国等（2021）的文章中已经进行证明，本书通过描述性统计进一步夯实了这一指标在实证检验中的可信性。

表 5 - 4

Pearson 相关系数检验

序号	变量	(1)	(2)	(3)	(4)	(5)	(6)	(7)	(8)	(9)	(10)	(11)	(12)	(13)	(14)	(15)	(16)	(17)
(1)	Gap	1																
(2)	FD_dum	0.045***	1															
(3)	lnFP	-0.059***	-0.011	1														
(4)	SpcFP	-0.045***	-0.016*	0.794***	1													
(5)	Size	0.150***	0.041***	0.396***	0.255***	1												
(6)	Lev	0.00800	0.143***	0.156***	0.095***	0.480***	1											
(7)	Age	0.086***	0.059***	0.170***	0.144***	0.378***	0.339***	1										
(8)	Roa	0.077***	-0.109***	0.049***	0.047***	0.009	-0.359***	-0.207***	1									
(9)	Growth	0.028***	-0.045***	-0.021**	-0.018*	0.048***	0.031***	-0.031***	0.227***	1								
(10)	Fixed	0.118***	0.009	0.163***	0.134***	0.113***	0.062***	0.083***	-0.037***	-0.071***	1							
(11)	Libpay	-0.019***	-0.097***	-0.019***	-0.006	-0.162***	-0.517***	-0.282***	0.612***	0.089***	-0.028***	1						
(12)	Offernum	0.073***	0	0.061***	0.034***	0.226***	0.050***	0.066***	0.038***	0.248***	0.00200	-0.030***	1					
(13)	Yretnd	0.036***	0.004	0.016*	0.014	0.041***	0.025***	-0.024***	0.037***	-0.016*	0.020*	0.041***	0.017*	1				
(14)	Top1	0.093***	-0.041***	0.124***	0.078***	0.193***	0.031***	-0.057***	0.167***	-0.0100	0.094***	0.091***	0.021**	0.048***	1			
(15)	Dual	-0.084***	-0.024***	-0.091***	-0.071***	-0.189***	-0.129***	-0.244***	0.051***	0.021**	-0.083***	0.087***	-0.032***	-0.014	-0.027***	1		
(16)	Indep	-0.033***	-0.011	0.007	-0.0130	-0.007	0.002	-0.028***	-0.028***	-0.009	-0.047***	-0.022***	-0.003	-0.007	0.048***	0.107***	1	
(17)	SOE	0.151***	0.018**	0.213***	0.182***	0.345***	0.255***	0.439***	-0.076***	-0.051***	0.180***	-0.175***	0.034***	0.009	0.208***	-0.285***	-0.034***	1

注：***、**和*分别表示在1%、5%和10%的水平上显著。

在1%的水平上显著为负。同时，第（6）列显示，更换回归模型，采用Probit回归后，ln*FP*的系数为－0.040，依旧在1%的水平上显著。以上回归结果表明，无论是从企业债务违约边界的角度衡量，还是从财务数据衡量，企业精准扶贫投入都与企业债务违约风险负相关。也就是说，积极参与精准扶贫的企业，在未来进行债务违约的可能性更小，这与本章的假设H5－1一致。

表5－5　　　　　　　　　企业精准扶贫行为与债务违约风险

变量	(1)	(2)	(3)	(4)	(5)	(6)
	OLS		Logit		Probit	
	F. Gap	*F. Gap*	*F. FD_dum*	*F. FD_dum*	*F. FD_dum*	*F. FD_dum*
ln*FP*	－0.003 *** (－6.672)	－0.001 *** (－3.170)	－0.037 (－1.283)	－0.093 *** (－2.933)	－0.151 (－1.294)	－0.040 *** (－2.849)
Lev		－0.076 *** (－12.307)		3.630 *** (10.126)		1.604 *** (9.801)
Size		0.007 *** (7.827)		0.131 ** (2.516)		0.044 * (1.774)
Age		0.000 (0.632)		－0.009 (－0.967)		－0.003 (－0.797)
Roa		0.138 *** (8.556)		2.739 *** (3.064)		1.009 ** (2.357)
Growth		0.004 * (1.675)		－0.437 ** (－2.574)		－0.189 *** (－2.692)
Fixed		0.055 *** (7.992)		0.524 (1.237)		0.230 (1.178)
Libpay		－0.034 *** (－8.333)		－5.565 *** (－9.120)		－2.398 *** (－8.529)
Offernum		0.001 *** (4.082)		0.008 (0.832)		0.004 (0.872)
Yretnd		0.003 * (1.783)		－0.014 (－0.117)		0.002 (0.042)
*Top*1		0.011 (1.616)		－1.664 *** (－3.435)		－0.716 *** (－3.341)

续表

变量	(1)	(2)	(3)	(4)	(5)	(6)
	OLS		Logit		Probit	
	F. Gap	F. Gap	F. FD_dum	F. FD_dum	F. FD_dum	F. FD_dum
Dual		− 0.005 ** (− 2.514)		− 0.219 (− 1.442)		− 0.097 (− 1.458)
Indep		− 0.043 *** (− 2.651)		− 1.970 * (− 1.729)		− 0.763 (− 1.502)
SOE		0.017 *** (7.329)		− 0.204 (− 1.382)		− 0.113 * (− 1.689)
year	No	Yes	No	Yes	No	Yes
ind	No	Yes	No	Yes	No	Yes
_cons	− 0.106 *** (− 98.385)	− 0.126 *** (− 8.666)	− 3.733 *** (− 56.841)	− 5.202 *** (− 6.190)	− 1.989 *** (− 73.382)	− 2.445 *** (− 6.306)
N	12939	12939	12939	12939	12939	12939
adj. R^2 (Pseudo R^2)	0.003	0.127	0.190	0.155	0.001	0.157
F	44.472	56.166	—	—	—	—

注：*** 、** 和 * 分别表示在 1% 、5% 和 10% 的水平上显著。

（二）企业精准扶贫信息披露与债务违约风险

表 5 - 6 列示了式（5 - 4）的回归结果。由表 5 - 6 可知，无论是否加入控制变量以及是否控制行业和年度效应，当被解释变量为 Gap 时，企业精准扶贫文本信息披露有效性均与企业债务违约风险负相关。其中，在不进行控制时，如表 5 - 6 的第（1）列所示，SpcFP 的系数为 - 0.022，在 1% 的水平上显著；而第（2）列中虽然 SpcFP 系数的显著性有所下降，系数为 - 0.008，但依旧在 10% 的水平上显著，也就是说企业精准扶贫文本信息披露的有效性越高，企业未来运营效率的缺口越小，发生债务违约的风险越低。在更换被解释变量以及回归模型后，如表 5 - 6 第（3）~（6）列所示，SpcFP 的回归系数均在不同程度上显著为负，这一结果也进一步证明了本章的假设 H5 - 2，即企业精准扶贫文本信息披露有效性越高，企业在未来发生债务违约的可能性越小。

表5-6　　　　　　　　　企业精准扶贫信息披露与债务违约风险

变量	(1)	(2)	(3)	(4)	(5)	(6)
	OLS		Logit		Probit	
	F. Gap	F. Gap	F. FD_dum	F. FD_dum	F. FD_dum	F. FD_dum
SpcFP	-0.022 *** (-5.138)	-0.008 * (-1.948)	-0.553 * (-1.841)	-0.886 *** (-2.654)	-0.224 * (-1.864)	-0.365 ** (-2.560)
Lev		-0.076 *** (-12.283)		3.622 *** (10.111)		1.606 *** (9.821)
Size		0.007 *** (7.438)		0.112 ** (2.223)		0.034 (1.432)
Age		0.000 (0.654)		-0.009 (-0.900)		-0.003 (-0.726)
Roa		0.137 *** (8.504)		2.723 *** (3.041)		1.010 ** (2.358)
Growth		0.004 * (1.728)		-0.441 *** (-2.587)		-0.190 *** (-2.696)
Fixed		0.054 *** (7.880)		0.501 (1.184)		0.225 (1.153)
Libpay		-0.035 *** (-8.361)		-5.534 *** (-9.072)		-2.384 *** (-8.490)
Offernum		0.001 *** (4.092)		0.008 (0.819)		0.004 (0.864)
Yretnd		0.003 * (1.789)		-0.015 (-0.128)		0.001 (0.024)
Top1		0.011 (1.562)		-1.684 *** (-3.474)		-0.718 *** (-3.350)
Dual		-0.005 ** (-2.516)		-0.213 (-1.400)		-0.096 (-1.433)
Indep		-0.044 *** (-2.711)		-1.993 * (-1.751)	·	-0.791 (-1.556)

续表

变量	(1)	(2)	(3)	(4)	(5)	(6)
	OLS		Logit		Probit	
	F. Gap	F. Gap	F. FD_dum	F. FD_dum	F. FD_dum	F. FD_dum
SOE		0.017 *** (7.273)		−0.198 (−1.340)		−0.110 * (−1.651)
year	No	Yes	No	Yes	No	Yes
ind	No	Yes	No	Yes	No	Yes
_cons	−0.106 *** (−97.875)	−0.119 *** (−8.336)	−3.717 *** (−57.151)	−4.992 *** (−6.031)	−1.982 *** (−73.653)	−2.326 *** (−6.110)
N	12939	12939	12939	12939	12939	12939
adj. R^2 ($Pseudo$ R^2)	0.002	0.126	0.001	0.155	0.001	0.157
F	26.462	55.955	—	—	—	—

注：***、**和*分别表示在1%、5%和10%的水平上显著。

四、内生性与稳健性检验

(一) PSM 处理样本自选择问题

根据本书第四章所述，企业参与精准扶贫可能并不是随机的，而是由某些特定的因素决定的。因此，为缓解样本自选择的问题，本书采取逐年1∶1，无放回的倾向得分匹配法（PSM）对回归样本进行处理。本章采取相同的做法，最终得到2183个参与精准扶贫的样本企业以及2193个未精准扶贫的样本企业。平衡性检验结果已经在第四章进行报告，因此，此处不再赘述。表5-7报告了PSM匹配排除样本自选择问题后的回归结果。除表5-7的第（2）列采用OLS回归时，$SpcFP$ 的回归系数不显著以外，其他不同的回归模型和不同的被解释变量回归结果均在不同水平上显著，且 lnFP 和 $SpcFP$ 的回归系数均为负，与本章假设 H5-1 和 H5-2 一致。可以说明，本章的主回归结果具有一定的稳健性。

表 5 - 7 内生性检验——PSM 匹配

变量	(1)	(2)	(3)	(4)	(5)	(6)
	OLS		Logit		Probit	
	F. Gap	F. Gap	F. FD_dum	F. FD_dum	F. FD_dum	F. FD_dum
lnFP	- 0.001 ** (- 2.193)		- 0.085 * (- 1.936)		- 0.038 * (- 1.938)	
SpcFP		- 0.004 (- 0.667)		- 1.020 ** (- 2.303)		- 0.427 ** (- 2.229)
Control	Yes	Yes	Yes	Yes	Yes	Yes
year	Yes	Yes	Yes	Yes	Yes	Yes
ind	Yes	Yes	Yes	Yes	Yes	Yes
_cons	- 0.110 *** (- 5.085)	- 0.106 *** (- 4.895)	- 3.682 *** (- 2.639)	- 3.366 ** (- 2.412)	- 1.583 ** (- 2.441)	- 1.402 ** (- 2.157)
N	4376	4376	4376	4376	4376	4376
adj. R^2 (Pseudo R^2)	0.138	0.137	0.180	0.181	0.180	0.181
F	22.834	22.680	—	—	—	—

注：***、** 和 * 分别表示在 1%、5% 和 10% 的水平上显著。

(二) 改变债务违约风险衡量的变量

本章采用奥特曼（Altman，1968）的做法，采用企业财务困境预警模型构造企业风险 Z - Score 作为企业债务违约风险的另一衡量指标。Z - Score 的具体计算方法如式（5 - 5）所示。该指标是企业财务风险的反向指标，取值越大意味着财务风险越小。

$$Z - Score = (3.3 × 息税前利润 + 营业收入 + 1.4 × 留存收益 + 1.2 \\ × 净营运资本)/总资产 \quad\quad (5 - 5)$$

表 5 - 8 列示了当被解释变量为 Z - Score 时的回归结果。首先，观察表 5 - 8 的第（1）列和第（3）列，在单变量回归时，lnFP 的系数为 0.268，在 10% 的水平上显著，而当加入控制变量以及控制行业和年度效应后，lnFP 的显著性明显提升，回归系数为 0.696，且在 1% 的水平上显著为正。这一结果表明，企业精准扶贫投入的提升能够增加企业的 Z - Score，即降低财务风险。上述回归结果与本章的假设 H5 - 1 一致。其次，观察表 5 - 8 的第（2）列和第（4）列，

SpcFP 的系数在单变量回归时为 3.049，而加入控制变量和固定效应后变为 3.472，回归系数的显著性由 10% 变为 5%，这一结果与本章的假设 H5 - 2 也一致。总而言之，改变被解释变量的衡量标准后，回归结果依然与主回归结论一致，证明了本章主回归结果的稳健性。

表 5 - 8　　　　　　　　稳健性检验——改变债务违约风险衡量变量

变量	(1)	(2)	(3)	(4)
	Z - Score	Z - Score	Z - Score	Z - Score
ln*FP*	0.268 * (1.668)		0.696 *** (4.442)	
SpcFP		3.049 * (1.910)		3.472 ** (2.364)
Control	No	No	Yes	Yes
year	No	No	Yes	Yes
ind	No	No	Yes	Yes
_cons	65.263 *** (164.793)	65.224 *** (165.163)	72.303 *** (14.553)	68.802 *** (14.089)
N	12939	12728	12728	12728
adj. R^2	0.000	0.000	0.243	0.242
F	2.782	3.648	120.987	120.437

注：***、**和 * 分别表示在 1%、5% 和 10% 的水平上显著。

（三）改变精准扶贫投入的衡量方式

与第四章类似，本章参考甄红线和王三法（2021）的做法，对精准扶贫行为实施变量 ln*FP* 进行更换，采用去规模化的精准扶贫投入 TPA 对本章主回归结果进行稳健性检验。

表 5 - 9 的回归结果显示，在去规模化后，企业精准扶贫投入（TPA）与不同的债务融资规模衡量变量 *F. Gap* 和 *F. FD_dum* 的回归系数均在不同程度上显著负相关。其中，表 5 - 9 的第（1）列，TPA 的回归系数为 - 0.055，显著性相较于 ln*FP* 的系数有所下降。但第（3）列和第（5）列中，*TPA* 的系数分别为 - 0.233 和 - 0.094，且均在 10% 的水平上显著，显著性较主回归有所提升。上述结果表明，本章对假设 H5 - 1 的检验结果是稳健的。

表 5 – 9　　　　　　　　稳健性检验——改变精准扶贫投入的衡量方式

变量	(1)	(2)	(3)	(4)	(5)	(6)
	OLS		Logit		Probit	
	F. Gap	*F. Gap*	*F. FD_dum*	*F. FD_dum*	*F. FD_dum*	*F. FD_dum*
TPA	– 0. 055 ** (– 1. 995)	– 0. 102 *** (– 3. 915)	– 0. 233 * (– 1. 735)	– 0. 465 ** (– 2. 267)	– 0. 094 * (– 1. 835)	– 0. 258 ** (– 2. 332)
Control	No	Yes	No	Yes	No	Yes
year	No	Yes	No	Yes	No	Yes
ind	No	Yes	No	Yes	No	Yes
_cons	– 0. 103 *** (– 103. 441)	– 0. 116 *** (– 8. 167)	– 3. 770 *** (– 61. 734)	– 4. 667 *** (– 5. 699)	– 2. 004 *** (– 79. 834)	– 2. 207 *** (– 5. 848)
N	12939	12939	12939	12939	12939	12939
adj. R^2 (*Pseudo R^2*)	0. 000	0. 127	0. 001	0. 152	0. 002	0. 154
F	3. 982	56. 344	—	—	—	—

注：*** 、** 和 * 分别表示在1% 、5% 和10% 的水平上显著。

· 第四节　进一步研究

一、精准扶贫言行模式与债务违约风险

根据本书第三章对企业精准扶贫不同言行模式的构建，本章进一步研究不同的企业精准扶贫行为模式对债务违约风险的影响，相关结果列示于表5 – 10 中。

表 5 – 10　　　　　　企业精准扶贫行为模式与债务违约风险

变量	(1)	(2)	(3)	(4)
	F. Gap	*F. Gap*	*F. Gap*	*F. Gap*
model1（多言多行）	– 0. 008 ** (– 2. 303)			

续表

变量	(1)	(2)	(3)	(4)
	F. Gap	F. Gap	F. Gap	F. Gap
mode2（多言寡行）		0.004 (1.011)		
mode3（寡言寡行）			0.000 (0.030)	
mode4（寡言多行）				0.005 (1.301)
Control	Yes	Yes	Yes	Yes
year	Yes	Yes	Yes	Yes
ind	Yes	Yes	Yes	Yes
_cons	-0.018 (-1.083)	-0.021 (-1.242)	-0.019 (-1.110)	-0.018 (-1.090)
N	3215	3215	3215	3215
adj. R^2	0.180	0.179	0.179	0.179
F	23.045	22.880	22.841	22.906

注：***、**和*分别表示在1%、5%和10%的水平上显著。

从表5-10的回归结果可以发现，除多言多行（mode1）的精准扶贫言行模式以外，其他的言行模式对企业债务违约风险的影响均不显著。表5-10的第（1）列显示，多言多行（mode1）的回归系数为-0.008，在5%的水平上显著为负。也就是说，当企业精准扶贫投入越高，且精准扶贫文本信息披露有效性越高时，企业未来的债务违约风险越低。本书对这一结果的解释是，企业积极投身精准扶贫事业中，提升精准扶贫投入的同时，以高效的文本披露相关信息。从动机而言，这类企业可能具有充足的现金流，并且希望外界充分了解企业精准扶贫的相关状况，这类企业的风险更小。因此，在未来发生债务违约的可能性也就越小。

二、经济周期、企业精准扶贫的言行与债务违约风险

本章对企业债务违约风险 Gap 的计算方法主要根据企业的运营效率、债务融

资成本和资本结构等因素进行构造。而在不同经济周期下，上述因素可能会受到经济波动的影响。丁志国等（2021）研究发现，在不同经济周期下，企业债务违约边界存在明显的差异。具体而言，在经济扩张时期，企业的债务融资更高，而较高的债务融资利率会增加企业债务违约的风险；相反，在经济紧缩时期，企业债务违约的风险会随之降低。因此，本章进一步探究不同经济周期下企业精准扶贫的言行是否会对企业债务违约风险带来不同的影响。借鉴一些学者的研究方法（Steenkamp & Fang，2011；陈漫和张新国，2016；丁志国等，2021），本章采用 HP 滤波方法提取 GDP 序列中的经济周期因素，识别样本观测值所处年度的经济周期状况，并分别考察经济扩张期和紧缩期企业精准扶贫的言行对企业债务违约风险的影响。

表 5-11 的第（1）列和第（2）列分别列示了经济紧缩期和扩张期企业精准扶贫投入对企业债务违约风险的回归结果。其中，lnFP 的系数均为 -0.001，且均在 5% 的水平上显著为负，说明无论是经济紧缩期还是扩张期，精准扶贫投入越高的企业，债务违约风险越低。同时，组间差异系数为 0.04，表示两组样本之间不存在显著差异，也就表明不同的经济周期的改变并不会影响企业精准扶贫行为实施对企业债务风险的影响。同样，观察表 5-11 的第（3）列和第（4）列可以发现，在经济紧缩期，企业精准扶贫文本信息披露有效性 $SpcFP$ 的系数为 -0.008，在 10% 的水平上显著，但在经济扩张期，$SpcFP$ 的回归系数并不显著。进一步观察组间差异系数发现，差异系数为 0.12，并不显著，也就说明即使在经济紧缩期，企业精准扶贫信息披露有效性越高的企业，债务违约风险也越低，和经济扩张期并没有明显的差别。

上述回归结果说明，在不同的经济周期，企业债务违约边界 Gap 可能会有所不同，但企业精准扶贫行为和信息披露的有效性对债务违约风险识别的影响并没有显著差异。因此债权人在不同的经济波动时期，均可以通过企业精准扶贫的言行识别企业债务违约的风险。

表 5-11 经济周期、企业精准扶贫的言行与债务违约风险

变量	(1)	(2)	(3)	(4)
	紧缩期	扩张期	紧缩期	扩张期
	$F. Gap$	$F. Gap$	$F. Gap$	$F. Gap$
lnFP	-0.001 ** (-2.377)	-0.001 ** (-2.020)		

续表

变量	（1） 紧缩期 *F. Gap*	（2） 扩张期 *F. Gap*	（3） 紧缩期 *F. Gap*	（4） 扩张期 *F. Gap*
SpcFP			− 0.008 * （− 1.691）	− 0.004 （− 1.429）
Control	Yes	Yes	Yes	Yes
year	Yes	Yes	Yes	Yes
ind	Yes	Yes	Yes	Yes
_cons	− 0.212 *** （− 15.074）	− 0.224 *** （− 8.490）	− 0.205 *** （− 15.111）	− 0.219 *** （− 8.487）
N	9620	3319	9620	3319
adj. R²	0.072	0.057	0.072	0.057
F	47.710	15.303	47.500	15.237
组间差异系数	0.04		0.12	

注：***、**和*分别表示在1%、5%和10%的水平上显著。

三、产权性质、企业精准扶贫的言行与债务违约风险

表5−12列示了不同产权性质下，企业精准扶贫的言行与债务违约风险的回归结果。

表5−12　　　　　产权性质、企业精准扶贫的言行与债务违约风险

变量	（1） 国有企业 *F. Gap*	（2） 民营企业 *F. Gap*	（3） 国有企业 *F. Gap*	（4） 民营企业 *F. Gap*
ln*FP*	− 0.000 （− 0.385）	− 0.002 *** （− 3.476）		
SpcFP			0.007 （1.310）	− 0.017 *** （− 2.769）
Control	Yes	Yes	Yes	Yes
year	Yes	Yes	Yes	Yes

续表

变量	（1）	（2）	（3）	（4）
	国有企业	民营企业	国有企业	民营企业
	F. Gap	F. Gap	F. Gap	F. Gap
ind	Yes	Yes	Yes	Yes
_cons	−0.124 *** （−7.604）	−0.116 *** （−5.194）	−0.120 *** （−7.594）	−0.110 *** （−4.948）
N	4393	8530	4393	8530
adj. R^2	0.175	0.095	0.175	0.094
F	31.070	28.039	31.132	27.891
组间差异系数	6.70 ***		9.38 ***	

注：*** 、** 和 * 分别表示在 1%、5% 和 10% 的水平上显著。

在企业精准扶贫行为实施层面，回归结果如表 5 − 12 的第（1）列和第（2）列所示，国有企业样本 lnFP 的系数并不显著，但民营企业样本 lnFP 的回归系数为 −0.002，且在 1% 的水平上显著。通过组间差异检验发现，两组样本的组间差异系数为 6.70，在 1% 的水平上显著。这就证明，相较于国有企业，民营企业精准扶贫投入越高，其债务违约风险越低。同样的结果在精准扶贫文本信息披露的环节也得到了证明。表 5 − 12 的第（3）列和第（4）列显示，国有企业样本 SpcFP 的回归系数为 0.007，不显著；相反，民营企业样本 SpcFP 的系数在 1% 的水平上显著为负，具体值为 −0.017。同时，组间差异检验结果显示，国有企业样本与民营企业样本 SpcFP 的组间差异系数为 9.38，在 1% 的水平上显著。这就表明，民营企业精准扶贫文本信息披露的有效性比国有企业更能反映企业的债务违约风险，民营企业的精准扶贫文本信息披露有效性越高，企业债务违约风险越低。

四、房地产企业精准扶贫的言行与债务违约风险

为进一步探究企业精准扶贫的言行识别企业债务违约风险的作用在房地产企业和非房地产企业中的差别，本章延续第三章第四节的做法，对主回归样本按照房地产企业与非房地产企业进行了分组检验，具体回归结果表 5 − 13 所示。

表 5 - 13　　　　　　　　　房地产企业精准扶贫的言行与债务违约风险

变量	(1)	(2)	(3)	(4)
	房地产企业	非房地产企业	房地产企业	非房地产企业
	F. Gap	F. Gap	F. Gap	F. Gap
lnFP	- 0.002 ** (- 2.003)	- 0.001 ** (- 2.180)		
SpcFP			- 0.007 (- 0.894)	- 0.006 ** (- 2.406)
Control	Yes	Yes	Yes	Yes
year	Yes	Yes	Yes	Yes
ind	Yes	Yes	Yes	Yes
_cons	- 0.115 *** (- 3.464)	- 0.122 *** (- 7.963)	- 0.101 *** (- 3.136)	- 0.116 *** (- 7.683)
N	699	12224	699	12224
adj. R^2	0.069	0.108	0.065	0.108
F	3.704	45.979	3.536	45.804
组间差异系数	0.57		3.86 ***	

注：*** 、** 和 * 分别表示在 1% 、5% 和 10% 的水平上显著。

回归结果显示，房地产企业与非房地产企业 lnFP 的系数分别为 - 0.002 和 - 0.001，且均在 5% 的水平上显著为负，组间差异检验并不显著。说明从企业精准扶贫行为实施的维度而言，房地产企业与非房地产企业精准扶贫行为对揭露企业债务违约风险的作用并无显著差异。企业精准扶贫投入越高，债务违约风险越低。但从企业精准扶贫信息披露的维度而言，房地产企业与非房地产企业出现了一定的差异。表 5 - 13 的第 (3) 列和第 (4) 列显示，房地产企业 SpcFP 的回归系数 - 0.007 不显著，但非房地产企业 SpcFP 的系数为 - 0.006，在 5% 的水平上显著为正，组间差异系数为 3.86。上述回归结果表明，房地产企业提升精准扶贫文本信息披露的有效性并不能反映企业风险的降低，这一结果进一步解释了房地产企业提升精准扶贫文本信息披露的有效性之所以难以获得更大规模和更低成本的长期债务融资以及更低成本的债务融资，是因为房地产企业精准扶贫文本信息并不能传递其债务违约风险降低的信号。

五、债务违约风险的中介作用

现有研究表明，企业的信息披露质量对企业债务融资成本的影响路径在于降低企业债务违约风险，从而使得债权人要求更低的风险补偿（Hodder et al.，2001；Hope et al.，2016；Chiu et al.，2017；王雄元和曾敬，2019）。因此，在检验了企业精准扶贫与债务违约风险之间的关系后，本章进一步探究债务违约风险在企业精准扶贫的言行与债务融资成本之间是否起到了中介作用。

参考温忠麟等（2014）的中介效应检验方法，本章构造以下回归模型对债务融资成本的中介作用进行检验，见式（5-6）、式（5-7）、式（5-8）：

$$Cost_{i,t+1} = \alpha + \alpha_1 \ln FP(SpcFP)_{i,t} + \sum \alpha_j Control_{i,t+1}$$
$$+ \sum Year + \sum Ind + \varepsilon_{i,t+1} \qquad (5-6)$$

$$Gap_{i,t+1} = \alpha + \beta_1 \ln FP(SpcFP)_{i,t} + \sum \beta_j Control_{i,t}$$
$$+ \sum Year + \sum Ind + \varepsilon_{i,t} \qquad (5-7)$$

$$Cost_{i,t+1} = \alpha + \gamma_1 Gap_{i,t+1} + \gamma_2 \ln FP(SpcFP)_{i,t} + \sum \gamma_j Control_{i,t}$$
$$+ \sum Year + \sum Ind + \varepsilon_{i,t} \qquad (5-8)$$

中介效应的具体检验步骤为：第一步，检验式（5-6）中 α_1 的显著性，若不显著，则停止中介效应检验；若显著，则进行第二步。第二步，依次检验式（5-7）中 β_1 的显著性，若均显著，则进入第三步；若至少一个不显著，则进入第四步。第三步，检验式（5-8）中系数 γ_1 的显著性，若显著，则以部分中介效应立论；若不显著，则以完全中介效应立论。第四步，做 Sobel 检验，若显著，则表示中介效应成立，否则不成立。

本书第四章已经分别列示了式（5-6）的回归结果。[1] 结果显示，$\ln FP$ 和 $SpcFP$ 均与 $Cost$ 显著负相关。而式（5-7）的回归结果已经在本章主回归分析中进行具体列示，[2] 其中，$\ln FP$ 和 $SpcFP$ 的回归系数均显著为负，表示企业精准扶贫的投入增加，精准扶贫文本信息有效性越高，企业的债务违约风险越低。进一步，观察表5-14的第（1）列和第（2）列，其中，$F.Gap$ 的回归系数均在1%的水平上显著为正，并且 $\ln FP$ 的系数为 -0.001，在1%的水平上显著，$SpcFP$ 的系数为 -0.004，在5%的水平上显著，这一结果证明了企业债务违约风险的中

---

① 详见本书第四章第三节，表4-6和表4-7。
② 详见本书第五章第三节，表5-5和表5-6。

介效应。为进一步巩固结果的可信度，本章对中介变量 *Gap* 进行了 Sobel 检验。结果显示，在精准扶贫的行为实施与债务违约风险之间，企业债务违约风险 *Gap* 的 Sobel – Z 值为 – 2.913，在 1% 的水平上显著；而在精准扶贫的信息披露有效性与债务违约风险之间，企业债务违约风险 *Gap* 的 Sobel – Z 值为 – 1.977，在 5% 的水平上显著。Sobel 检验结果进一步证明，企业精准扶贫的言行通过降低企业债务违约风险，从而降低了企业未来的债务融资成本。

表 5 – 14　　　　　　　　　　　　中介效应检验

变量	(1)	(2)
	F. Cost	*F. Cost*
F. Gap	0.109 *** (25.244)	0.109 *** (25.287)
ln*FP*	– 0.001 *** (– 2.695)	
SpcFP		– 0.004 ** (– 2.078)
Control	Yes	Yes
year	Yes	Yes
ind	Yes	Yes
_cons	0.069 *** (9.646)	0.071 *** (10.186)
N	12939	12939
adj. R^2	0.084	0.084
F	34.851	34.759
Sobel – Z	– 2.913 ***	– 1.977 **

注：***、** 和 * 分别表示在 1%、5% 和 10% 的水平上显著。

本 章 小 结

本章以 2016 ~ 2019 年我国 A 股非金融类上市公司为研究样本，研究企业精准扶贫的"行"（即企业精准扶贫投入）与"言"（即企业精准扶贫文本信息披露有效性）和企业债务违约风险之间的关系。研究发现：第一，企业精准扶贫的言与行能够作为识别企业债务违约风险的标准，企业精准扶贫投入越高、精准扶贫文本信息披露的有效性越高，企业债务融资违约风险越小；第二，关于企业精准扶贫的言行模式与债务违约风险的研究发现，只有在企业采取积极的精准扶贫行为实施策略以及高效的信息披露的情况下，企业债务违约风险才越小；第三，通过债务违约风险的中介效应检验发现，企业精准扶贫的言行通过影响企业的债务违约风险，进而影响了企业未来的债务融资成本；第四，在不同的经济周期下，企业精准扶贫的言行与债务违约风险的负相关关系不会出现明显的差异；第五，相较于国有企业，民营企业精准扶贫的行为实施和信息披露有效性与债务违约风险之间的负相关关系更为显著。民营企业精准扶贫投入越多，精准扶贫文本信息披露有效性越高，企业未来的债务违约风险越低；第六，企业精准扶贫投入越高，企业债务违约风险越低，这一结果在房地产企业与非房地产企业均显著，但企业精准扶贫信息披露的有效性只能够反映非房地产企业的债务违约风险。

结　　语

本书利用 2016 年上市公司精准扶贫强制性信息披露政策发布后的 2016～2019 年 A 股上市公司样本，研究了上市公司精准扶贫行为实施与文本信息披露对企业债务融资的影响。通过理论模型的构建，对企业精准扶贫行为决策与信息披露通过政府资源获取和企业声誉提升两条机制进行了检验。希望通过本书的研究，为企业精准扶贫行为的积极实施、高效的信息披露对企业自身效用和利益相关者效用一致提升提供证据支持，并且在我国后续乡村振兴战略实施阶段，为监管方如何通过信息披露政策推动我国企业积极参与，鼓励企业高效披露相关信息，缓解企业内外部信息不对称提供政策建议。

一、研究结论

本书研究企业精准扶贫行为实施、信息披露与企业债务融资，得到的主要结论包括：

（一）企业精准扶贫强制性信息披露政策实施效果

一是企业精准扶贫强制性信息披露政策提升了企业对精准扶贫的参与程度。通过对 2016～2019 年参与精准扶贫的上市公司数量变化、企业精准扶贫投入变化的总结分析，本书发现，在精准扶贫信息强制性披露后，上市公司参与精准扶贫的数量和投入明显逐年增加。本书对这一现象的解释在于，强制性信息披露给企业带来了"合法性"的压力。这一压力包括：第一，企业未进行精准扶贫信息披露则代表企业未参与精准扶贫。强制性信息披露导致了企业必须将这一负面信息反映在企业年报中。这一负面信息的强制性披露为企业精准扶贫行为决策提供了逆向促进机制，推动了企业参与精准扶贫；第二，资源依赖理论认为，其他企业参与并披露精准扶贫相关信息，为整体 A 股上市公司营造了与精准扶贫相关的文化制度、观念制度、社会期待等制度环境，从而促进了企业参与精准扶贫。这一结论为信息披露政策促进行为决策提供了建议。

二是企业参与精准扶贫使社会资源配置得到了帕累托改进。通过对企业精准扶贫的言行与企业债务融资的研究，构建了企业精准扶贫—信息披露两阶段模型。本书发现，企业参与精准扶贫，不仅是单纯的慈善性行为，企业也能够在精准扶贫的过程中获得自身经济效益的提升，并使得社会资源的分配得到帕累托改进。

三是企业积极参与精准扶贫以及采用高效的文本信息披露，能够帮助企业提升自身效用。本书通过构建精准扶贫行为实施—信息披露两阶段模型，分析了企业精准扶贫和信息披露不同策略下的效用变化。模型推导结果表明，相较于采取消极策略，企业积极参与精准扶贫能帮助企业获得更多的效用提升。同时，在信息披露阶段，相较于以复杂的文字信息干扰信息接收者的判断，高效的信息披露能够提升外部对企业的风险评价，帮助企业获得增量效用。因此，企业积极承担社会责任，参与精准扶贫，并且高效地进行相关信息披露，缓解了企业内外部信息的不对称，实现了企业自身与利益相关者效用的一致提升。

（二）企业精准扶贫的言行与债务融资规模和债务融资结构

本书分别构建了企业精准扶贫的行为实施和信息披露对债务融资规模影响的实证模型，对企业精准扶贫的言行与债务融资规模进行了实证研究。结果发现：

一是企业精准扶贫投入越多，表示企业更加积极地参与精准扶贫，其未来债务融资规模会提升，且债务融资获取能力更强。精准扶贫行为实施对企业债务融资规模的影响，来源于精准扶贫行为实施降低了企业未来的经营风险，提高了企业的偿债能力。而企业风险的降低可能来源于精准扶贫行为实施形成的"声誉保险"机制和企业对具有竞争性和稀缺性的政府资源获取机制。企业越高效地进行精准扶贫文本信息披露，越能够帮助其在未来获得更多的债务融资。高效的精准扶贫文本信息披露缓解了企业内外部信息不对称，降低了债权人进行债务融资决策时的调查成本，增强了债权人对企业的信任程度。因此精准扶贫文本信息披露有效性越高，企业债务融资规模越大。

二是企业精准扶贫投入提升以及文本信息披露的有效性能够帮助企业获得更多的长期债务融资。高质量的精准扶贫文本信息披露能够帮助企业提高金融性负债获取的能力，而与此同时，经营性负债的融资比例相对有所下降，以帮助企业平衡债务结构风险。

三是针对不同的企业精准扶贫言行模式而言（包括"多言多行""多言寡行""寡言多行""寡言寡行"四种不同的模式），债权人在债务融资规模决策上更加关注企业精准扶贫的行为实施，"多行"的模式更受债权人青睐。同时，提升精准扶贫信息披露有效性，即"多言"，能够帮助企业提高由于"多行"带来的债务融资规模提升效应，降低由于"寡行"造成的企业债务融资规模下降程度。另外，影响企业长期债务融资的因素主要在于精准扶贫的行为实施策略，"多言多行"和"寡言多行"的企业能够显著提升长期债务的规模。换言之，企业精准扶贫文本信息披露，并不是改变企业债务融资的决定性因素，而更倾向于是在精准扶贫行为实施与长期债务之间起到"锦上添花"的作用。另外，精准扶贫信息披露的有效性，决定了企业的金融性融资水平。"多言多行"的企业能够提升企业金融性融资的获取，但"多言寡行"的企业金融性融资会有所下降，证明企业"多言寡行"的言行模式会被债权人所摒弃。

四是不同的产权性质下，企业精准扶贫的言行对债务融资规模、债务融资期限和债务融资结构的影响并不会出现明显差异。

五是精准扶贫信息披露的有效性对产业扶贫的企业在长期债务融资的获取上能够起到比非产业扶贫企业更为显著的促进作用。

六是非房地产企业精准扶贫投入越大，精准扶贫文本信息披露有效性越高，企业获得的长期贷款越多，但从其他债务结构层面而言，房地产企业与非房地产企业差异并不明显。

（三）企业精准扶贫的言行与债务融资成本

本书在讨论企业精准扶贫言行对债务融资结构影响的基础上，进一步对债务融资成本进行了分析。通过企业与银行的博弈矩阵构建，本书对上市公司精准扶贫文本信息披露增量效应的分配过程进行研究，并进一步通过实证研究进行验证。研究结果发现：

一是上市公司精准扶贫投入越高，企业债务融资成本越低，这一结论与现有研究结论一致。当企业以更高的文本信息有效性披露相关信息时，同样也能帮助企业降低债务融资成本。

二是对于不同的企业精准扶贫言行模式来说，只有当企业采取"多言多行"的模式进行精准扶贫时，才能使企业债务融资成本实现显著降低。而其他精准扶贫言行模式对企业债务融资成本的影响均不显著。因此，从成本角度而言，采取"多言多行"的精准扶贫言行模式才是帮助企业获得更多效益提升的手段。

三是进行产业扶贫的企业精准扶贫投入能显著降低企业债务融资成本，但对于非产业扶贫而言，这一效果并不显著；同时，非产业扶贫企业的信息披露有效性对债务融资成本降低的影响更为突出。

四是企业精准扶贫行为实施带来的债务融资成本降低对国有企业和民营企业

来说并无明显差别，但相较于民营企业，国有企业有关信息披露的有效性能够显著帮助其降低债务融资成本。

五是精准扶贫的言行对债务融资成本降低的影响仅对非重污染企业有效。

六是提升企业精准扶贫信息披露有效性能够帮助非房地产企业降低债务融资成本，但从行为实施层面而言，企业提升精准扶贫投入为企业带来的债务融资成本降低效果在房地产企业与非房地产企业之间差异并不明显。

七是在机制检验中，本书进一步验证了企业精准扶贫的投入增加和信息披露有效性的提升能够为企业带来更多的政府补助和媒体正面报道。这表明，精准扶贫的言行改变了外部对企业的风险评价，进而通过提升企业声誉和增强政府资源获取能力两种方式影响企业债务融资成本。验证了本书第二章理论模型中，政府资源 G 和企业声誉 F 两个机制参数的合理性。

（四）企业精准扶贫的言行与债务违约风险

在对企业精准扶贫的言行与债务融资规模、结构和成本研究结论的基础上，本书进一步构建企业债务融资风险识别参数，对企业精准扶贫的言行与债务违约风险的关系进行研究。结果发现：

一是企业精准扶贫投入越高、精准扶贫文本信息披露有效性越高，企业未来发生债务违约的风险越低。这一结果说明，债权人在进行债务融资决策时，企业精准扶贫行为实施状况和相关信息披露状况能够为企业债务违约风险判断提供帮助。

二是精准扶贫的言行模式与债务违约风险的回归结果显示，其他的精准扶贫言行模式与债务违约风险的相关性并不显著，只有在企业"多言多行"的行为模式下，企业的债务违约风险会显著降低。

三是企业精准扶贫通过企业债务违约风险的中介机制影响债务融资成本。中介效应检验显示，企业债务违约风险越小，企业未来债务融资成本越低。企业精准扶贫的投入越高，精准扶贫文本信息披露的有效性越高，债务违约的可能性越小，从而可以在未来获得更低成本的债务融资。

四是相较于国有企业，民营企业精准扶贫投入越高、文本信息披露的有效性越高，未来的债务违约风险越低。这一结果表明，通过企业精准扶贫的言行判断企业债务违约风险的方法对于民营企业而言更为有效。

五是企业精准扶贫投入越高，企业债务违约风险越低，这一结果在房地产企业与非房地产企业均显著，但企业精准扶贫信息披露的有效性只能够反映非房地产企业的债务违约风险。

二、政策建议

以上研究结论表明，精准扶贫行为实施和信息披露能为企业带来自身效用的提升，并且监管机构能够通过信息披露政策的引导，推动上市公司参与乡村振兴。

根据本书的结论，提出以下建议：

第一，对于政策制定者而言，应该适当采取企业强制性信息披露政策，同时，应当加强有关政策支持力度，促进企业参与乡村振兴工作。

在"十四五"时期，精准扶贫的工作重心将逐渐转移至乡村振兴。在"十四五"规划和2021年《中共中央　国务院关于全面推进乡村振兴加快农业农村现代化的意见》中同时提出，要实现巩固拓展脱贫攻坚成果同乡村振兴的有效衔接，持续巩固脱贫攻坚成果。本书研究结论说明，企业精准扶贫信息强制性披露政策的实施，不仅是在信息披露层面对企业进行规范，还能对企业精准扶贫行为实施产生促进作用。那么在这一结论的指导下，本书认为，监管机构应该进一步制定上市公司参与乡村振兴信息披露政策。在这一政策的引导下，一方面，能够保证上市公司持续进行乡村振兴工作，使上市公司在防止脱返贫工作中持续发挥推动作用；另一方面，能够进一步促进"十四五"规划的实施，发挥社会力量参与乡村振兴工作，推动上市公司乡村振兴行为实施。另外，信息披露政策对上市公司而言不仅是对行为实施的推动，同样也是对行为实施的指引。监管机构通过制定信息披露的格式和内容，可以在一定程度上指引上市公司实施相关行为。无论是精准扶贫还是乡村振兴，在一定程度上来说都是政府主导的行为，政府作为政策的制定者，对相关政策如何实施落地具有明确的规划。当乡村振兴政策实施主体向企业转换时，监管方需要通过信息披露的政策制定，帮助上市公司解读指导政府行为的乡村振兴政策，了解自身行为实施的重点和要点。

第二，对信息披露监管方而言，应该加强对文本信息披露的监管，促进文本信息披露的有效性，缓解企业内外部信息不对称。首先，监管层可从准则制定层面适当提升乡村振兴文本信息的披露比例，以增加对数字信息的解释和补充力度，增加信息传递的价值。其次，监管层可以引入第三方鉴证增强企业乡村振兴信息披露的可靠性和有用性。2021年以前的审计准则规定，审计师对精准扶贫文本信息只有审阅职责，该类信息的披露质量并不影响审计意见类型。因此，可以考虑将文本信息披露质量纳入鉴证范畴，通过专业审计师的鉴证来进一步保证企业乡村振兴文本信息的可靠性和有用性。可以采用试点和逐步推进的方式，鼓励高风险、高污染行业引入注册会计师（CPA）对文本信息进行评价鉴证。再次，监管层应从法律层面明确文本信息披露主体的责任，加大对操纵信息披露行为的惩罚力度。同时，当信息披露主体存在自愿性信息披露行为时，可从法律层面降低因信息披露不一致性给披露主体带来的诉讼责任。最后，监管部门应当积极引导投资者关注乡村振兴和其他企业社会责任相关文本信息。

第三，对企业而言，应当积极参与乡村振兴战略实施。同时，应该提高相关文本信息披露的有效性，对文本信息披露中涉及的相关行为实施状况，采用高效的文字进行表述，充分发挥文字信息对数字信息的补充作用，减少混淆性和无效性文字表达，提升文本信息的可理解性。

一方面，本书的研究结论证实，企业参与精准扶贫能够在行为实施阶段为企业带来效用的提升。这也就是说，参与精准扶贫不仅仅是单纯的非收益性行为，企业自身的效用也在行为实施的过程中，通过政府资源积累和声誉提升两个角度进行体现。因此，企业应该积极参与后续的乡村振兴工作，并且采用积极的行为实施策略，而非消极地从形式上参与。另一方面，企业在对相关信息进行披露时，高效的文本信息也能为企业带来增量效用，这一增量效用能够帮助企业降低银行贷款的利率。因此，企业在披露相关信息时，应充分发挥文本信息对数字信息的补充作用，积极缓解企业内外部信息的不对称，帮助外部投资者和利益相关者了解企业参与乡村振兴实施的真实状况。

第四，对企业的利益相关者和债权人而言，应当充分重视文本信息的使用价值，增加对企业社会责任相关信息和文本信息的关注度，对企业的经营状况进行全方位的解读，理性地进行投资决策。

债权人应提高自我意识，改变传统的仅关注会计数字信息的习惯，重视企业文本信息披露，不仅要捕捉文本信息内容，也要深入挖掘语调等基本语言特征蕴含的内在信息。债权人和其他利益相关者应充分利用多种信息形式，不同信息相互佐证，提升决策的科学性和合理性，增加预判准确率，降低决策失误风险，避免潜在损失。债权人应警惕管理层机会主义行为对文本信息有效性的损害，增强辨析信息"真伪"的能力，注重对公司信息的全面解读，尤其是与企业社会责任相关的信息，虽然不能直接反映企业的经营状况，但是能够体现企业管理层的道德状况以及企业的诚信程度。因此，提升对社会责任相关信息和文本信息的关注，能够帮助债权人和其他利益相关者降低决策风险。

三、研究贡献

本书的主要研究贡献表现为以下几个方面：

第一，本书的研究体现了中国特色和时代背景。基于中国的制度背景，本书研究了企业精准扶贫与债务融资之间的关系。在丰富现有企业社会责任文献的同时，进一步细化了企业精准扶贫与企业融资角度的研究。从企业社会责任的角度出发，现有文献主要探讨了制度和文化对企业社会责任的影响（Brammer et al.，2012；唐跃军等，2014）。在此基础上，结合现有文献对企业精准扶贫慈善性（张曾莲等，2020）和政策性（杨义东等，2020；严若森和唐上兴，2020）的研究结果，本书尝试辨析企业精准扶贫与传统慈善行为的不同，从债务融资的角度，细化企业精准扶贫对企业融资影响的研究（邓博夫等，2020），体现了中国特色和时代背景。

第二，本书为企业精准扶贫对债务融资的影响提供了新的理论解释。通过构建企业精准扶贫行为实施—信息披露两阶段模型，一方面，本书将原有对于企业社会责任和企业精准扶贫信息披露的理论分析，采用数理模型推导的方式进行展现，弥补了原有理论探讨中难以将企业行为与信息披露进行独立分析的不足，并且通过数学公式推导，将其分为企业行为阶段与信息披露阶段，分别对债务融资成本产生的影响进行直观展现。另一方面，模型分析结果也表明企业精准扶贫行为能够为企业自身带来效用提升，给企业精准扶贫能够为企业和社会带来一致的福利提升（邓博夫等，2020）这一结论提供了进一步的证明，丰富了扶贫策略的帕累托改进相关研究成果（Harrison et al.，2003）。

第三，本书将文本分析研究方法应用于企业精准扶贫领域研究当中，丰富了现有企业精准扶贫信息披露的研究方法和研究内容。文本信息作为对数字信息的补充，是信息披露话题研究中不可忽视的方向之一。本书研究发现，企业高效地披露精准扶贫相关信息，减少对文本信息的操控，有利于信息接收者的判断，有效缓解了企业内外部信息不对称。不仅可以帮助信息接收者进行更有效的判断，同样也能给企业自身带来收益。因此，本书的研究结果能够帮助企业正确对待精准扶贫行动，同时，为监管方监管企业精准扶贫信息披露，通过信息披露相关政策指引和促进企业参与精准扶贫甚至未来的乡村振兴行动提供了参考。

第四，本书识别了不同的企业精准扶贫言行模式，不仅分别研究了企业精准扶贫的行为实施和信息披露有效性对企业债务融资的影响，还成功将企业的"言"（即信息披露）和"行"（即行为实施）纳入统一维度进行研究，为企业精准扶贫以及企业社会责任相关的研究提供了新的研究思路。

四、研究局限性

本书选取中国 A 股上市公司 2016～2019 年的精准扶贫相关文本数据，主要研究企业精准扶贫行为实施和文本信息披露的有效性如何影响企业的债务融资。在进行文献回顾和制度背景梳理后，本书在基础理论的指导下，构建了企业精准扶贫行为实施—信息披露两阶段模型，然后通过参数的构建和模型的推导，提出了企业精准扶贫和相关信息披露影响债务融资的两条路径，最终对不同的企业精准扶贫言行模式和影响机制下企业债务融资的变化进行了检验。虽然本书的研究具有一定的理论和现实意义，但仍然存在着以下不足：

第一，本书研究的精准扶贫文本信息数据是从年度财务报告中手工收集的，虽然在数据收集过程中使用了计算机程序设计这一人工智能技术以提高效率，对程序提取的数据进行大样本抽查，将人工收集的数据与数据库中数据进行比对等方式以保证手工收集数据的准确性，但仍然无法保证数据100%准确。

第二，在各章实证研究的进一步研究中，虽然对企业精准扶贫参与方式进行了异质性检验，但仅针对产业扶贫和其他扶贫方式进行了分组检验，并未对各种不同扶贫参与方式下的不同结果进行深入的探讨。产业扶贫作为上市公司参与精准扶贫选择的最主要手段，决定了本书的研究样本中可以进行产业扶贫分组的样本数量足够。但在其他扶贫方式下，就存在本身样本不足的问题。因此，难以对企业各种不同的精准扶贫方式进行更为细化的研究。

第三，在实证研究中，可能存在遗漏变量导致的内生性问题。尽管采用 PSM 方法在一种程度上完善了验证逻辑，但由于没有办法匹配所有因素，而且也不能保证本书的控制变量就是所有因素。因此，无法完全排除本书实证研究的结果是由于其他原因所致的可能性。

五、未来的研究方向

首先，从研究话题的选择上来说，本书选择了精准扶贫这一政策背景，但在 2020 年底，精准扶贫面临收官，企业精准扶贫将不复存在。"十四五"规划明确说明原则上将维持现有的精准扶贫措施，促进精准扶贫成果向乡村振兴转化，同时需要建立防止返贫机制。因此，精准扶贫这一话题虽然不会再出现，但从本质上而言，精准扶贫为针对上市公司的研究提供了新的视角和方向，在后续乡村振兴战略的实施过程中，企业将如何扮演好同精准扶贫时相似的角色，如何有效参与到乡村振兴战略实施中，甚至如何在防止返贫工作中发挥作用，仍是可以持续研究的话题。

其次，从研究方向上来看，本书仅针对企业债务融资的方向进行了探讨。那么，企业精准扶贫对权益资本成本、企业价值以及其他经济后果会产生怎样的影响，企业文本信息披露是否会对行为实施的结果产生其他的作用，这一话题相关方面仍值得持续探讨。

最后，本书构建了企业精准扶贫—信息披露两阶段模型。在本书的理论指导下，同样可以帮助现有的研究从理论上进行优化。从不同的研究话题入手，通过不同的参数构建、不同的假设条件，在不同的研究中验证。信息传递是否能对行为实施的后果产生不同的影响，这也是本书在后续研究中，能够加以利用的理论贡献。

参 考 文 献

[1] 白俊，连立帅．国企过度投资溯因：政府干预抑或管理层自利？[J]．会计研究，2014 (2)：41 - 48 + 95.

[2] 车笑竹，苏勇．企业违规对社会责任报告及其价值效应的影响 [J]．经济管理，2018, 40 (10)：58 - 74.

[3] 陈冬华．地方政府、公司治理与补贴收入：来自我国证券市场的经验证据 [J]．财经研究，2003 (9)：15 - 21.

[4] 陈共荣，曾熙文．上市公司社会责任信息披露的影响因素研究：基于合法性视角 [J]．湖南大学学报 (社会科学版)，2013, 27 (4)：56 - 62.

[5] 陈国辉，关旭，王军法．企业社会责任能抑制盈余管理吗？：基于应规披露与自愿披露的经验研究 [J]．会计研究，2018 (3)：19 - 26.

[6] 陈丽红，张龙平，叶馨．产权性质、审计质量、产品类型与慈善捐赠：基于战略慈善观的分析 [J]．审计研究，2015 (5)：68 - 75.

[7] 陈漫，张新国．经济周期下的中国制造企业服务转型：嵌入还是混入 [J]．中国工业经济，2016 (8)：93 - 109.

[8] 陈升，潘虹，陆静．精准扶贫绩效及其影响因素：基于东中西部的案例研究 [J]．中国行政管理，2016 (9)：88 - 93.

[9] 陈仕华，卢昌崇，姜广省，等．国企高管政治晋升对企业并购行为的影响：基于企业成长压力理论的实证研究 [J]．管理世界，2015 (9)：125 - 136.

[10] 陈信元，陈冬华，万华林，等．地区差异、薪酬管制与高管腐败 [J]．管理世界，2009 (11)：130 - 143 + 188.

[11] 陈雪，孙慧莹，王雨鹏，等．媒体声誉与企业债务融资：基于媒体文本情绪大数据的证据 [J]．中央财经大学学报，2021 (1)：54 - 69.

[12] 陈艳，郑雅慧，秦妍．负债融资、资本成本与公司投资效率：基于债务异质性视角的实证分析 [J]．经济与管理评论，2016, 32 (4)：79 - 86.

[13] 陈志，丁士军，吴海涛．帮扶主体、帮扶措施与帮扶效果研究：基于华中 L 县精准扶贫实绩核查数据的实证分析 [J]．财政研究，2017 (10)：103 -

112.

[14] 程仲鸣，夏新平，余明桂. 政府干预、金字塔结构与地方国有上市公司投资 [J]. 管理世界，2008（9）：37-47.

[15] 褚剑，秦璇，方军雄. 中国式融资融券制度安排与分析师盈利预测乐观偏差 [J]. 管理世界，2019，35（1）：151-166+228.

[16] 崔秀梅. 企业发布社会责任报告影响因素的研究：来自中国上市公司 2008 年的经验证据 [J]. 南京农业大学学报（社会科学版），2009，9（4）：40-46.

[17] 戴亦一，潘越，冯舒. 中国企业的慈善捐赠是一种"政治献金"吗?：来自市委书记更替的证据 [J]. 经济研究，2014，49（2）：74-86.

[18] 戴亦一，潘越，刘新宇. 社会资本、政治关系与我国私募股权基金投融资行为 [J]. 南开管理评论，2014，17（4）：88-97.

[19] 邓博夫，陶存杰，吉利. 企业参与精准扶贫与缓解融资约束 [J]. 财经研究，2020，46（12）：138-151.

[20] 丁晓钦，陈昊. 国有企业社会责任的理论研究及实证分析 [J]. 马克思主义研究，2015（12）：68-79.

[21] 丁志国，丁垣竹，金龙. 违约边界与效率缺口：企业债务违约风险识别 [J]. 中国工业经济，2021（4）：175-192.

[22] 董小红，李哲，王放. 或有事项信息披露、财务重述与企业价值 [J]. 财贸研究，2017，28（5）：90-99.

[23] 董小红，周雅茹，戴德明. 或有事项信息披露影响企业违约风险吗? [J]. 现代财经（天津财经大学学报），2020，40（11）：37-52.

[24] 杜世风，石恒贵，张依群. 中国上市公司精准扶贫行为的影响因素研究：基于社会责任的视角 [J]. 财政研究，2019（2）：104-115.

[25] 冯丽艳，肖翔，张靖. 企业社会责任影响债务违约风险的内在机制：基于经营能力和经营风险的中介传导效应分析 [J]. 华东经济管理，2016，30（4）：140-148.

[26] 付江月，陈刚. 奖惩机制下企业与贫困户在产业扶贫中的演化博弈研究 [J]. 软科学，2018，32（10）：43-48+53.

[27] 傅超，吉利. 诉讼风险与公司慈善捐赠：基于"声誉保险"视角的解释 [J]. 南开管理评论，2017，20（2）：108-121.

[28] 高勇强，陈亚静，张云均. "红领巾"还是"绿领巾"：民营企业慈善捐赠动机研究 [J]. 管理世界，2012（8）：106-114+146.

[29] 高勇强, 陈亚静, 张云均. 企业声誉、慈善捐赠与消费者反应 [J]. 当代经济管理, 2012, 34 (6): 20 – 25.

[30] 高勇强, 何晓斌, 李路路. 民营企业家社会身份、经济条件与企业慈善捐赠 [J]. 经济研究, 2011, 46 (12): 111 – 123.

[31] 葛永波, 曹婷婷, 陈磊, 等. 民营企业融资约束缓解: 社会责任信息披露可以替代政治关联吗? [J]. 山东社会科学, 2020 (2): 73 – 80.

[32] 辜胜阻, 李睿, 杨艺贤, 等. 推进"十三五"脱贫攻坚的对策思考 [J]. 财政研究, 2016 (2): 7 – 16.

[33] 顾雷雷, 郭建鸾, 王鸿宇. 企业社会责任、融资约束与企业金融化 [J]. 金融研究, 2020 (2): 109 – 127.

[34] 郭沛源, 于永达. 公私合作实践企业社会责任: 以中国光彩事业扶贫项目为案例 [J]. 管理世界, 2006 (4): 41 – 47 + 171.

[35] 贺林波, 邓书彬, 李赛君. 地方政府产业扶贫: 合作质量与网络结构: 基于自我中心网的理论视角 [J]. 华东经济管理, 2019, 33 (6): 45 – 53.

[36] 贺林波, 李蒴. 产业精准扶贫的风险困境和对策建议 [J]. 宏观经济管理, 2019 (12): 24 – 30.

[37] 胡尧, 严太华, 石文桂. 资源依赖影响资源型城市贫困减缓的机理与实证: 基于产业特征视角 [J]. 经济问题探索, 2021 (1): 91 – 103.

[38] 黄俊, 陈信元, 张天舒. 公司经营绩效传染效应的研究 [J]. 管理世界, 2013 (3): 111 – 118.

[39] 黄珺, 李云, 段志鑫. 媒体关注、产权性质与企业精准扶贫 [J]. 华东经济管理, 2020, 34 (6): 112 – 120.

[40] 黄珺, 徐莹莹. 女性高管对企业社会责任报告可读性的影响研究 [J]. 经济与管理评论, 2021, 37 (1): 114 – 124.

[41] 黄快生. 社会治理视角下农村精准扶贫路径开拓与机制创新研究 [J]. 长春大学学报, 2019, 29 (7): 88 – 93.

[42] 黄萍萍, 李四海. 社会责任报告语调与股价崩盘风险 [J]. 审计与经济研究, 2020, 35 (1): 69 – 78.

[43] 黄顺武, 余霞光. IPO 信息披露与监管的演化博弈分析 [J/OL]. 中国管理科学: 1 – 8 [2021 – 05 – 16]. https://doi.org/10.16381/j.cnki.issn1003 – 207x.2019.1325.

[44] 吉利, 冯利花, 王环环. 组织印象管理对 CSR 报告质量特征的影响 [J]. 会计之友 (中旬刊), 2010 (7): 19 – 21.

［45］吉利，何熙琼，毛洪涛."机会主义"还是"道德行为"?：履行社会责任公司的盈余管理行为研究［J］.会计与经济研究，2014，28（5）：10-25.

［46］吉利，张丽，田静.我国上市公司社会责任信息披露可读性研究：基于管理层权力与约束机制的视角［J］.会计与经济研究，2016，30（1）：21-33.

［47］贾明，张喆.高管的政治关联影响公司慈善行为吗?［J］.管理世界，2010（4）：99-113+187.

［48］姜付秀，蔡文婧，蔡欣妮，等.银行竞争的微观效应：来自融资约束的经验证据［J］.经济研究，2019，54（6）：72-88.

［49］蒋琰.权益成本、债务成本与公司治理：影响差异性研究［J］.管理世界，2009（11）：144-155.

［50］匡远配，易梦丹.产业精准扶贫的主体培育：基于治理理论［J］.农村经济，2020（2）：40-48.

［51］赖丹，蔡晓凤，罗翔.公司治理结构、债务期限与大股东减持规模［J］.华东经济管理，2019，33（12）：129-135.

［52］赖黎，马永强，夏晓兰.媒体报道与信贷获取［J］.世界经济，2016，39（9）：124-148.

［53］冷建飞，高云.融资约束下企业社会责任信息披露质量与创新持续性：中小板企业数据分析［J］.科技进步与对策，2019，36（11）：77-84.

［54］李百兴，王博，卿小权.企业社会责任履行、媒体监督与财务绩效研究：基于A股重污染行业的经验数据［J］.会计研究，2018（7）：64-71.

［55］李健，陈传明.企业家政治关联、所有制与企业债务期限结构：基于转型经济制度背景的实证研究［J］.金融研究，2013（3）：157-169.

［56］李培功，沈艺峰.媒体的公司治理作用：中国的经验证据［J］.经济研究，2010，45（4）：14-27.

［57］李茜，熊杰，黄晗.企业社会责任缺失对财务绩效的影响研究［J］.管理学报，2018，15（2）：255-261.

［58］李姝，谢晓嫣.民营企业的社会责任、政治关联与债务融资：来自中国资本市场的经验证据［J］.南开管理评论，2014，17（6）：30-40+95.

［59］李姝，赵颖，童婧.社会责任报告降低了企业权益资本成本吗?：来自中国资本市场的经验证据［J］.会计研究，2013（9）：64-70+97.

［60］李四海，陈旋，宋献中.穷人的慷慨：一个战略性动机的研究［J］.管理世界，2016（5）：116-127+140.

［61］李维安，王鹏程，徐业坤.慈善捐赠、政治关联与债务融资：民营企

业与政府的资源交换行为 [J]. 南开管理评论, 2015, 18 (1): 4 - 14.

[62] 李晓溪, 杨国超, 饶品贵. 交易所问询函有监管作用吗?: 基于并购重组报告书的文本分析 [J]. 经济研究, 2019, 54 (5): 181 - 198.

[63] 李心合, 王亚星, 叶玲. 债务异质性假说与资本结构选择理论的新解释 [J]. 会计研究, 2014 (12): 3 - 10 + 95.

[64] 李增福, 汤旭东, 连玉君. 中国民营企业社会责任背离之谜 [J]. 管理世界, 2016 (9): 136 - 148 + 160 + 188.

[65] 李长青, 曹德骏. 银企关系能否缓解中小企业融资约束? [J]. 西部论坛, 2016, 26 (2): 41 - 47.

[66] 李哲. "多言寡行" 的环境披露模式是否会被信息使用者摒弃 [J]. 世界经济, 2018, 41 (12): 167 - 188.

[67] 廉春慧, 王跃堂. 企业社会责任信息与利益相关者行为意向关系研究 [J]. 审计与经济研究, 2018, 33 (3): 73 - 82.

[68] 梁杰, 高强, 徐晗筱. 质量发展视阈下产业扶贫内涵机理、制约因素与实现路径 [J]. 宏观质量研究, 2020, 8 (6): 39 - 50.

[69] 林艳丽, 杨童舒. 产业精准扶贫中企业、贫困户和地方政府行为的演化博弈分析 [J]. 东北大学学报 (社会科学版), 2020, 22 (1): 40 - 48.

[70] 林毅夫, 李志赟. 政策性负担、道德风险与预算软约束 [J]. 经济研究, 2004 (2): 17 - 27.

[71] 林钟高, 吴利娟. 公司治理与会计信息质量的相关性研究 [J]. 会计研究, 2004 (8): 65 - 71.

[72] 刘春, 孙亮, 黎泳康, 等. 精准扶贫与企业创新 [J]. 会计与经济研究, 2020, 34 (5): 68 - 88.

[73] 刘慧龙, 张敏, 王亚平, 等. 政治关联、薪酬激励与员工配置效率 [J]. 经济研究, 2010, 45 (9): 109 - 121 + 136.

[74] 刘佳伟, 邓博夫, 于博通, 等. 企业获奖与债务融资能力: 基于中国A股上市公司的经验证据 [J]. 财务研究, 2019 (5): 56 - 67.

[75] 刘丽华, 徐艳萍, 饶品贵, 等. 一损俱损: 违规事件在企业集团内的传染效应研究 [J]. 金融研究, 2019 (6): 113 - 131.

[76] 刘明慧, 侯雅楠. 财政精准减贫: 内在逻辑与保障架构 [J]. 财政研究, 2017 (7): 9 - 22.

[77] 刘青松, 肖星. 败也业绩, 成也业绩?: 国企高管变更的实证研究 [J]. 管理世界, 2015 (3): 151 - 163.

[78] 刘行. 政府干预的新度量: 基于最终控制人投资组合的视角 [J]. 金融研究, 2016 (9): 145 – 160.

[79] 龙文滨, 李四海, 丁绒. 环境政策与中小企业环境表现: 行政强制抑或经济激励 [J]. 南开经济研究, 2018 (3): 20 – 39.

[80] 龙文滨, 李四海, 宋献中. 环保规制与中小企业环境表现: 基于我国中小板与创业板上市公司的经验研究 [J]. 公共行政评论, 2015, 8 (6): 25 – 58 + 185 – 186.

[81] 龙文滨, 宋献中. 基于资源投入视角的社会责任决策与公司价值效应研究 [J]. 南开管理评论, 2014, 17 (6): 41 – 52.

[82] 卢盛峰, 陈思霞. 政府偏袒缓解了企业融资约束吗?: 来自中国的准自然实验 [J]. 管理世界, 2017 (5): 51 – 65 + 187 – 188.

[83] 鲁悦, 刘春林. 期望绩效反馈对企业社会责任行为的影响: 基于利益相关者视角 [J]. 经济与管理研究, 2018, 39 (5): 78 – 89.

[84] 陆正飞, 祝继高, 樊铮. 银根紧缩、信贷歧视与民营上市公司投资者利益损失 [J]. 金融研究, 2009 (8): 124 – 136.

[85] 逯东, 林高, 黄莉, 等. "官员型" 高管、公司业绩和非生产性支出: 基于国有上市公司的经验证据 [J]. 金融研究, 2012 (6): 139 – 153.

[86] 罗宏, 黄敏, 周大伟, 等. 政府补助、超额薪酬与薪酬辩护 [J]. 会计研究, 2014 (1): 42 – 48 + 95.

[87] 马连福, 王元芳, 沈小秀. 国有企业党组织治理、冗余雇员与高管薪酬契约 [J]. 管理世界, 2013 (5): 100 – 115 + 130.

[88] 马迎贤. 组织间关系: 资源依赖视角的研究综述 [J]. 管理评论, 2005 (2): 55 – 62 + 64.

[89] 纳鹏杰, 雨田木子, 纳超洪. 企业集团风险传染效应研究: 来自集团控股上市公司的经验证据 [J]. 会计研究, 2017 (3): 53 – 60 + 95.

[90] 倪恒旺, 李常青, 魏志华. 媒体关注、企业自愿性社会责任信息披露与融资约束 [J]. 山西财经大学学报, 2015, 37 (11): 77 – 88.

[91] 聂军, 冉戎, 唐源珑. 地方政府财政压力与企业精准扶贫投入 [J]. 商业研究, 2020 (3): 104 – 112.

[92] 潘红波, 夏新平, 余明桂. 政府干预、政治关联与地方国有企业并购 [J]. 经济研究, 2008 (4): 41 – 52.

[93] 潘越, 宁博, 纪翔阁, 等. 民营资本的宗族烙印: 来自融资约束视角的证据 [J]. 经济研究, 2019, 54 (7): 94 – 110.

［94］彭玮.我国精准扶贫的阶段特征、现实困境与政策创新［J］.农村经济，2019（6）：75-82.

［95］彭镇，戴亦一.企业慈善捐赠与融资约束［J］.当代财经，2015（4）：76-84.

［96］钱明，徐光华，沈弋，等.民营企业自愿性社会责任信息披露与融资约束之动态关系研究［J］.管理评论，2017，29（12）：163-174.

［97］钱明，徐光华，沈弋.社会责任信息披露、会计稳健性与融资约束：基于产权异质性的视角［J］.会计研究，2016（5）：9-17+95.

［98］钱先航，曹廷求，李维安.晋升压力、官员任期与城市商业银行的贷款行为［J］.经济研究，2011，46（12）：72-85.

［99］仇若颖，牟晓云.债务融资结构对投资效率影响的文献综述［J］.经济研究导刊，2020（28）：48-49.

［100］权小锋，吴世农.媒体关注的治理效应及其治理机制研究［J］.财贸经济，2012（5）：59-67.

［101］权小锋，肖红军.社会责任披露对股价崩盘风险的影响研究：基于会计稳健性的中介机理［J］.中国软科学，2016（6）：80-97.

［102］饶品贵，姜国华.货币政策对银行信贷与商业信用互动关系影响研究［J］.经济研究，2013，48（1）：68-82+150.

［103］任长秋，王钊.企业介入精准扶贫的影响因素研究：基于注意力视角的实证分析［J］.软科学，2020，34（6）：72-78.

［104］沈洪涛，黄珍，郭肪汝.告白还是辩白：企业环境表现与环境信息披露关系研究［J］.南开管理评论，2014，17（2）：56-63+73.

［105］沈艳，蔡剑.企业社会责任意识与企业融资关系研究［J］.金融研究，2009（12）：127-136.

［106］施赟，舒伟.制度推动、政治关联与非国有企业参与精准扶贫［J］.统计与决策，2020，36（20）：163-167.

［107］石晓峰，仲秋雁.媒体报道、所有权性质与上市公司债务融资期限结构［J］.大连理工大学学报（社会科学版），2017，38（3）：11-17.

［108］宋献中，胡珺，李四海.社会责任信息披露与股价崩盘风险：基于信息效应与声誉保险效应的路径分析［J］.金融研究，2017（4）：161-175.

［109］孙晓华，李明珊.国有企业的过度投资及其效率损失［J］.中国工业经济，2016（10）：109-125.

［110］唐跃军，左晶晶，李汇东.制度环境变迁对公司慈善行为的影响机制

研究 [J]. 经济研究, 2014, 49 (2): 61 - 73.

[111] 田宇, 王克, 黄卫, 等. 扶贫制度环境对东部企业西部分支机构绩效的影响机制研究 [J]. 管理学报, 2019, 16 (3): 343 - 350.

[112] 田志龙, 高勇强, 卫武. 中国企业政治策略与行为研究 [J]. 管理世界, 2003 (12): 98 - 106 + 127 - 156.

[113] 汪三贵, 郭子豪. 论中国的精准扶贫 [J]. 贵州社会科学, 2015 (5): 147 - 150.

[114] 王帆, 陶媛婷, 倪娟. 精准扶贫背景下上市公司的投资效率与绩效研究: 基于民营企业的样本 [J]. 中国软科学, 2020 (6): 122 - 135.

[115] 王红建, 杨筝, 阮刚铭, 等. 放松利率管制、过度负债与债务期限结构 [J]. 金融研究, 2018 (2): 100 - 117.

[116] 王华杰, 王克敏. 应计操纵与年报文本信息语气操纵研究 [J]. 会计研究, 2018 (4): 45 - 51.

[117] 王建玲, 井洁琳. 海外投资企业社会责任与经济绩效: 制度距离调节的研究 [J]. 山西财经大学学报, 2020, 42 (7): 85 - 98.

[118] 王立勇, 许明. 中国精准扶贫政策的减贫效应研究: 来自准自然实验的经验证据 [J]. 统计研究, 2019, 36 (12): 15 - 26.

[119] 王书斌. 国家扶贫开发政策对工业企业全要素生产率存在溢出效应吗? [J]. 数量经济技术经济研究, 2018, 35 (3): 21 - 38.

[120] 王雄元, 曾敬. 年报风险信息披露与银行贷款利率 [J]. 金融研究, 2019 (1): 54 - 71.

[121] 王艺明, 刘一鸣. 慈善捐赠、政治关联与私营企业融资行为 [J]. 财政研究, 2018 (6): 54 - 69.

[122] 王志刚, 于滨铜, 孙诗涵, 等. 资源依赖、联盟结构与产业扶贫绩效: 来自深度贫困地区农产品供应链的案例证据 [J]. 公共管理学报, 2021, 18 (1): 137 - 150 + 175.

[123] 魏志华, 曾爱民, 李博. 金融生态环境与企业融资约束: 基于中国上市公司的实证研究 [J]. 会计研究, 2014 (5): 73 - 80 + 95.

[124] 温忠麟, 叶宝娟. 中介效应分析: 方法和模型发展 [J]. 心理科学进展, 2014, 22 (5): 731 - 745.

[125] 吴德军. 公司治理、媒体关注与企业社会责任 [J]. 中南财经政法大学学报, 2016 (5): 110 - 117.

[126] 夏楸, 杨一帆, 郑建明. 媒体报道、媒体公信力与债务成本 [J]. 管

理评论，2018，30（4）：180－193.

[127] 肖红军. 国有企业社会责任的发展与演进：40 年回顾和深度透视 [J]. 经济管理，2018，40（10）：5－26.

[128] 肖作平，廖理. 大股东、债权人保护和公司债务期限结构选择：来自中国上市公司的经验证据 [J]. 管理世界，2007（10）：99－113.

[129] 谢华，朱丽萍. 企业社会责任信息披露与债务融资成本：来自主板重污染上市公司的经验数据 [J]. 财会通讯，2018（23）：34－38.

[130] 徐思，何晓怡，钟凯. "一带一路" 倡议与中国企业融资约束 [J]. 中国工业经济，2019（7）：155－173.

[131] 徐晓萍，张顺晨，许庆. 市场竞争下国有企业与民营企业的创新性差异研究 [J]. 财贸经济，2017，38（2）：141－155.

[132] 薛云奎，白云霞. 国家所有权、冗余雇员与公司业绩 [J]. 管理世界，2008（10）：96－105.

[133] 闫东东，付华. 龙头企业参与产业扶贫的进化博弈分析 [J]. 农村经济，2015（2）：82－85.

[134] 严若森，唐上兴. 上市公司参与精准扶贫能获得政府资源支持吗？ [J]. 证券市场导报，2020（11）：2－10.

[135] 杨汉明，吴丹红，李翔. 企业社会责任信息披露羊群效应特征分析 [J]. 财务与会计（理财版），2012（8）：61－63.

[136] 杨义东，程宏伟. 政治资源与企业精准扶贫：公益项目下的资本性考量 [J]. 现代财经（天津财经大学学报），2020，40（9）：64－82.

[137] 姚宏，魏海玥. 类金融模式研究：以国美和苏宁为例 [J]. 中国工业经济，2012（9）：148－160.

[138] 姚立杰，付方佳，程小可. 企业避税、债务融资能力和债务成本 [J]. 中国软科学，2018（10）：117－135.

[139] 叶康涛，张然，徐浩萍. 声誉、制度环境与债务融资：基于中国民营上市公司的证据 [J]. 金融研究，2010（8）：171－183.

[140] 叶莉，房颖. 政府环境规制、企业环境治理与银行利率定价：基于演化博弈的理论分析与实证检验 [J]. 工业技术经济，2020，39（11）：99－108.

[141] 易玄，吴蓉，谢志明. 产权性质、企业精准扶贫行为与资本市场反应 [J]. 贵州财经大学学报，2020（2）：98－104.

[142] 游家兴，吴静. 沉默的螺旋：媒体情绪与资产误定价 [J]. 经济研究，2012，47（7）：141－152.

［143］于李胜，王艳艳．信息竞争性披露、投资者注意力与信息传播效率[J]．金融研究，2010（8）：112－135．

［144］余明桂，潘红波．政府干预、法治、金融发展与国有企业银行贷款[J]．金融研究，2008（9）：1－22．

［145］余明桂，潘红波．政治关系、制度环境与民营企业银行贷款[J]．管理世界，2008（8）：9－21＋39＋187．

［146］余明桂，钟慧洁，范蕊．业绩考核制度可以促进央企创新吗？[J]．经济研究，2016，51（12）：104－117．

［147］张曾莲，董志愿．参与精准扶贫对企业绩效的溢出效应[J]．山西财经大学学报，2020，42（5）：86－98．

［148］张纯，吕伟．信息披露、市场关注与融资约束[J]．会计研究，2007（11）：32－38＋95．

［149］张继勋，蔡闫东，倪古强．社会责任披露语调、财务信息诚信与投资者感知：一项实验研究[J]．南开管理评论，2019，22（1）：206－212＋224．

［150］张金鑫，王逸．会计稳健性与公司融资约束：基于两类稳健性视角的研究[J]．会计研究，2013（9）：44－50＋96．

［151］张敏，马黎珺，张雯．企业慈善捐赠的政企纽带效应：基于我国上市公司的经验证据[J]．管理世界，2013（7）：163－171．

［152］张秀敏，汪瑾，薛宇，等．语义分析方法在企业环境信息披露研究中的应用[J]．会计研究，2016（1）：87－94＋96．

［153］张玉明，邢超．企业参与产业精准扶贫投入绩效转化效果及机制分析：来自中国A股市场的经验证据[J]．商业研究，2019（5）：109－120．

［154］赵刚，梁上坤，王玉涛．会计稳健性与银行借款契约：来自中国上市公司的经验证据[J]．会计研究，2014（12）：18－24＋95．

［155］赵武，王姣玥．新常态下"精准扶贫"的包容性创新机制研究[J]．中国人口·资源与环境，2015，25（S2）：170－173．

［156］赵阳，沈洪涛，周艳坤．环境信息不对称、机构投资者实地调研与企业环境治理[J]．统计研究，2019，36（7）：104－118．

［157］甄红线，王三法．企业精准扶贫行为影响企业风险吗？[J]．金融研究，2021（1）：131－149．

［158］郑瑞强，曹国庆．基于大数据思维的精准扶贫机制研究[J]．贵州社会科学，2015（8）：163－168．

［159］郑志刚，李东旭，许荣，等．国企高管的政治晋升与形象工程：基于

N 省 A 公司的案例研究 [J]. 管理世界, 2012 (10): 146 – 156 + 188.

[160] 周丽萍, 陈燕, 金玉健. 企业社会责任与财务绩效关系的实证研究: 基于企业声誉视角的分析解释 [J]. 江苏社会科学, 2016 (3): 95 – 102.

[161] 祝继高, 辛宇, 仇文妍. 企业捐赠中的锚定效应研究: 基于 "汶川地震" 和 "雅安地震" 中企业捐赠的实证研究 [J]. 管理世界, 2017 (7): 129 – 141 + 188.

[162] 邹萍. "言行一致" 还是 "投桃报李"?: 企业社会责任信息披露与实际税负 [J]. 经济管理, 2018, 40 (3): 159 – 177.

[163] Aboody D, Barth M E, Kasznik R. Firms' Voluntary Recognition of Stock – Based Compensation Expense [J]. Journal of Accounting Research, 2004, 42 (2): 123 – 150.

[164] Aghion, Philippe, Reenen V, et al. Innovation and Institutional Ownership [J]. American Economic Review, 2013, 103 (1): 277 – 304.

[165] Altman E I. Financial ratios, discriminant analysis and the prediction of corporate bankruptcy [J]. Journal of Finance, 1968, 23 (4): 589 – 609.

[166] Aobdia D, Cheng L. Unionization, product market competition, and strategic disclosure [J]. Journal of Accounting & Economics, 2018, 65 (2 – 3): 331 – 357.

[167] Aobdia D, Lin C J, Petacchi R. Capital Market Consequences of Audit Partner Quality [J]. The Accounting Review, 2015, 90 (6): 2143 – 2176.

[168] Aobdia D. Proprietary information spillovers and supplier choice: evidence from auditors [J]. Review of Accounting Studies, 2015, 20 (4): 1504 – 1539.

[169] Aobdia, Caskey J, Ozel N B. Inter-industry network structure and the cross-predictability of earnings and stock returns [J]. Review of Accounting Studies, 2014, 19 (3): 1191 – 1224.

[170] Aupperle K E, Pham D V. An expanded investigation into the relationship of corporate social responsibility and financial performance [J]. Employee Responsibilities & Rights Journal, 1989, 2 (4): 263 – 274.

[171] Badertscher B A, Katz S P, Rego S O. The separation of ownership and control and corporate tax avoidance [J]. Journal of Accounting and Economics, 2013, 56 (2 – 3): 228 – 250.

[172] Barnea A, Rubin A. Corporate Social Responsibility as a Conflict Between Shareholders [J]. Journal of Business Ethics, 2010, 97 (1): 71 – 86.

[173] Barney J B. Firm Resources and Sustained Competitive Advantage [J]. Advances in Strategic Management, 1991, 17 (1): 3 – 10.

[174] Bhattacharya U, Daouk H. The World Price of Insider Trading [J]. Journal of Finance, 2002, 57 (1): 75 – 108.

[175] Blackwell D W, Winters D B. Banking Relationships and the Effect of Monitoring on Loan Pricing [J]. Journal of Financial Research, 1997, 20 (2): 275 – 289.

[176] Bodnaruk A, Loughran T, Mcdonald B. Using 10 – K Text to Gauge Financial Constraints [J]. Journal of Financial and Quantitative Analysis, 2015, 50 (4): 1 – 24.

[177] Botosan C A. Disclosure Level and the Cost of Capital [J]. The Accounting Review, 1997, 72 (2): 114 – 127.

[178] Brammer S, Pavelin S. Building a Good Reputation [J]. European Management Journal, 2004, 22 (6): 704 – 713.

[179] Branzei O, Ursacki-Bryant T J, Vertinsky I, et al. The Formation of Green Strategies in Chinese Firms: Matching Corperate Evironmental Responses and Individual Principles [J]. Strategic Management Journal, 2004, 25 (11): 1075 – 1095.

[180] Bratten, Payne J L, Thomas W B. Earnings Management: Do Firms Play "Follow the Leader"? [J]. Contemporary Accounting Research, 2016, 33 (2): 616 – 643.

[181] Brian, J, Bushee, et al. The Role of the Business Press as an Information Intermediary [J]. Journal of Accounting Research, 2010, 48 (1): 1 – 19.

[182] Brochet, Francois, Kolev, et al. Information transfer and conference calls [J]. Review of Accounting Studies, 2018 (23): 907 – 957.

[183] Bromiley P, Rau D. Towards a practice-based view of strategy [J]. Strategic Management Journal, 2014, 35 (8): 1249 – 1256.

[184] Brown S V, Xiaoli S T, Wu T J. The Spillover Effect of SEC Comment Letters on Qualitative Corporate Disclosure: Evidence from the Risk Factor Disclosure [J]. Contemporary Accounting Research, 2018, 35 (2): 622 – 656.

[185] Bushee B J, Leuz C. Economic consequences of SEC disclosure regulation: evidence from the OTC bulletin board [J]. Journal of Accounting & Economics, 2005, 39 (2): 233 – 264.

［186］Campbell J L. Why would corporations behave in socially responsible ways? an institutional theory of corporate social responsibility ［J］. Academy of Management Review, 2007, 32 （3）: 946 – 967.

［187］Cedillo, Torres, Cristina, et al. Four Case Studies on Corporate Social Responsibility: Do Conflicts Affect a Company's Corporate Social Responsibility Policy? ［J］. Utrecht Law Review, 2012, 8 （3）: 51 – 73.

［188］Cen, Ling, Hilary, et al. The Role of Anchoring Bias in the Equity Market: Evidence from Analysts' Earnings Forecasts and Stock Returns ［J］. Journal of Financial & Quantitative Analysis, 2013, 48 （1）: 47 – 76.

［189］Cespa G, Cestone G. Corporate Social Responsibility and Managerial Entrenchment ［J］. Journal of Economics & Management Strategy, 2007, 16 （3）: 741 – 771.

［190］Chen C, Young D, Zhuang Z. Externalities of Mandatory IFRS Adoption: Evidence from Cross-Border Spillover Effects of Financial Information on Investment Efficiency ［J］. Accounting Review, 2013, 88 （3）: 881 – 914.

［191］Chen, D, Liang, S, Li, O Z and Kim J. China's Closed Pyramidal Managerial Labor Market and the Stock Price Crash Risk ［J］. Accounting Review, 2018, 93 （3）: 105 – 131.

［192］Cheng B, Ioannou I, Serafeim G. Corporate Social Responsibility and Access to Finance ［J］. Strategic Management Journal, 2014, 35 （1）: 1 – 23.

［193］Cho, C H, Guidry, R P, Hageman, A M and Patten, D M. Do Actions Speak Louder than Words? An Empirical Investigation of Corporate Environmental Reputation ［J］. Accounting, Organizations and Society, 2012, 37 （1）: 14 – 25.

［194］Choi J, Wang H. Stakeholder relations and the persistence of corporate financial performance ［J］. Strategic Management Journal, 2009, 30 （8）: 895 – 907.

［195］Clifford, W, Smith, et al. On financial contracting: An analysis of bond covenants ［J］. Journal of Financial Economics, 1979, 7 （2）: 117 – 161.

［196］Davis A K, Piger J M, Sedor L M. Beyond the Numbers: Measuring the Information Content of Earnings Press Release Language ［J］. Contemporary Accounting Research, 2012, 29 （3）: 845 – 868.

［197］Dhaliwal D S, Radhakrishnan S, Tsang A, et al. Nonfinancial Disclosure and Analyst Forecast Accuracy: International Evidence on Corporate Social Responsibility Disclosure ［J］. Accounting Review, 2012, 87 （3）: 723 – 759.

[198] Diamond D W, Verrecchia R E. Disclosure, Liquidity, and the Cost of Capital [J]. Journal of Finance, 1991, 46 (4): 1325 – 1359.

[199] Diamond D W. Seniority and maturity of debt contracts [J]. Journal of Financial Economics, 1993, 33 (3): 341 – 368.

[200] Douglas, W, Diamond, et al. Information aggregation in a noisy rational expectations economy [J]. Journal of Financial Economics, 1981, 9 (3): 221 – 235.

[201] Drago D, Gallo R. Do multiple credit ratings affect syndicated loan spreads? [J]. Journal of International Financial Markets, Institutions and Money, 2018 (56): 1 – 16.

[202] Dyck, Joshua J, Hussey, et al. The end of welfare as we know it? [J]. Public Opinion Quarterly, 2008, 72 (4): 589 – 618.

[203] Easley D, O'Hara M. Information and the Cost of Capital [J]. Journal of Finance, 2004, 59 (4): 1553 – 1583.

[204] Elmy F J, Leguyader L P, Linsmeier T J. A review of initial filings under the SEC's new market risk disclosure rules [J]. Journal of Corporate Accounting & Finance, 2010, 9 (4): 33 – 45.

[205] Faccio, Mara. Politically Connected Firms [J]. American Economic Review, 2006, 96 (1): 369 – 386.

[206] Fishman M J, Hagerty K M. Disclosure Decisions by Firms and the Competition for Price Efficiency [J]. Journal of Finance, 1989, 44 (3): 633 – 646.

[207] Flannery M J. Asymmetric Information and Risky Debt Maturity Choice [J]. Journal of Finance, 1986, 41 (1): 19 – 37.

[208] Fleet D, Mcwilliams A. A Theoretical and Empirical Analysis of Journal Rankings: The Case of Formal Lists [J]. Journal of Management, 2000, 26 (5): 839 – 861.

[209] Foucault T, Fresard L. Learning from peers' stock prices and corporate investment [J]. Social Science Electronic Publishing, 2014, 111 (3): 554 – 577.

[210] François, Maon, Adam, et al. Designing and Implementing Corporate Social Responsibility: An Integrative Framework Grounded in Theory and Practice [J]. Journal of Business Ethics, 2009, 87 (1): 71 – 89.

[211] Freeman R, Tse S. A Nonlinear Model of Security Price Responses to Unexpected Earnings [J]. Journal of Accounting Research, 1992, 30 (2): 185 – 209.

［212］Friedman M. Social Responsibility of Business ［J］. The New York Times Magazine, 1970, 13 (1): 122 – 126.

［213］Goss A, Roberts G S. The impact of corporate social responsibility on the cost of bank loans ［J］. Journal of Banking & Finance, 2011, 35 (7): 1794 – 1810.

［214］Harry, DeAngelo, et al. Accounting choice in troubled companies ［J］. Journal of Accounting & Economics, 1994, 17 (1 – 2): 113 – 143.

［215］Hillman A J, Keim G D. Shareholder value, stakeholder management, and social issues: What's the bottom line? ［J］. Strategic Management Journal, 2001, 22 (2): 125 – 139.

［216］Hodder, Leslie, McAnally, et al. SEC Market – Risk Disclosures: Enhancing Comparability ［J］. Financial Analysts Journal, 2001, 57 (2): 62 – 78.

［217］Hope O K, Hu D, Lu H. The benefits of specific risk-factor disclosures ［J］. Review of Accounting Studies, 2016, 21 (4): 1005 – 1045.

［218］Jacques, Richardson. The Emergency State: America's Pursuit of Absolute Security at All Costs ［J］. Foresight, 1999, 56 (4): 25 – 26.

［219］Jensen M C. Value maximization, stakeholder theory, and the corporate objective function ［J］. European Financial Management, 2002, 12 (2): 235 – 256.

［220］Jong, Chool, Park, et al. Financial Restatements, Cost of Debt and Information Spillover: Evidence From the Secondary Loan Market ［J］. Journal of Business Finance & Accounting, 2009, 36 (9 – 10): 1117 – 1147.

［221］Jorgenson, D W. Capital Theory and Investment Behavior ［J］. American Economic Review, 1963, 53 (2): 247 – 259.

［222］K A Mian. Unchecked intermediaries: Price manipulation in an emerging stock market ［J］. Journal of Financial Economics, 2005, 78 (1): 203 – 241.

［223］Kim E, Kang J, Mattila A S. The impact of prevention versus promotion hope on CSR activities ［J］. International Journal of Hospitality Management, 2012, 31 (1): 43 – 51.

［224］Kim, Oliver, Verrecchia, et al. The Relation among Disclosure, Returns, and Trading Volume Information ［J］. Accounting Review, 2001, 76 (4): 633 – 654.

［225］Kim, Yeonsoo. Strategic communication of corporate social responsibility (CSR): Effects of stated motives and corporate reputation on stakeholder responses ［J］. Public Relations Review, 2014, 40 (5): 838 – 840.

［226］Koschate M, Oethinger S, D Kuchenbrandt, et al. Is an outgroup member in need a friend indeed? Personal and task-oriented contact as predictors of intergroup prosocial behavior ［J］. European Journal of Social Psychology, 2012, 42 （6）: 717 - 728.

［227］Koschate-Fischer, Nicole, Diamantopoulos, et al. Are Consumers Really Willing to Pay More for a Favorable Country Image? A Study of Country-of-Origin Effects on Willingness to Pay ［J］. Journal of International Marketing, 2012, 20 （1）: 19 - 41.

［228］Kothari S P, Xu L. The Effect of Disclosures by Management, Analysts, and Business Press on Cost of Capital, Return Volatility, and Analyst Forecasts: A Study Using Content Analysis ［J］. The Accounting Review, 2009, 84 （5）: 1639 - 1670.

［229］Kravet T, Muslu V. Textual risk disclosures and investors' risk perceptions ［J］. Review of Accounting Studies, 2013, 18 （4）: 1088 - 1122.

［230］Lemmon M L, Ma Y Y, Tashjian E. Survival of the Fittest? Financial and Economic Distress and Restructuring Outcomes in Chapter 11 ［J］. Social Science Electronic Publishing, 2009, 71 （1）: 1 - 47.

［231］Lin, J Y, Cai, F and Li, Z. Competition, Policy Burdens, and State - Owned Enterprise Reform ［J］. The American Economic Review, 1998, 88 （2）: 422 - 427.

［232］Lindgreen A, Maon F, Reast J, et al. Guest Editorial: Corporate Social Responsibility in Controversial Industry Sectors ［J］. Journal of Business Ethics, 2012, 110 （4）: 393 - 395.

［233］Loughran T, Mcdonald B. When is a Liability Not a Liability? Textual Analysis, Dictionaries, and 10 - Ks ［J］. Journal of Finance, 2011, 66 （1）: 35 - 65.

［234］Maon F, Swaen L V. Designing and implementing corporate social responsibility: an integrative framework grounded in theory and practice ［J］. Journal of Business Ethics, 2009, 87: 71 - 89.

［235］Maxim, Boycko, and, et al. Voucher privatization ［J］. Journal of Financial Economics, 1994, 35 （2）: 249 - 266.

［236］Meghana, Ayyagari, Asli, et al. Firm Innovation in Emerging Markets: The Role of Finance, Governance, and Competition ［J］. Journal of Financial & Quantitative Analysis, 2011, 46 (6): 1545 – 1580.

[237] Merton R C. On the pricing of corporate debt: the risk structure of interest rates [J]. Working Papers, 1973, 29 (2): 449 – 470.

[238] Meyer J W, Rowan B. Institutionalisierte Organisationen [J]. Formale Struktur als Mythos und Zeremonie, 1977, 83 (2): 340 – 363.

[239] Michael, Spence. Job Market Signaling [J]. The Quarterly Journal of Economics, 1973, 87 (3): 355 – 374.

[240] Murray K B, Vogel C M. Using a hierarchy-of-effects approach to gauge the effectiveness of corporate social responsibility to generate goodwill toward the firm: Financial versus nonfinancial impacts [J]. Journal of Business Research, 1997, 38 (2): 141 – 159.

[241] Oikonomou I, Brooks C, Pavelin S. The Effects of Corporate Social Performance on the Cost of Corporate Debt and Credit Ratings [J]. Financial Review, 2014, 49 (1): 49 – 75.

[242] Pandit S, Wasley C E, Zach T. Information Externalities along the Supply Chain: The Economic Determinants of Suppliers' Stock Price Reaction to Their Customers Earnings Announcements [J]. Contemporary Accounting Research, 2011, 28 (4): 1304 – 1343.

[243] Petersen M A. Estimating Standard Errors in Finance Panel Data Sets [J]. Review of Financial Studies, 2009, 22 (1): 435 – 480.

[244] Petrovits, Christine, Shakespeare, et al. The Causes and Consequences of Internal Control Problems in Nonprofit Organizations [J]. Accounting Review, 2011, 86 (1): 1 – 38.

[245] Philip, Wegloop. Linking firm strategy and government action: Towards a resource-based perspective on innovation and technology policy [J]. Technology in Society, 1995, 17 (4): 413 – 428.

[246] Plumlee M, Xie Y, Yan M, et al. Bank loan spread and private information: pending approval patents [J]. Review of Accounting Studies, 2015, 20 (2): 593 – 638.

[247] Powell D M W. The Iron Cage Revisited: Institutional Isomorphism and Collective Rationality in Organizational Fields [J]. American Sociological Review, 1983, 48 (2): 147 – 160.

[248] Reuer J J, Ragozzino R. Agency hazards and alliance portfolios [J]. Stra-

tegic Management Journal, 2006, 27 (1): 27 −43.

[249] Reuer J J, Ragozzino R. Signals and international alliance formation: The roles of affiliations and international activities [J]. Journal of International Business Studies, 2014, 45 (3): 321 −337.

[250] Shroff N, Verdi R S, Yost B P. When does the peer information environment matter? [J]. Journal of Accounting & Economics, 2017, 64 (2 −3): 183 − 214.

[251] Strawser G. Corporate Social Responsibility and Financial Disclosures: An Alternative Explanation for Increased Disclosure [J]. Journal of Business Ethics, 2001, 33 (1): 1 −13.

[252] Suazo M M, P G Martínez, Sandoval R. Creating psychological and legal contracts through human resource practices: A signaling theory perspective [J]. Human Resource Management Review, 2009, 19 (2): 154 −166.

[253] Taylor, W, Foster, et al. Additional Evidence on the Incremental Information Content of the 10 − K [J]. Journal of Business Finance & Accounting, 1983, 73 (3): 373 −385.

[254] Tinoco M H, Wilson N. Financial distress and bankruptcy prediction among listed companies using accounting, market and macroeconomic variables [J]. International Review of Financial Analysis, 2013, 30 (4): 394 −419.

[255] Titman S, Trueman B. Information quality and the valuation of new issues [J]. Journal of Accounting and Economics, 1986, 8 (2): 159 −172.

[256] T Q A, L H A, L B Yang. Does targeted poverty alleviation disclosure improve stock performance? [J]. Economics Letters, 2021, 201: 1 −5.

[257] Verrecchia R E. Discretionary disclosure [J]. Journal of Accounting and Economics, 1983, 5 (1): 179 −194.

[258] Vilanova M, Lozano J M, Arenas D. Exploring the Nature of the Relationship Between CSR and Competitiveness [J]. Journal of Business Ethics, 2009, 87 (1): 57 −69.

[259] Yen-Chen, Chiu. Coeperate Diversification and Risk Mnagement: Methodological Approach [J]. Journal of Financial Management & Analysis, 2007, 20 (2): 1 −36.

[260] Yuthas K, Dillard R. Communicative Action and Corporate Annual Reports [J]. Journal of Business Ethics, 2002, 41 (1 −2): 141 −157.